JN287533

クセノポン

ソクラテス言行録 1

西洋古典叢書

編集委員

内山勝利
大戸千之
中務哲郎
南川高志
中畑正志
高橋宏幸

凡例

一、本書邦訳は「ソクラテス言行録」としてクセノポンによるソクラテス関連の四著作を二分冊に纏め、「ソクラテス言語録1」には従来「ソクラテスの思い出」と呼ばれてきた著作を「ソクラテス言行録」のタイトルで収める。

二、本書の訳出にあたっては、*Xenophontis Opera Omnia* t. II : *Commentarii, Oeconomicus, Convivium, Apologia Socratis*, ed. E. C. Marchant（Oxford Classical Texts, 1921）所収のテクストを底本としたが、Marchant, E. C. & Todd, O. J., *Xenophon IV: Memorabilia, Oeconomicus, Symposium and Apology*（Loeb Classical Library: Cambridge / Mass., 1923）, Hude, C., *Xenophontis Commentarii*（Bibliotheca Teubneriana: Stuttgart 1934, repr. 1985）をも併せ参照した。註解でのテクストへの言及において、Marchant［OCT］, Marchant［Loeb］, Hude とある場合、これらの版を指している。なお、Marchant［OCT］冒頭頁の ADDENDA ET CORRIGENDA は、訳文中に反映させてある。

三、初期ギリシア哲学者の著作断片と資料の番号は次の断片集による。

H. Diels u. W. Kranz（hrsg.）, *Die Fragmente der Vorsokratiker*, 3 Bde., Berlin, 1951-52（6. Aufl.）しばしば「ディールス／クランツ」と略記。断片番号は『ソクラテス以前哲学者断片集』Ⅰ―Ⅴ（一九九六―九八年、岩波書店）にも対応している。

四、ギリシア語をカタカナ表記するにあたっては、

(1) φ, θ, χ と π, τ, κ を区別しない。

(2) 固有名詞は原則として音引きを省いたが、慣用化したものについては表記した場合もある。

(3) 地名は慣用に従って表示した場合がある。

五、訳文中の所定箇所に付された中ゴシック体の漢数字（各章ごとに一から始まる）は、慣用的な節番号である。参照箇所の指示などは、巻・章・節の番号による。

六、訳文中『　』は著作名を表わす。「　」は引用語句や発言部分のほか、術語的な用語を明示するためにも用いられている。また［　］は補訳あるいは説明的な言い換えのほか、底本においてテクスト削除が示唆されている若干箇所を示すのに用い、（　）は、原文中に用いられた場合のほかは、原語表示を示す。

目次

内容目次

第一巻

第二巻

第三巻

第四巻

ソクラテス言行録

内山勝利訳

第一巻

第一章

一　いったいどんな弁論によって、ソクラテスを告発した人たち(1)は、国家的見地から彼が死刑に処せられるべきであることを、アテナイ市民たちに説きつけたのか(2)、わたしには再三訝《いぶか》しく思われてならなかった。というのも、ソクラテスに対する訴状は、ほぼ次のようなものであったからである。「ソクラテスは、国家の認める神々を信奉せず、他の新奇な神霊信仰を導入しているかどにより有罪である。また、若者たちを堕落せしめているかどによっても有罪である(3)」。

二　しかし、まず第一に、彼は国家の認める神々を信奉しようとしなかったというが、いったい彼らはどんな証拠によったのであろうか。ソクラテスは、家にあっても、国家公共の祭壇においても(4)、幾度となく、人前で供儀を行なっていたし、また公然と占いをしてもいたのである。なるほど、ソクラテスが自分には神霊的存在(ダイモニオン)(5)からのお告げがあると語っていたことは、周知の事実であった。思うに、彼らが、新奇な神霊信仰を導入しているといってソクラテスを咎め立てしたのは、とりわけそのためだったのであろう。三　しかし、彼は、占いを信じている他の人たちが鳥の卦や人の発する声や前兆や供犠(6)を用いているのに引き比べて、何ら新奇なことを導入していたわけではない。彼らとて、鳥や行き擦りに出会った人間が、占いをしようとしている人たちに益になることを知っていると考えているわけではなく、神々がそれらのも

(1) ソクラテスの告発者（原告）は、メレトスという若くてファナティックな三流詩人、リュコンという三流弁論家、およびアニュトスという皮革業者で時の有力な民主派国政指導者の三人。名目上はメレトスが筆頭告発者だが、実質的な中心人物はアニュトスであった。

(2) 直接的には、全アテナイ市民の中から籤引きで選任され、この裁判を担当した五〇〇（ないし五〇一）名の裁判委員たちのこと。

(3) この訴状（宣誓口述書）はプラトン『ソクラテスの弁明』二四B—Cでも取り上げられ、そこでは神々についての件と若者たちについての件の順序が入れ替わっているが、内容上の実質的な相違はない。またディオゲネス・ラエルティオス『ギリシア哲学者列伝』第二巻四〇にはパボリノス（後二世紀前半）の伝えるメートローオン（公文書庫）保管文書として、その全文が伝えられている。それに従えば、プラトンよりもクセノポンのほうが字句どおりのものに近い。

(4) 各家の内庭にゼウスの祭壇が設けられていて、一家の祭事が執り行なわれていた。

(5)「ダイモニオン *δαιμόνιον*」は、本来「ダイモーン *δαίμων*（神、神霊）」の形容詞形で、ソクラテスの場合も、プラトンに見られるように「ダイモーンの合図 *τὸ δαιμόνιον σημεῖον*」（『国家』第六巻四九六C、『パイドロス』二四二Bなど）という言われ方が元になっている。プラトン著作においては、単に「ダイモニオン」と言われている場合にも（『ソクラテスの弁明』三一D、『テアイテトス』一五一Aなど）、つねに同じように「ダイモーンの（合図）」が意味されている。クセノポンの用法はそれとやや異なっていて、なお形容詞的ではあっても、「神的なもの・神霊的なもの」として、ほとんど名詞化されている。おそらくは「ダイモーン」という語をあらわに用いることをはばかってのことであろうか。田中美知太郎『ソクラテス』（岩波新書、一九五七年）八三—八五頁参照。

(6) 鳥の飛び方や鳴き声、行きずりの人の発する音声 *φῆμαι*、雷鳴や地震や動物の行動などが暗示する前兆 *σύμβολα*、犠牲獣の内臓の形状による判断は、いずれも当時最も一般的に行なわれていた占いである。

のを通じて益になることを告げ知らせてくれると考えているのであり、ソクラテスもまた同じ考え方をしていたのである。四　ただし、たいていの人たちはみな、鳥や行き擦りに出会った人間によってものごとを差し止められるとか勧奨されるとかいう言い方をするのに対して、ソクラテスは、自分の確信していたとおりのことを、ありのままに語った。すなわち、神霊的存在が告げ知らせるという言い方をしたのである。彼はまた、親密な仲間たち[1]の多くの者にも、神霊的存在のお告げだとして、あれをなせとか、これをなすなとかいった勧告を与えていた[2]。そして彼の言うことを聞いた者たちはうまくいき、それを聞かなかった者たちは悔やむ羽目になったのだった。五　しかしながら、彼が親密な仲間たちに愚か者かサギ師だと思われたかったなどということに同意するものは誰もいないであろう。ところが、もしも神のお示しになったことだと称して勧告を与えておきながら、でたらめを言っているのだと分かったならば、そのいずれとも思われたことだろう。それゆえ、もし彼がほんとうのことを語っているのだと信じていなかったならば、予言を行なったりしなかったことは、明らかである。しかるに、こうした事柄に関して、神以外のものを信ずる者などありえようか。そして、彼が神々を信じていたからには、どうして神々の存在を否認したりしたであろうか。

六　しかしまた、親しい人たちに対しては、こんな風にも対応していた。すなわち、動かしようのない事柄については、最善であると思われるとおりのやり方で、それを行なうよう勧告し、他方、どういう結果になるか分からないような事柄については、それをなすべきかどうかを、神託伺いに行かせた。七　また、家や国家を正しく管理運営しようというつもりであれば、予言の術をも必要とする、と彼は言っていた。というのは、建築や鍛冶や農耕の仕事を身につけた者とか、人びとを支配する立場の者、あるいはこうした営みについて判定評価を下しうる者とか、また計算技能を持った者や家政管理者や軍事指揮官となることに関しては、こうした活動はすべて学びとることができ、人知によって体得しうるものだと考えていたが、八 しかし、これらに関わる肝要なことは、神々が自らの手元に留め、われわれ人間たちには少しも明らかではないのだと言っていた。というのは、畑の作付けを見事に行なった者にも、収穫するのが誰であるのかは分からないし、家を見事に建てた者にも、誰が住むことになるのかは分からないのであり、また、軍事指揮官にも指揮をとることが有益であるかどうかは分からず、政治家にとっても国家を主導することが有益であるかどうかは分からない。また、喜びを目当てに美人を娶ってみても、その女性が苦のたねとなるやも知れず、国内に有力な支持勢力を築き上げたとしても、当の彼らによって国を追われないとも限らないのである。九 こうした事柄に何ら神霊的なものを認めず、万事が人知の及ぶところにあると考えている人びとは神がかりの狂気に陥っているのだ、とソクラテスは言っていた。しかし、彼によれば、神々が人間たちに対し学び知ることで判断できるようにさせている事柄について占いを行なおうとする人びとも、やはり神がかりの狂気に陥っているのであって、たとえば、馬車を御する心得のある者に手綱を取らせるほうがいいか、それとも

(1)「親密な仲間たち συνόντες」とは、ソクラテスを敬愛して集まった人たちのことであるが、当時のソフィスト的な師弟関係とは異質であることから、クセノポンもプラトンも「弟子 μαθητής」という語を意識的に避けている。

(2) プラトンによれば（『ソクラテスの弁明』三一Dなど）、「神霊の告げ知らせ」はある行為を差し止めることを命ずるだけで、「なせ」と命ずることはなかったという。ただし、「告げ知らせ」がないことはとりもなおさず「なせ」という意味に解することもでき、必ずしも齟齬があるわけではないだろう。

心得のない者に取らせるほうがいいか、あるいは、舵取りの心得のある者に船を任せたほうがいいか、それとも心得のない者に任せたほうがいいか、といったことや、また数えたり測ったり計量したりすれば分かることについて占問いをする者がそうである。こうした事柄を神々に問おうとする人は神意にもとる行ないをしている、というのが彼の考えであった。学び知って行なうよう神々の許し給うた事柄は学び知らねばならず、人の身に明らかならざる事柄については占いによって神々に聞き従うべきである、と彼は言っていた。神々は嘉《よみ》する者たちにのみ徴《しるし》を示すものだから、というのである。

一〇　さらにまた、ソクラテスは、人前で過ごすのが常であった。早朝から遊歩廊(1)や体育場に出掛け、公共広場（アゴラー）が賑わう時間になるとそこに姿を現わし、昼間の残りの時間も、いつも最も多く人たちと出会えそうな場所で過ごしていた。そして、たいていいつも話をしており、聞きたい人は誰でもそれを聞くことができた。一一　しかし誰一人として、ソクラテスが瀆神的な事柄や不敬虔な事柄を行なうのを目にしたり、語るのを聞いたりしたものはいないのである。事実彼は、他の大多数の人たちがしているような仕方で万物の本性について語り合うようなことはせず、知者たち(2)によって宇宙世界（コスモス）と呼ばれているものの成り立ちがどうであるか、あるいは、この天空内にある個々の事物がいかなる必然によって生ずるか、といったことを探究しようとしなかったのみならず、むしろこうしたことについて思案をめぐらす者たちは愚かだと語っていた(3)。一二　そうした人たちについてソクラテスが訝しく思っていたのは、まず第一に、いったい彼らは人間界の事柄をすでに十分に知悉していると考えた上で、こうした事柄の思案へと赴いているのか、それとも、人間界の事柄は等閑に付したままで、神的世界の事柄を考察するのがしかるべきふるまいであると考えているのか、ということであった。一三　また、こうした事柄は人の身には洞見不可能であることに彼らが気づいていないというのも、彼には驚きであった。実際、こうした事柄を論ずることにかけて最も思案に長けた者たちといえども、相互に考えが一致せず、むしろ互いに常軌を逸した者たちさながらの有様を呈しているのである。一四　つまり、常軌を逸した人たちを見るに、そのある者たちは恐ろしいものでも恐れない一方で、ある者たちは怖くもないものを怖がりもしているし、また、ある者たちは大衆の前で何を言い何をするのも恥ずかしいと思わないのに、ある者たちは人中へ出掛けることさえするべきでないと思っている。さらには、そのある者たちは神殿であれ祭壇であれ、あるいは神にゆかりのある他のどんなものであれ、まったく敬意を払おうとしないかと思うと、ある者たちはありふれた石でも棒でも獣でも崇拝

(1)「遊歩廊（ペリパトイ περίπατοι）」は屋根つきの列柱建造物で、日中の散歩や社交の場に供された。

(2)「知者たち」に「ソピスタイ σοφισταί」の語が当てられているが、ここではいわゆるソフィストたちのことではなく、自然学者を含む知者・学者全般を指している。これがむしろこの語の本来の用法であった。

(3)プラトンによれば、ソクラテスは「若い頃自然についての研究と言われるものの知識に驚くほど熱中した」が、やがて「自分はこうした研究に生まれつきまったく不向きだと悟った」のだった（『パイドン』九六A―C）。クセノポンも彼が独自の仕方で自然学的な事柄を論じたことを報告している（本書第一巻第四章、第四巻第三章および第七章、『酒宴』第六章六などを参照）。ただし、クセノポンの記述は、明らかにソクラテス裁判を意識して、他の人たちの自然学的議論とはまったく異なったものであったことを注意深く強調している。

する、という具合である。他方、万物の自然本性について頭を悩ませている人たち(1)のほうも、「在るもの［存在］」をただ一つだけだと考えている者たちもいれば、数の上で無限だと考えている者たちもいるし、また、ある者たちは万物がたえず運動変化していると考え、ある者たちはいかなるものもけっして運動変化しないと考えている。さらには、ある者たちは万物が生成消滅していると考える一方で、ある者たちはいかなるものもけっして生成も消滅もしないと考えているのである。一五　彼らについて、ソクラテスは、またこうも訝っていた。——はたしてどうなのだろうか、人間界の事柄を学ぼうとしている者たちは、その学びとったことを自分自身のために、また彼がそうしたいと思えば他人でもその人のために、役立てようと考えているのだが、神的世界の事柄を探究している人たちもやはり同様に、それぞれのものがいかなる必然性によって生ずるかを知りえたならば、風や雨や季節や、またそのたぐいのもので他に必要とするものがあれば何にせよ、望みのままに作り出そうと考えているのか、それともそんなことはまったく念頭になく、ただそうしたものそれぞれがどのように生ずるのかを知るだけで、彼らは満足しているのだろうか、と。

一六　さて、自然本性的な事柄にかかずらわっている人たちについて、彼が語っていたのはこうしたことだった。彼自身は、もっぱら人間界の事柄について考察を向けながら語り合っていた。敬虔とは何か、不敬虔とは何か、美とは何か、醜さとは何か、正しさとは何か、不正とは何か、思慮分別とは何か、狂乱状態とは何か、勇気とは何か、臆病とは何か、国家とは何か、国事担当者［政治家］とは何か、人間たちの支配とは何か、人間たちを支配する者とは何か、等々のことについてであり、そういったことに精通している人たちが完璧に立派な人間(2)であるのに対して、無知な者たちは奴隷根性の輩と呼ばれてしかるべきだ、と彼は考えていた。

一七　なるほど、彼がどういう見解を持っていたのか明瞭でないような事柄であれば、そうしたことで裁判員たちが彼に対して判断を誤ったとしても、何ら驚くには当たらないが、しかし、万人が知っているようなことだというのに、彼らがそれを考慮に入れなかったとすれば、驚くべきことではないか。一八　たとえば、こういうことがあった。かつて彼が政務審議会委員(3)となって、法に従って政務を担当する旨の政務審議

---

(1) いわゆる自然学者たち。つづく記述において「在るものを一と考える人たち」としては水や空気や火などのいずれか一つを万物の始原（アルケー）と考えた前六世紀の自然学者（タレスからヘラクレイトスあたりまで）を含めて考えることもできようが、より直接的には「在るもの」の唯一性を主張したパルメニデス（前五世紀前半）に始まるエレア派が該当しよう。「数の上で無限だと考えている人たち」としてはアナクサゴラス（前五〇〇頃―四二八年頃）、原子論者のレウキッポス（前五世紀半ば）およびデモクリトス（前四六〇頃―三七〇年頃）が考えられる。また万物の「運動変化」や「生成消滅」を唱えた人としてはヘラクレイトスが、それらを否定した人たちとしてはエレア派のパルメニデスやゼノンが考えられる。なお、この時代（前四世紀前半）にはミレトス派のアナクシマンドロスやアナクシメネス、さらには原子論者たちはいまだ一般に知られていなかった公算が大きい。

(2) *καλοὺς κἀγαθούς* ＞ *καλὸς κἀγαθός*. すぐれた徳性を完全に具備した人間を言い表わす常套句として、ヘロドトス（『歴史』第一巻三〇）以来しばしば用いられている。本書には特に頻出するが、ときに「立派なよき人」「美にして善なるものごと」（中性形）とも訳した。また「カロカガティアー」の語も見られる（第一巻第六章一四）。

(3) 政務審議会 *βουλή* はアテナイの一〇の部族 *φυλή* のそれぞれから毎年五〇人ずつ籤で選任された委員たち（合計五〇〇人）で構成され、五〇人ごとのグループが各年の一〇分の一ずつの期間順番に執行部 *πρύτανις* を努め政務処理を担当する。執行部の当番委員たち *πρυτάνιες* はその日ごとに議長 *ἐπιστάτης* を籤で決め、議長は当日に政務審議会や民会が開かれればそれを主宰する。

会誓約を誓った折のこと、彼は民会の議長に当たったが、そのとき民衆は、法に反して［九人の軍事統率委員［将軍］を］(1)一括投票に付し、トラシュロスおよびエラシニデスたちを全員死刑に処そうとした。(2)彼が投票にかけることを拒んだために、民衆は彼に腹を立て、多数の有力者たちは恫喝をかけたが、それでも彼は、正義に外れた民衆に取り入ったり恫喝者たちから身を守ったりすることよりも、誓約を守り通すことを大事としたのだった。一九　それというのも、彼もまた神々が人間たちに目を配っていると信じていたが、しかし多くの人びとの信ずるのとは違った仕方によってであった。つまり、神々はあることは見そなわすが、あることにはお気づきでない、と一般には信じられているが、神々は人間たちが口に出したことや実際の行ないのみならず、密かに心に抱いたことまでも万事をご存じであり、また、あらゆるところに居合わせて、人間界の事柄一切について人びとに神意を示している、というのがソクラテスの考えであった。

二〇　さればこそ、かのアテナイ人たちはいったいどのようにして、ソクラテスが神々に関してまともな思慮を欠いた者であるというように説得を行なったのか、わたしには訝しく思われるのである——彼の言動には、神々に関しておよそ何一つ不敬虔なところはなく、その語り行なったところは、それらを語り行なう者の誰しもが実際に最も敬虔であり、また人にもそう認められるようなことばかりであった、というのに。

第二章

一　また、ソクラテスが若者たちを堕落させたとする罪状を、一部の人びとが信じ込んだというのも、わたしには訝しく思われてならない。彼は、さきに語ったようなことにとどまらず、まず第一に、愛欲や飲食に対して万人中最もすぐれた抑制力を備えていたし、また、冬の寒さや夏の暑さなどあらゆる苦難に対してもきわめて辛抱強く[3]、さらには、程々にしか求めないようにという躾けがよく行き届いていたから、ごくわずかを得るだけでいとも容易に満足することができたのである。二　とすれば、自分自身がそういう人であ

(1)［　］は Schenkl に従い、後代の書き入れとして削除。
(2) たまたまソクラテスが民会の議長を務めた日に起きたとクセノポンが言っているこの事件については、プラトン『ソクラテスの弁明』三二B以下にも言及されている。ペロポネソス戦争末期の前四〇六年、エーゲ海のレスボス島南方にある小島アルギヌウサイの沖合で、アテナイとスパルタの両艦隊のあいだで大規模な海戦が行なわれた。アテナイ側は勝利を収めたが、その直後に嵐が起こったために、海戦中に船を撃破されて海に投げ出された多数の味方兵士を収容できず見殺しにして、引き揚げざるをえなかった。これに激怒したアテナイ市民は、海戦の指揮に当たった一〇人の軍事統率委員（将軍）のうち、その場に居合わせなかった一人（コノン）を除く九人（ただしそのうちの一人アルケストラトスは死亡し、プロトマコスとアリストゲネスの二人は状況を察知して帰国しなかった）を糾弾し、即刻罷免するとともに、通例の裁判ではなく民会の一括審議で財産没収および死刑を票決しようとした。当日たまたま民会の議長に当たっていたソクラテスは、その違法な審議（裁定は各人個別に行ない票決にかける決まりであった）に反対を押し通した。ただし、ソクラテスが「議長」だったことはプラトンには述べられていず、実際には政務審議会の執行部の一人として反対したと考えるべきかもしれない。しかし、結局（別の議長の下で？）違法審議は強行され、六人（トラシュロス、エラシニデスのほか、ペリクレス、ディオメデス、リュシアス、アリストクラテス）が処刑された。なお、のちになってアテナイ市民はこの措置を後悔し、その煽動者たちを財産没収のうえ国外追放などに処した。海戦および民会での糾弾の詳細はクセノポン『ギリシア史』第一巻第六章二〇―第七章三五を参照のこと。
(3) こうしたソクラテスの「辛抱強さ」については、プラトン『饗宴』二二〇Bに印象深い記述がある。

りながら、どうして他人を不敬虔な者にしたり、法を犯す者にしたり、貪欲な者にしたり、愛欲を抑えられない者にしたり、労苦に耐えられない者にすることがありえただろうか。いや、実際にはむしろ、すぐれた生き方［徳］を求めるよう促し、自己自身への心配りをしていけば、完璧に立派な人間になれるという期待を抱かせることによって、多数の人たちをこうした悪行に向かわせないようにしたのである。三　もっとも、彼がこうしたことの導き手であるなどとは、ただの一度も口に出したことはなく、自分自身がこんな人間であるというところをはっきり示すことによって、彼につき従う者たちがソクラテスを見習って、彼のようになりたいと思う気持ちをかき立てたのだった。四　しかしまた、肉体面についても、彼自身でもなおざりにせず、なおざりにする人たちをよしともしなかった。だから、むやみに食べてむやみに身体を酷使することは斥けたが、精神に爽快と感じられる範囲のことで、たっぷり身体を鍛えることは是認していた。彼の言によれば、こうした習慣は大いに健康的であるとともに、魂［精神］への配慮を妨げるものではないからである。五　彼はまた、服装や履物でも、その他の暮らし向きでも、軟弱を嫌い虚飾を排した。さらに、彼の仲間たちに金銭的執着を持たせないようにもした。なぜなら、彼らに他の色々な欲求を抑えさせる一方で、当のソクラテスとの付き合いに欲求を向けても、金銭を取り立てたりしなかったからである。六　これを差し控えることによって、彼は、自由の尊重を信条としたのである。人との付き合いに対して報酬を受け取る者たちを、彼は、自分自身を売る奴隷商人と名づけた。彼らは、誰からなりと報酬を受けたら、対話を交わさざるをえないからである。七　すぐれた人間となる術《すべ》［徳］を伝授しようと公約している者が金銭を取り立て、よき知友を得たことをもって最大の利得を手にすることになろうとは考えず、むしろ、完璧な人間となった者が最大の恩恵者に対して最大の感謝の念を抱かないのではないかと不安に感じたりするのを、ソクラテスは訝しがっていた。八　むろんソクラテスは、いつ誰に対しても、けっしてそんなことを公約したことがないが、しかし彼は、彼の周囲に集まった仲間たちのうちで、ソクラテスが自らよしとするところを聞き入れた人たちは、彼に対しても仲間同士でも、終生よき知友となるであろうと信じていた。とすれば、どうしてこのような人が若者たちを堕落させることなどありえようか。もっとも、すぐれた人間となる術《すべ》［徳］への配慮が人を堕落させるものだとするのなら、話は別であるが。

九　「しかし、ゼウスにかけて、[1]まぎれもなく」と、かの告発者[2]は主張していた、「ソクラテスは、国家の支配者たちを籤引きで選任しているくせに、他方誰も籤に当たった人を船の舵取り人にしたがらないし、大工の棟梁にも笛吹きにもしたがらず、その他そのたぐいの事柄、誤りを犯したところで国家上のことで犯される誤りよりもずっと小さな害悪しかもたらさないような事柄についてもやはりそうだというのは、いかにも愚かしいことだと言って、周囲に集まった人たちに既存の法を軽んじさせたではないか」。彼の言うには、

（1）「ゼウスにかけて」は話者の強い肯定や否定の意思を表わす常套表現で、クセノポンのソクラテス関連著作には特に頻出する。やや冗長ながら、そのつどあえて訳出しておいた。

（2）以下この「告発者」（単数形 ὁ κατήγορος）によるソクラテス非難とそれに対するクセノポンの反論およびそのことを裏付ける多数の具体的事実の列挙がつづき、本章末尾（六四節）でもう一度実際の訴状に対する議論に戻っている。この「告発者」は実際の裁判における訴人とは別の人物であり、以下の議論はおそらくソクラテス死後の前三九〇年代末にアテナイ人ソフィストのポリュクラテス（前四四〇頃—三七〇年頃）が著わした『ソクラテスの告発』なる仮想文書を相手にしたものと考えられている。

ソクラテスのそうした言辞は既存の国制を軽んずるよう若者たちをそそのかし、粗暴な輩たらしめるものなのである。一〇　しかし、わたしの思うに、英知に励むことによって、同国民に何が有益かを知らしめることができるような者たらんと考えている人たちは、まずけっして粗暴にはならない。彼らは、暴力の行使には敵対関係と危険がつきまとうが、説得によって事を運べば、平穏かつ友好的に同じ結果がもたらされることを、よく承知しているからである。なぜなら、暴力を受けた者たちは、奪い取られたという気持ちから、憎しみを抱くのに対して、説得された者たちは、恩恵を受けたと考えて、好意を持つものである。とすれば、暴力の行使は、英知に励む者のすることではなく、知力を欠いているのに権力を手にした者のすることなのである。一一　そして、あえて暴力を行使する者は、多数の同調者を必要としようが、説得力を持った者には誰も不必要である。説得は一人でもやれると考えるだろうからである。また、こうした者たちが殺戮を行なうことは、まずありえない。誰しも、生きている人間をうまく自分に従うようにさせるよりも、むしろ人を殺害したいと思ったりするはずがないからである。

一二「しかし」と、かの告発者は主張していた、「クリティアス(1)とアルキビアデス(2)の二人は、ソクラテスに親しんだ者たちだが、彼らこそ国家に対して最大の災いをもたらしたではないか。クリティアスは、寡頭制の時代に誰にも増して強奪と暴虐と殺戮の限りを尽くし(3)、またアルキビアデスはといえば、民主制の時代に誰にも増して放縦と驕慢と暴虐の限りを尽くしたからである(4)」。一三　なるほどわたしとしても、あの二人が国家に災いをなしたことには、弁明をしようとは思わない。しかし、どういう次第で彼らがソクラテスと付き合いをするようになったかを、詳らかにしておきたい。一四　つまりこうだ。これら二人の人物は、生まれつきすべてのアテナイ人中最も名誉欲が強く、万事が彼らの手で運ばれ、万人に抜きんでた名声を得なければ気が済まなかった。そんな彼らが、ソクラテスが最小限の資財で完全に自足した生活を送り、あらゆる快楽を抑制しきっているとともに、彼と対話を交わすすべての人たちを議論の上で思いのままに操るのを目にした。一五 これを見た彼らが、さきに言われたとおりの性格でもあったとすれば、さて、彼らはソクラテスの生き方や彼が備えていた思慮分別に憧れて、彼との付き合いを望んだと言うべきか、それとも、彼と付き合えば、言行両面において十全な者となりうるだろうと考えてのことだったと言うべきなのか。一六 わたしの思うところでは、もし神が彼らに、彼らの見たとおりのソクラテスの生き方に従って一生涯を送るか、それとも死ぬかのいずれかを許したとしたら、彼らはきっと死を選んだことだろう。また彼らの本心は、

(1) クリティアス（前四六〇頃—四〇三年）はプラトンの母方の親族の一人でカライスクロスの子。当時のソフィスト的な過激思想の影響を受けた知識人で、アテナイ政界でも活動した。ペロポネソス戦争敗戦後にスパルタを後ろ盾にして樹立された寡頭政権（三十人独裁政権）の主導者となり、恐怖政治を敷いた。民主派勢力との内戦で彼は戦死し、政権は数ヵ月で瓦解した。

(2) アルキビアデス（前四五〇頃—四〇四／〇三年）はペリクレスの一族でクレイニアスの子。若くしてアテナイ民主派の寵児と謳われた。前四一六年、ペロポネソス戦争の局面打開のためシケリア遠征策を推進したが、そのさなかに瀆神事件に連座してアテナイから逃亡、以後は権謀術数の限りを尽くしてスパルタやペルシアを渡り歩きつつ、アテナイ復帰を画策しつづけた。最後はスパルタの刺客によりペルシアの地で暗殺された。

(3) 底本は「強欲（*πλεονεκτίστατος*）と暴虐の限りを尽くし」だが、Marchant [Loeb] および Hude に従った。

(4) 底本は「放縦と驕慢の限りを尽くし」だが、Marchant [Loeb] および Hude に従った。

とった行動からして明らかであった。なぜなら、彼らは、いっしょに集まった人たちより自分がすぐれていると見るや、すぐにソクラテスの下を立ち去り、国家公共の事柄［政治］に携わるようになったからである。これが狙いであったればこそ、彼らはソクラテスを求めたのである。

一七　だとすれば、おそらくその点を取り上げて、ソクラテスは彼の下に集まった人たちに対し、思慮分別をわきまえることよりもさきに国家公共の事柄［政治］を教えるべきではなかった、と言う者が出るかもしれない。わたしとしても、それに対して異を唱えはしないが、しかし、教え手は誰でも、彼らが教えようとしている事柄を自分自身がどんな風にふるまっているか、学び手に対して自ら実行して見せながら、言論によっても指導を進めていくのを、わたしは見ている。一八　わたしはよく知っているが、やはりソクラテスも彼の下に集まった人たちに、自分が完璧に立派な人間であることを示しながら、徳をはじめ人の身にかかわる事柄について、この上なくすばらしい仕方で対話を交わしていたのである。また、このこともわたしはよく知っているが、彼ら二人もソクラテスといっしょだったあいだは思慮分別をわきまえていた、それも、けっしてソクラテスから罰を受けはしないかとか、打たれはしないかと恐れてのことではなく、当時はそういう風にふるまうのが最もすぐれていると考えてのことであった。

一九　すると、おそらく哲学に携わっていると称している者たちの多くが[1]、「いや正しい人間はけっして不正な者となりえず、思慮分別をわきまえた人間は驕慢な者となりえないし、そのほか学び知ることのできることについては何であれ、それを学びとった者がその心得のない者となることはけっしてありえないのだ」と言うことだろう。しかしわたしは、この点について、そうは解さない。なぜなら、ちょうど身体の鍛錬を怠る者たちが身体のなすべき仕事をなしえないのと同様に、魂の鍛錬を怠る者たちが魂のなすべきことをなしえないでいるのを、わたしは目にしているからである。すなわち、なすべきことをなしえず、避けるべきことを避けられずにいるのである。二〇　それゆえにこそ、世の父親たちは息子たちを、たとえ彼らが思慮分別をわきまえているとしても、なおくだらない人間たちから遠ざけるのである。すぐれた人たちとの交わりは徳の鍛錬になるが、くだらない連中との交わりは徳を台無しにすると考えてのことである。ある詩人もまたそのことを証言して、こう言っている。

　善き者らによりて善きことを学ばん。されど悪しき者らと
立ち混じらば、今持てる英慮をも失わん。(2)

またある詩人の言うには、

　されど善き人とて、ときに劣れる者となり、またときには気高き者となる。(3)

二一　わたしもまた彼らの言に与して証言するものである。なぜなら、あたかも韻律を整えて作られた詩

---

(1) アンティステネス（前五世紀半ば―前四世紀前半）がその一人と考えられる。ただし、当時（前四世紀前半）はまだ「哲学 φιλοσοφεῖν」の語は知的・教育的活動について広義に用いられていたので、ソフィストたちもその中に含まれていると考えられる。

(2) テオグニス Nr. 35-36 (Diehl). テオグニスはメガラ出身の詩人で前六世紀半ばに活動。この詩行はクセノポン『酒宴』第二章四、プラトン『メノン』九五Dにも引用されている。

(3) この詩行はプラトン『プロタゴラス』三四四Dにも引用されているが作者は不明。

行も暗唱を怠れば忘れてしまうのと同じように、教訓の言葉とて、それをなおざりにする者が忘却に見舞われるのを、わたしは目にしているからである。戒めの言葉を忘れると、魂が思慮分別を志す所以《ゆえん》となった経験をもすっかり忘れてしまう。これを忘れたとなれば、思慮分別をも忘れたところで何の不思議があろうか。

二二　また、わたしの見るところ、酒の道にのめり込んだり、色恋沙汰に引きずり込まれた者たちも、なすべきことに心を配り、なすべきでないことを避けることができにくくなるものだ。すなわち、多くの者たちが、恋に陥るまでは、金銭を節約することができたのに、恋心が生ずるや、もはやそうできなくなる。そして、金銭を使い果してしまうと、以前には恥ずべきことだと考えて避けていたような金の儲け口をも避けようとはしないのである。二三　とすれば、以前には思慮分別をわきまえていた者がふたたび思慮分別を欠くに至ったり、正しいふるまいのできた者がふたたびそれができなくなったりすることが、どうしてありえないだろうか。わたしの思うに、立派なこと善きことのすべては、修練によって身に付くものであり、思慮分別はひとしおそうである。というのは、同じ身体の内に、魂といっしょにさまざまな欲望がともに根づいていて、魂に対し、思慮分別をすてるようにせよ、火急すみやかに当の欲望と身体とが満足できるようにせよ、と説きつけるからである。

二四　さて、クリティアスもアルキビアデスも、ソクラテスとともにあったあいだは、彼の助けを得て、よからざる欲望を克服することをなしえていた。しかし、ソクラテスの下を離れると、クリティアスのほうは、テッサリアに亡命して、(1)かの地で正義よりも無法を事としている人たちの仲間入りをし、アルキビアデスのほうは、その美貌のゆえに多数の名門の女性たちに追いかけられ、国内および同盟諸国における権勢のゆえに多数の有力者たちに甘やかされ、しかも民衆にもてはやされてたやすく第一人者となったために、ちょうど運動競技で楽々と一位になった競技者が訓練を怠るようなもので、彼もまた自分自身をなおざりにしたのだった。二五　二人がこういう境遇に置かれて、氏素性を誇り、富に驕り、権力を鼻にかけ、多数の人たちに甘やかされていたとなれば、しかもこれらすべてに加えて、ソクラテスの下を離れて長い時を経たとなれば、彼らが傲慢になったとしても何の不思議があろうか。二六　これで彼らが道を踏み外したところで、それはソクラテスのせいなりと告発者は難じようというのか。他方、彼ら二人がいまだ若年で、むろん思慮もまったく欠き自制心もまるでなかった頃に、ソクラテスが両者を思慮分別ある者たらしめたことは、告発者には何らの賞賛にも価しないと思われるのか。二七　しかし、他の場合であれば、そんな風に判断されはしないのである。なぜなら、いかなる笛吹き、いかなる弾琴家が、あるいは他のいかなる教え手が、弟子たちを一人前に仕立て上げたのに、別の教え手についたところ、かえって下手になったからといって、その責めを受けようか。またいかなる父親が、その息子がある人に付き従っていたあいだは思慮分別をわきまえていたのに、のちに別の人といっしょになった結果悪くなった場合に、さきの人を非難するであろうか。むしろあとの人の下でより悪くなった分だけ、それだけ一層さきの人を賞賛するのではないか。いや、当の父親たちが息子と生活をともにしながら、子供たちが道を踏み外したとしても、父親自身さえ思慮分別を備えて

（1）クリティアスは前四〇七年にアテナイから追放され、前四〇五年までテッサリアに亡命していた。その地は無法地帯として有名だった。

いれば、咎められることはないのである。二八　ソクラテスを判断するのにも、そういう仕方でするべきである。もしも彼自身が何か悪いことをしたのならば、悪人であったと思われてしかるべきだろう。しかし、彼自身は終生思慮分別のある人だったのならば、どうして彼の内に存しなかった悪徳の責めを受けるのが至当でありえようか。

二九　もっとも、彼自身は悪事をなさなかったにしても、クリティアスやアルキビアデスがくだらない行ないをするのを目にしながら是認していたのであれば、非難を受けても当然であっただろう。実際にはしかし、ソクラテスは、クリティアスがエウテュデモス[1]に恋をして、情欲を求めて肉体をむさぼろうとする輩の流儀で、親密な関係になろうとしているのを察知すると、こう言ってそれを止めさせようとしたのだった。「恋人にはとても立派な人だと思ってもらいたいのに、その相手に対して、まるで物乞いをする人たちがすがりついて恵みを懇願するように、乞い求め、しかも求めるものたるや何のよさもないというのは、自由人に似つかわしくないし、立派なよき人にふさわしいことではないね」。三〇　クリティアスがそれを聞き入れず、行ないを改めようとしなかったところ、ソクラテスは、当のエウテュデモスをはじめとして大勢の人たちの面前で「どうもクリティアスにはブタの習性があると見える。ちょうどブタが石に身体をこすりつけたがるように、彼はエウテュデモスに自分の身体をこすりつけたがっているのだからね」と言ったそうである。
三一　まさにこの一件から、クリティアスはソクラテスに恨みを抱くようになり、そのために、彼が三十人独裁政権[2]の一員として、カリクレス[3]とともに法律制定に当たったときにも、このことが忘れられず、条文に「言論の技術を教授するべからず」と明記した。これでソクラテスをあげつらおうとしたのだが、しかしどうにも手出しのしようがなく、ただ多くの世人が哲学者たちを一纏めにして非難している点(4)を彼にまで及ぼして、世人と反目させようとするものでしかなかった。実際、ソクラテスがそんなことを教えるのを、わたし自身もまったく聞いたことがないし、また誰か他の人がそれを聞いたという話さえ耳にしたことがないのである。三二　事の真相は、やがて明らかになった。つまりこうである。三十人独裁政権が、多数のしかも一かどの国民を処刑したり、多くの者に罪を着せたりしていたとき、ソクラテスがこんな風に言った、「もしも誰かが牛の群れの番人になったときに、牛の数を減らし劣ったものにしておきながら、自分がダメな牛飼いであることに同意しないとすれば、おかしなことだと思われるが、しかし、もし誰かが国家の指導者に

(1) プラトン『饗宴』二二二Bにおいて、ソクラテスに愛される若者の一人としてただ一度言及されているディオクレスの子のエウテュデモスと同一人物か。本書では、さらに第四巻第二―三章、第五―六章で、さまざまな徳についてソクラテスに問いかけられて、長い対話を交わしている。クセノポン作品では、クリトブウロスとともに、ソクラテスの仲間では最も目立った存在となっている。プラトン『エウテュデモス』の表題人物とは別人である。

(2) 一七頁の註（1）参照。

(3) カリクレス（Chariklēs）はペロポネソス戦争期の過激な政治家で、三十人独裁政権の主要メンバーの一人。独裁政権崩壊後もアテナイ政界で活動している。むろんプラトン『ゴルギアス』に登場するカリクレス（Kalliklēs）とは別人。

(4) プラトン『ソクラテスの弁明』一八Bにも言われているように、「天空のことを思案したり地下の一切を調べたりする」ことや「弱論を強弁する」ことが当時の哲学者に対するネガティブなイメージを作り出していた。アリストパネスの喜劇『雲』では、ソクラテスがそのような人物の典型として描かれている。ここでは特にクリティアスたちは「弱論を強弁する」という非難を利用してソクラテスと若者たちとの対話活動を制約しようとしたのであろう。

なったときに、国民の数を減らし劣ったものにしておきながら、それを恥もせず、またダメな国政担当者だと思いもしないとすれば、よりいっそうおかしなことではないか」。三三　これが三十人独裁政権に通報されると、クリティアスとカリクレスはソクラテスを召喚し、法令を彼に示して、若者たちと談論することを禁じようとした。

それに対して、ソクラテスは二人にこう訊ねた、「公布命令にどこか分からないところがあれば、問いただしてもいいだろうか」。

二人は承知した。

三四「では」と彼は言った、「わたしは法に従う気構え十分でいますよ。しかし、知らずにうっかり法を犯すことのないように君たちからはっきりと伺っておきたいのだが、君たちは言論の技術というものを正しい論法に関わるものと見なして、それに携わらないようにと命じているのかね、それとも正しくない論法に関わるものと見なしてのことなのかね。もし正しい論法に関わるものというのであれば、むろん正しい物言いを控えねばなるまいからね。しかし、正しくない論法に関わるものというのならば、むろん正しい物言いに努めなければならないわけだ」。

三五　カリクレスは彼に腹を立てて、こう言った、「ソクラテス、君は分かりがわるいようだから、もっと分かりやすいように命令を公布する。どうであれ若者たちと談論するな、ということだ」。

そこでソクラテスは言った、「では、わたしが公布命令に反する行為をした、しないで曖昧さが生じないように、人間は何歳までを若いと見なすべきかを決めてくれたまえ」。

するとカリクレスは言った、「政務審議会に参画できない年齢にある者がそうだ。彼らはまだ思慮不足と見なされているわけだから。君も、三〇歳以下の若者と談論しないように」。

三六「わたしが何か買い物をするのにも」とソクラテスは言った、「売り手が三〇歳以下のときには、いくらで売るか訊ねないようにするのかね」。

「いや、そんなことは構わない」とカリクレスは言った。「そうではなくて、いいかねソクラテス、君は、当の事柄がどうであるのか知っていながら、それについてのべつ繰り返し問いかけるようなことをしているではないか。つまり、そういう問いかけはやめたまえ」。

「では」とソクラテスは言った、「誰か若者がわたしに訊ねたときにも、それがわたしの知っていることであれば、答えないでおくべきだろうか。たとえば、カリクレスの住まいはどこであるかとか、クリティアスはどこにいるかとか——」。

「いや、そんなことは構わないのだ」とカリクレスは言った。

三七 今度はクリティアスが言った、「あなたが差し控えるべきことはね、ソクラテス、靴造りとか大工とか鍛冶屋とかのことですよ。(1) 思うに、こういった人たちは、あなたの話に出ずっぱりで、すっかりくたくたになっているようですから」。

---

(1) プラトンの「対話篇」にもしばしば見られるように、ソクラテスは「靴造りとか大工とか鍛冶屋とか」の日常的事例を挙げながら政治家批判や真の徳のあり方などについて議論を進めることが多かった。

「すると」とソクラテスは言った、「こういう人たちにまつわる事柄、つまり正しさとか敬虔さとか、その他それに類した事柄もかね」。

「まさにそのとおりだ」とカリクレスが言った、「牛飼いのことも差し控えなければならない。さもないと、気をつけたまえ、君が牛の頭数を減らすようなことになりかねないだろう」。

三八　これで、もう明白になった。牛に関する話(1)が彼らのところへ通報されたために、ソクラテスに対して彼らは腹を立てたのである。

さて、クリティアスがソクラテスとどんな付き合い方をし、両者の関係がどうであったかは、以上に語られたとおりである。三九　わたしの言わんとするのは、敬愛していない人からは、誰に対してもいかなる教育成果ももたらされない、ということである。クリティアスやアルキビアデスは、彼らがソクラテスと付き合っていたあいだ中、彼に敬愛の念など持たぬままに、付き合いをしていたのであり、彼らは、そもそもの始めから国家の指導者たらんと熱望していたのである。というのも、いまだなおソクラテスとともにあったときから、彼らは、他の誰彼とよりもむしろ国政に大いに活躍している人たちと談論することに努めていたからである。四〇　事実、アルキビアデスは、まだ二〇歳になる前に、彼の後見人であり国家の第一人者であったペリクレス(2)と、法律に関してこのような談論を交わしたということである。

四一「どうでしょうか、ペリクレスさん」とアルキビアデスは言った、「法とは何であるか教えてくださるでしょうか」。

「むろんだとも」とペリクレスは言った。

「では、ぜひとも教えてください」とアルキビアデスは言った、「というのは、あちこちで人が法に適っているといって賞賛されているのを聞くにつけて思うことですが、法とは何であるかを知らなければ、この賞賛をしかるべく受けられないのですから」。

四二 「いや、アルキビアデス、君の所望は少しもむつかしいことではないよ」とペリクレスは言った、「法とは何であるかを知りたいのだね。多数者が合議の上よしと決めた結果を制定して、なすべきこと、なさざるべきことを告知したもの――これらがすべて法律にほかならないのだ」。

「その場合、善をなすべきだと考えてのことですか、それとも悪をなすべきだと考えてのことでしょうか」。

「ゼウスにかけて、むろん善のほうだとも、お坊ちゃん」とペリクレスは言った、「悪をなすべきだと考えてではないとも」。

四三 「もしも多数者ではなくて、寡頭体制が行なわれているところでのように、少数の者が合議の上で何をなすべきかを制定したならば、これはどうなのですか」。

「すべて」とペリクレスは言った、「国家の主権者が、何をなすべきかを審議した上で制定したものであれば、それは法と呼ばれるのだよ」。

（1）本巻第二章三二参照。

（2）ペリクレス（前四九五頃―四二九年）はアテナイきっての名門アルクマイオニデスの一員でクサンティッポスの子。ペルシア戦争後に民主派の政治家として活動、アテナイに「黄金時代」をもたらした。ペロポネソス戦争初期に大流行したペストに斃れた。

「では、独裁僭主[1]が国家を支配しているときには、彼が国民に対して何をなすべきかを制定しても、これまた法なのですか」。

「支配者たる独裁僭主が制定したものも」とペリクレスは言った、「それもまた法と呼ばれる」。

四四 「しかし、暴力とか」とアルキビアデスは言った、「不法行為というのは何でしょうか、ペリクレスさん。強者が弱者に対して、納得を得ずに強権を発動して、自分がこうと思うことを強制的にやらせる場合がそうではないのですか」。

「そう思われるがね、わたしには」とペリクレスは言った。

「すると、独裁僭主が、国民の納得を得ぬまま制定して強制的にやらせる事柄というのは不法行為でしょうか」。

「そう思われるね」とペリクレスは言った、「独裁僭主が納得を得ぬままに制定したものを法であるとした前言は撤回しよう」。

四五 「しかし、少数派が多数派の納得を得ずに、彼らを力で支配して制定する事柄について、われわれはこれを暴力と言うべきでしょうか、それともそう言うべきではないでしょうか」。

「すべて何でも」とペリクレスは言った、「納得を得ずして人が誰かに強制的にやらせる事柄は、制定しようと否とにかかわらず、法であるよりもむしろ暴力である、というのがわたしの考えだ」。

「すると、集団をなした大衆が有産者たちを力で支配して、納得を得ぬままに制定する事柄も、法であるよりもむしろ暴力なのでしょうか」。

四六　「大いにね」とペリクレスは言った、「アルキビアデスよ、われわれも君くらいの歳の頃には、こうした問題に才知を示したものだ。つまり、われわれが関心を抱き理屈をこねまわしていたのも、ちょうど君が今関心を抱いているらしい問題にほかならなかったのだからね」。
それに対して、アルキビアデスはこう言ったとのことである。「ああ、ペリクレスさん、あなたがこうした事柄にかけて最も才知に長けていた時期に、あなたと接したかったものですよ」。
四七　こんな具合にして、彼らは、自分たちが時の政治家たちよりもすぐれていると考えるやいなや、もはやソクラテスのもとへ赴こうとしなかった。というのも、彼らはそもそもソクラテスを敬愛していなかったうえに、もし近寄ろうものなら、彼らの犯している過ちを吟味に掛けられて、それに我慢がならなかったのである。そして彼らは国政に携わるようになった。ソクラテスに近づいたのも、それが眼目だったのである。
四八　しかし、ソクラテスの周囲に集まった人たちにはクリトンがいたし、カイレポンやカイレクラテス

（1）独裁僭主 τύραννος は、前七世紀から六世紀に古来の貴族政体が崩壊したポリスにおいて特定の有力者に「王」の権限をゆだねて政情安定を図ったのが起源であり、新たな政治体制に至るまでの過渡期的存在として、ギリシア各地に登場した。すぐれた政治支配をしたテュランノスも多かったが、その地位は一般に強力な武力によってのみ維持されたために、しばしば独裁的な権力の濫用に走りがちだった。民主制が確立されてからは、激しく忌避される存在となった。

やヘルモゲネスやシミアスやケベスやパイドンダスなどもいた。(1) 彼らがソクラテスと接したのは、民会や法廷での立役者になろうとしてのことではなく、完璧に立派な人間となって立派に家事を処理し、家族や親戚や知人たちに正しい接し方をし、また公的にも国家や人びとに対して正しく処することができるようになろうとしてのことであった。だから、彼らは誰一人として、若いあいだも老いたのちにも、悪事をなさず、非難を受けるようなこともなかったのである。

四九 「しかし、たしかにソクラテスは」と、かの告発者は言っていた、「世の父親たちを踏みつけにするすべを教えた。彼は、彼のまわりに集まってくる者たちに対して、彼らの父親以上に知恵あるものにしてやると言い聞かせ、また精神異常という裁定を勝ち取れば、父親でさえ合法的に牢に入れることができるとも明言していたではないか。しかも、そのさい彼は、より無知な者がより知恵のある者によって牢に入れられることは法に適っている、ということを論拠にして、そう言ったのである」。五〇 しかし、ソクラテスの本意は、無知ゆえに人を捕縛するならば、当然自分も本人が知らないことを知っている人たちによって牢に入れられるだろう、ということにあった。そして、そうした議論の筋道から、しきりに彼は「無知と狂気はどう違うか」を考察した。狂気に陥った者の場合には、拘禁されることが、本人にとっても知友たちにとっても有益でありうるのに対して、無知な者は、それを知っている者から学ぶべきことを学ぶのが当然であろう、というのが彼の考えであった。

五一 「しかし、たしかにソクラテスは」と告発者は言っていた、「世の父親たちのみならずその他の身内の人びとをも、彼のまわりに集まった者たちに、ないがしろにさせた。彼によれば、病気にかかったり裁判沙汰に関わったようなとき、身内の人たちは何も役に立たず、病気のときに役立つのは医者であり、裁判のときに役立つのは弁護に熟達した者なのである」。五二　また告発者はこうも言っていた。「知友たちについても、彼が言うには、いくら好意的であっても、人に役立つ能力を備えていなければ、それは無益であり、尊敬に価するのは、ただ、しかるべきことを知悉しており、それを分からせてくれる力のある人だけだ、と明言していた。そして、彼は、自分こそが最も知恵ある者であり、他人をも知者たらしめるのに最も適った者だという風に、若者たちを心服させ、彼のまわりに集まった者たちを、ソクラテスに較べれば彼らの周辺にいる他の人びとはいないにひとしい、という気持ちにさせたのである」。五三　なるほど、父親その他の身内の人びとや知友について、彼がそうしたことを言っていたのを、わたしも知っている。いや、それのみな

(1) ここに挙げられている人たちの多くはプラトンの「対話篇」を通じても知られる。クリトンはソクラテスとほぼ同年で生涯を通じて彼の最も忠実な友。カイレポンとカイレクラテスは兄弟で、本書第二巻第三章にも登場。特に前者は熱烈なソクラテスの徒で、デルポイに神託伺いをして「ソクラテス以上の知者はいない」という託宣を受けたのは彼である(プラトン『ソクラテスの弁明』二一A)。ヘルモゲネスはアテナイきっての富豪ヒッポニコスの息子の一人だが、庶子だったのであろうか、遺産をすべて兄のカリアスに独占され、貧窮生活に落とされていた。クセノポンとも親しく、ソクラテス裁判のときアテナイにいなかった彼にその様子を伝えた人である(クセノポン『ソクラテスの弁明』)。本書第二巻第十章三、第四巻第八章四以下にも登場、またプラトン『クラテュロス』では主要な対話者の一人をつとめている。以上はいずれもアテナイ人だが、ケベスとシミアスはテバイの人。プラトン『パイドン』ではこの二人がソクラテスの主要な対話相手となっている。パイドンダスはやはりテバイの人と考えられているが不詳。あるいは「パイドン」(エリスの人でプラトン『パイドン』の表題人物)を読むべきか。

らず、魂という、そこにのみ思考が宿るものが立ち去ったときには、最も身近な人の身体であっても、ただちに野辺送りして埋め隠そうとする、とも言っていた。五四　彼はまた、生きているあいだにも誰しもが、自分自身という万人中最も愛するものにでさえ、何か無用なものや無益なものがあれば、自らそれを除去したり、人にそうしてもらうものだ、とも言っていた。たしかに、自分の爪や毛髪やタコは自分で取り除くし、あるいは医者に頼んで、苦しい痛い思いをしてまで、切除手術や焼灼手術を施してもらい、しかもそのために彼らに報酬を支払うべきだと考える。またわれわれは、口から唾をできるだけ遠くへ吐き出そうとするが、それというのも、そんなものが口中にあっても何の役にも立たず、むしろ有害だからである。五五　しかし彼がそんなことを言ったのは、何も父親を生きながら葬れとか、自分自身をこま切れにせよと教えるためではなかった。愚かさは屈辱的なものだということをはっきり示して、できるだけ思慮深く、できるだけ役に立つ者たらんと心がけるよう、奨励していたのである。父親からであれ兄弟からであれ、あるいは他の誰からであれ、尊重されたいと思うのであれば、身内なのだからと宛にしてなおざりにすることなく、尊重されたいと思っている当の相手に役立つ人になるべく努めることが、その眼目であった。

五六　また、告発者によれば、ソクラテスは最も高名な詩人たちから最も愚劣な詩行を抜き出して、それらを論拠にしながら、悪事を働き僭主のように横暴な人間であれと、彼のまわりの者たちを教導していた、という。たとえばヘシオドスの

仕事は何ら恥辱ならず、働かぬことこそ恥辱なれ(1)

という箇所について、ソクラテスは、この詩人が、不正なものであれ恥ずべきものであれ、いかなる仕事も忌避せずに、利得のためにはそれらをなすべしと命じている、という風に論じた、というのである。五七　なるほどソクラテスは、働き手となるのは当人にとって有益かつ善いことであり、他方働かないのは有害かつ悪いことである、つまり働くのは善いこと、働かざるは悪いことであると認めていたのであるが、その場合、何か善いことをしている人のことを働いていると言い、働き手であると言ったのであり、サイコロ賭博をしたり何か愚劣で損になるようなことをしている人を働かざる者と呼んだのである。このように解すれば、さきの詩句

仕事は何ら恥辱ならず、働かぬことこそ恥辱なれ

は正しいということになるであろう。五八　また、告発者によれば、ソクラテスはホメロスの一節にもしばしば言及していたという。それは、オデュッセウスが

行き合った相手が王侯および貴人であれば、
歩を止めて、言葉穏やかにこう制した。
「何たるお方、恐れおののく怯懦のさまは、あなたらしくもない。
ご自身も腰を落ち着かせ、他の者どもをも座らせなされ」。
だが、目にした雑兵が、鬨の声を上げているのを見た折には、

（1）ヘシオドス『仕事と日』三〇九行。

笏杖を振ってその者を打ち据え、声を上げて叱咤した。
「何たる奴め、おとなしく座して、他の者の言葉に耳を貸せ、
お前より秀でた者の言に、だ。お前ときたら戦さに無能な弱卒で、
戦さにあっても合議の場でも、ものの数に入らぬ輩だ(1)」。
という箇所で、ソクラテスはこれを、かの詩人が一般大衆や貧乏人を打ち据えることを賞賛したものと解釈していた、というのである。五九　しかし、ソクラテスはけっしてそんなことは言わなかった。なぜなら、そう語っていたとしたら、彼自身をこそ打ち据えるべきだと考えていたことになるからである。彼が言わんとしていたのは、言行いずれにおいても役に立たず、軍隊にであれ国家にであれ、あるいは民衆に対して直《じか》にであれ、いざというときに助けとなるに足りぬ者たちは、とりわけ、かてて加えて尊大だとなれば、たとえ彼らが大金持ちであったとしても、あらゆる面で制約を受けなければならない、ということであった。
六〇　ともあれソクラテスが、告発者の言うところとは反対に、民衆寄りで誰にもやさしい人(2)であることは明白であった。なぜなら、彼は、アテナイの街の人たるとよその国の人たるとを問わず、多数の熱心な信奉者を持ちながら、その集まりに対してけっして報酬を取らず、彼の持てるものをすべての人に惜しげもなく分け与えたのである。そのわずかな部分を彼から只で手に入れた一部の者たちは、それを他の人たちに高く売りつけ(3)、しかも彼のように民衆寄りの態度をとらなかった。彼らは、金銭を支払うことができない人びととは、談論したがらなかったからである。六一　しかしソクラテスは、他国の人びとに対してもアテナイの国を栄誉あるものにしたのであって、その貢献は、リカス(4)という、この方面の事績で名をなした人物がラケ

ダイモン（スパルタ）人の国に果たしたよりも、はるかに大なるものがあった。リカスは、ギュムノパイディアイ祭(5)に際してラケダイモンに滞在していた外来者たちに、食事の接待をしたのに対して、ソクラテスは、生涯ずっと自分の持てるものを費やして、欲する者は誰にでも最大限に裨益したからである。というのも、ソクラテスは、彼のところに来る者をよりすぐれた人間にして送り出していたからである。

六二　これがわたしの目に映じたソクラテスであるからには、彼は、国家にとって死よりもむしろ栄誉をもって報いるに価する、というのがわたしの気持ちであった。また、法律に照らして考えてみても、そのとおりだということが分かるだろう。すなわち、法律によれば、窃盗や追剝やスリや押し込み強盗や誘拐や神殿荒らしを働いたことが明るみに出たときには、そうした者たちに定められた罰則は死刑であるが、かの人

---

(1) ホメロス『イリアス』第二歌一八八―一九一、一九九―二〇三行。

(2)「誰にもやさしい（人）φιλάνθρωπος」（古代ではこの語にいわゆる「博愛的」の意味はない）。

(3) たとえばキュレネのアリスティッポス。彼はソクラテスの徒のうちで最初に報酬を取って教えたと伝えられている（ディオゲネス・ラエルティオス『ギリシア哲学者列伝』第二巻六五）。

(4) この名で知られているスパルタ人としてアルケシラオスの子でソクラテスと同時代人のリカスがいるが（クセノポン『ギリシア史』第三巻第二章二一、トゥキュディデス『歴史』第五巻五〇参照）、あるいはこれとは別の未詳人物であろうか。

(5) スパルタの最も盛大な祭礼。直訳的には「裸子供祭」だが、子供たちの列を先頭にあらゆる年代の男性が裸で参加し、アポロン像のまわりで歌い踊り、また競技大会を開催した。特にテュレアの戦いに斃れた人たちを讃える行事。

は、いかなる人にも増して彼らとはほど遠かったのである。六三　さらにまた、むろん彼は、国家に対して災いをもたらす戦争や内乱を引き起こしたこともないし、反逆行為その他のいかなる悪事の元凶でもなかった。むろんまた、私人としても、善良な人びとを瞞着したこともなければ、悪人たちと結託したこともない。ここに言われたような非難は何一つ受けるべくもなかったのである。六四　とすれば、どうしてあの公訴に対して有罪でありえようか。訴状に記されたところによれば、「神々を認めない」とのことであるが、彼がいかなる人びとにも増して神々を信奉したことは明らかであり、また、「若者たちを堕落させた」と訴状提出者は彼を非難していたが、明らかに彼は、まわりに集まった者たちがよからぬ欲望を抱いているときには、それらをやめさせるとともに、国家や家庭がうまく治まるべき方途たる、最も美しく最も高邁な徳への意欲をかきたてたのである。こうした活動に務めていた彼が、どうして国家的に大いなる栄誉を受けるにあたらないであろうか。

第三章

一　さて、わたしの見るに、実際にソクラテスは、自分自身がどんな人間であるかを行動で示すことによっても、また対話を交わすことによっても、いかにそのまわりに集まった者たちを裨益したことか、それらのうちでわたしがはっきりと覚えているかぎりのことを、書き記しておこう。

そこでまず、神々に関する事柄については、明らかに彼の言うことなすことは、ピュティア[1]が、供犠や先祖の供養やその他これに類するものごとについて、それらをいかに執り行なうべきかと訊ねる人たちに対して与えている答えとよく一致したものであった。すなわち、ピュティアの告げるところは「国家の法に従って事をなせばそれが敬虔なふるまいである」というのであるが、ソクラテスも自らそのようにふるまうとともに、他の人たちにもそうするよう促していたし、他方どこかそれとは違うふるまいをする者たちを思い上がった無分別な連中だと見なしていたのである。二　さらには、彼が神々に祈願する場合には、ただ「善きものを与えたまえ」とだけ念じていた。善きものとはいかなるものかを、神々は最もよくご存じだから、というのである。金・銀や独裁権力やそれらに類したものを祈願するのは、サイコロ賭博や闘争やその他どういう結果になるかが明らかに不確かなことを祈願するのと何ら違わない、というのが彼の考えであった。三また彼は、供犠を捧げるのに、わずかばかりの資財のうちからわずかばかりを捧げることしかできないとしても、多大の財産のうちから多大のものを捧げる人たちに較べて、いささかも劣るものではないと考えていた。彼が言うに、小さな供犠よりも大きな供犠をいっそう嘉《よみ》するのは、神々にとって具合のいいことではないからである。なぜなら、しばしば、よからぬ者たちからの供犠のほうがよき人たちからのものよりもいっそう喜ばれることになってしまうが、しかし、もしよからぬ者たちからの供犠のほうが、よき人たちからのものよりもいっそう神々に喜ばれることになるとしたら、人間たちにとって生きる甲斐などないことになろう、というのである。いや、神々は最も敬虔深い人たちから敬われることによってこそ最も喜ぶのだと、彼

（1）デルポイのアポロン神殿で神託を降す巫女。

は考えていた。彼は次のような詩句を讃美していたものだ。

力に見合った捧げものを、不死なる神々に供えるがいい(1)。

のみならず、身内の者たちに対する場合も客人たちに対する場合も、またその他の行ないに際しても、「力に見合った」ふるまいをするのが立派な筋道である、と彼は言っていた。四　もし彼に対して神々から何か徴《しるし》が示されていると思った場合には、彼がその徴に背いて行動しようと考えたりするくらいなら、むしろ誰かが彼に、目が見えて道を知っている人ではなく、盲人で道を知らない人を道案内人にするようにと言っても、それを聞き入れたことであろう。また、他の人たちについても、人びとのあいだでの不評判を警戒して、神々から示された徴に背いたふるまいをするようなことがあれば、その愚行を叱責したものだ。彼自身は、神々から与えられる勧告に比して、人間界のものごとの一切を見下していた。

五　彼はまた生活規律によって心身を養ったが、彼の立てた規律を守れば、それによって、神ならぬ身であっても、確信に満ちた態度で危なげなく日々を過ごせるようなものであり、しかもけっして大きな出費で行き詰まることのないようなものであった。なぜなら、生活はとても質素で、どれほどわずかにしか働かずにいれば、ソクラテスが十分とするものをまかなえないことになるのか、見当がつかないほどであった。すなわち、彼のとる食事の量は、ちょうど快適に食べられるほどであったし、おまけに、食欲が彼のご馳走となるよう心掛けていたのである。飲み物にしても、のどの渇きを覚えなければ飲もうとしなかったから、彼には何でもおいしく感じられた。六　ときに招かれて宴席に赴く気になった場合など、大多数の人にとっては、満腹の度を過ごしていっぱいに詰め込まないようにするのは至難の業というものだが、彼はそれを楽々と守り通したのだった。そして、そうすることができない人たちに忠告して、ひもじくもないのに食べるようそそのかしたり、渇いてもいないのに飲むようそそのかしたりするたぐいのものを控えるように勧めた。そうしたものは胃腸のみならず、頭や魂をも損なうからだ、と彼は言った。七「思えば」と、彼はからかいの調子を込めながら言った、「かのキルケも大勢の連中にご馳走をふるまいながら、彼らをブタにするのだよ。しかしオデュッセウスだけは、ヘルメスの忠告があったうえに、彼自身も自制のきく男だったからこそ、満腹以上にそのたぐいのものに手を出さずにいて、そのためにブタにならずにすんだわけだ」(2)。八ソクラテスは、こうした事柄について、そんな風に冗談めかしていたが、同時に本気で語ってもいたのである。

美しい人に対する愛欲の情はきつく遠ざけるように、と彼は戒めていた。「なぜなら」と彼は言った、「こうしたことに手を染めながら、節度を保つのは容易なことではないからね」。ところで、いつか、クリトンの息子のクリトブウロス(3)がアルキビアデスの息子の美少年と口づけを交わした、ということを耳にすると、ソクラテスは、クリトブウロスのいるところで、クセノポンにこう訊ねた。

---

(1) ヘシオドス『仕事と日』三三六行。

(2) ホメロス『オデュッセイア』第十歌二八一行以下参照。キルケはオデュッセウスを誘惑し、虜にしようとした魔女。

(3) 彼はクセノポンの著作中では最も目立った「ソクラテスの仲間」の一人で、本書第二巻第六章でも友愛についてやや長い対話を交わしているし、クセノポン『酒宴』にも登場している。

九　「どうかね、クセノポン」と彼は言った、「君はクリトブウロスが軽率な人間というよりも思慮のある人間の一人だと思っていたのではないかね。無思慮で向こう見ずな人間というよりも先がよく見える人間の一人だと思っていたのではないかね」。

「まさにそのとおりですよ」とクセノポンは言った。[1]

「しかし今は、彼はすっかり熱くなりきり、まるきり見境いをなくしてしまったのだと考えたまえ。この人ときたら、短剣の輪の中へでも頭から飛び込んでいくだろうし、火の中へでも飛び込んでいくだろうよ」。

一〇　「しかし、いったい」とクセノポンは言った、「彼のどんなふるまいを見て、そんな風に彼のことを卑下するのですか」。

「なぜって彼は」とソクラテスは言った、「アルキビアデスの息子[2]と口づけを交わすような無謀なことをやったのだよ、いとも見目うるわしく、花のまっ盛りにある者を相手にしてね」。

「しかし」とクセノポンは言った、「そんなことが向こう見ずな行ないだとするのなら、わたしでもきっとその危険を耐え忍んでみることでしょうよ」。

一一　「情けない人だね」とソクラテスは言った、「美しい人と口づけを交わせばどんな目に遭うと思うのかね。たちどころに自由の身から奴隷となり、有害な快楽に大金を消費し、すっかり忙殺されて立派なよき事柄に配慮することができなくなり、狂気に陥った者でも熱中しないようなことに熱中せざるをえない羽目になるとは思わないかね」。

一二　「ああヘラクレスさま[3]」とクセノポンは言った、「あなたのおっしゃるに、口づけには何とも恐るべき力があるものですね」。

「そんなことで」とソクラテスは言った、「君は驚いているのかね。毒グモ[4]は半オボロス銀貨[5]ほどの大きさもないのに、口で触れるだけで人間たちを痛みで悶え苦しませ、思慮を失わせてしまうことを知らないのかね」。

「ええ、ゼウスにかけて、むろん知っていますとも」とクセノポンは言った、「毒グモは咬んだ傷口から何かしらを注ぎ入れてくるのですから」。

一三 「愚かな人だね」とソクラテスは言った、「美しい者たちが口づけするときにも、何かしらを注ぎ入れてくるとは思わないのかね、ただし君にはそれは見えないのだが。この獣は美しく花の盛りにあると言わ

（1）以下一三節まで、本書においてクセノポン自身が対話者として登場する唯一の箇所である。
（2）誰を指すのか。アルキビアデスには同名の嫡出子がいたが、彼は前四一六年生まれと考えられ、もし目下の対話の想定年代を前四二〇年頃（あるいは若干後に移したとしても）年齢的に該当しない。他方クセノポン『酒宴』（対話設定年代は前四二一年）の第四章一〇以下には、クリトブウロスの愛する美少年としてクレイニアスの名が挙げられている。その名で該当しそうな人物としてはアルキビアデスの「弟」および「甥」（父の兄弟アクシオコスの息子で、プラトン『エウテュデモス』および『アクシオコス』に登場）の二人がいるが、そのいずれかを充てることにも難点がある。
（3）「くわばら、くわばら」にあたるおまじないの言葉。
（4）当該語の *φαλάγγιον* は毒虫の一種。「毒グモ」としたが、明確な同定は不可能。サソリのたぐいとも考えられるが、小さくて円い「半オボロス銀貨」と較べるにはクモのほうが適切であろうし、プラトン『エウテュデモス』二九〇Aではサソリ *σκορπίος* と並列されている。
（5）最も小額で小型の貨幣。

れているのだが、それが毒グモよりもどれほど恐ろしいか、そちらのほうは触れたときのことだが、こちらは触れなくとも、ただそれを目にするだけで、しかもかなり遠方からでも、そうした何かしらを注ぎ入れて、人を狂気に陥れるものだということを、君は知らないのかね。［エロース［恋の神］たちが射手《いて》と呼ばれているのも、おそらく、美しい者たちが遠方からでも傷を負わせるからであろう。[1]］ともかく君に進言しておくが、クセノポンよ、誰か美しい者を目にしたときには、一目散に逃げることだ。そして君には、クリトブウロスよ、一年の国外退去を進言しよう。おそらくそのくらいの時間をかければ、やっとまともな状態に戻れるだろうからね」。

一四　まさにこのように、愛欲の情につまずかずにはすまない者たちは、こうした事柄に対するに、身体がよほど要求するのでないかぎり、魂がそれを受け入れないようにし、身体の要求があった場合でも、煩わしさが生じないようにするべきだ、というのが彼の考えであった。彼自身は明らかにこの方面のことに心構えができていたから、いとも見目うるわしく花の真っ盛りにある者を遠ざけるのも、他の人たちがいとも醜く花の盛りを過ぎた者を遠ざけるよりもたやすいことであった。一五　飲食にも愛欲にも彼はこのように心構えができていたので、こうした事柄に大いに憂き身をやつしている者たちに少しもおとらず十分に快楽を味わいながら、苦痛を感ずることはずっとわずかでしかなかったのである。[2]

第四章

一　もしも一部の者たちが、ちょうど幾人かの人がソクラテスについて聞きかじったことを書いたり語ったりしているような具合に、彼は人びとに徳を説き勧めることには長けていたが、それへと導いていくのには力不足であった、と考えるとしたら、(3) 彼らは、ソクラテスが問いかけによって、万事に精通していると思い込んでいる者たち(4)をたしなめるためにどんな風に吟味論駁していたかということだけではなく、いっしょに語り合う者たちにどのようなことを語って日を過ごしたかということをも調べた上で、彼の仲間たちをよりすぐれた者にする力があったかどうかを認定するようにすることだ。二　わたしとしては、まず、ソクラテスが「小男」とあだ名されたアリストデモス(5)を相手に神なるものについて対話を交わしたときのことを、いつか彼からじかに聞いたところを話すことにしよう。明らかにその男が神々に犠牲を捧げることも祈るこ

(1) Dindorf は［　］を後代の書き込みと見なしている。

(2) Dindorf や Sauppe はこの一五節全体を後代の付加と見なして、［　］に入れている。

(3) プラトンの「対話篇」の一つ（ただし擬作か）『クレイトポン』四一〇Eにほぼ同じ言葉づかいによるソクラテス批判が提出されている。ここはそれを承けたものとも考えられるが、クセノポンは「ちょうど幾人かの人が……書いたり語ったりしているような具合に」と述べて、同様の批判は何人かからなされたものとしている。

(4) ソフィストたちのこと。

(5) アリストデモスはアテナイのキュダテナイオン区の人。のちにソクラテスの最も熱心な讃美者の一人となった。プラトン『饗宴』の実質上の語り手で、そこでも「小男」と言われている（一七三B）。

ともせず、(1) 占いをすることもないのみか、そうしたことをする人たちを嘲笑しているのを知ると、「どうかね」とソクラテスは言った、「アリストデモスよ、君が知恵にかけてすばらしいと思った人間たちというのはいますかね」。

「むろんですとも」と彼は言った。

三　そこでソクラテスは言った、「その人たちの名前を言ってくれたまえ」。

「そうですね、叙事詩を作ることでは、わたしとしてはホメロスがとりわけすばらしいと思うし、ディーテュランボス〔舞踏歌〕ではメラニッピデスが、悲劇ではソポクレスが、彫像制作ではポリュクレイトスが、肖像画ではゼウクシスがすばらしいと思います(2)」。

四　「君は、ものを考えることもしなければ動くこともない影像の制作者たちのほうが、生きてものを考え、活動しているものの制作者たちよりも、いっそうすばらしいと思うに価すると考えるのかね」。

「ゼウスにかけて、はるかに生きたものの制作者たちですよ、何かの偶然によってではなく、洞察力のもとにそれらが生じている、というのであるからにはね」。

「しかし、何のためにあるのかが推し量りがたいものと、はっきりと有用さを目処《めど》にしているものとでは、どちらが偶然の産物であり、どちらが洞察力の産物であると君は判定するのかね」。

「有益さを目処にしているものこそが、洞察力の産物であるとするにふさわしいでしょう」。

五　「では君は、人間を最初に造った造り手が、目は見えるものを見るために、耳は聞こえるものを聞くためにという具合に、それぞれの対象を感覚する手段となるものを、有用さを目処にしながら人間に備えつけてくれたと思うかね。さらには匂いのするものも、もし鼻が備わっていなかったならば、われわれにどんな有用さがあったというのか。また甘いもの、辛いものなど、口による快感のすべても、もしそれらを識別する舌が造り込まれていなかったならば、どんな感覚がありえたというのか。六　さらにまた、こういったことも叡慮の所産とは思えないかね。つまり、眼球というのは虚弱だからというので、瞼《まぶた》でそれに覆いをし、眼球を何かのために使用する必要がある場合にはそれが開き、睡眠中はぴたりと閉じている。また風がそれを損なうことがないようにと、瞼《まぶた》には睫毛《まつげ》が生えているし、頭部から汗がしたたり落ちてそれを傷めないようにと、目の上側は眉毛で庇を差しかけている。また耳はあらゆる音声を受け取るが、けっして満杯状態になりはしない。そして、前歯はどんな動物のでも噛み切るようにできているし、奥歯は前歯からものを受け取ってすりつぶすようにできている。さらには、口は動物の欲するものが入り込んでいくところだからというので、目と鼻の近くに取り付けられているのに対して、排泄物は厭わしいからと、これらの通路は、諸感覚からできるだけ遠く離して、よそへ向けてある。これらが、かくも叡慮を働かせてこしらえられているからには、君は、偶然の産物か洞察力の産物かに迷ったりするだろうか」。

（1）Marchant［Loeb］に従い、パピュロス断片により *οὔτε* 〈*εὐχόμενον δῆλον ὄντα οὔτε*〉 *μαντικῇ*（明らかに……祈ることもせず）を補う。

（2）メラニッピデス（メロス島出身）、ソポクレス（前四九五—四〇六年）、ポリュクレイトス（シキュオン出身、前四三〇年頃）、ゼウクシス（南イタリアのヘラクレイア出身）は、いずれも当時在世中の人物。一般に詩人や造型職人は「知者」の一典型と見なされていた。

七　「いいえ、ゼウスにかけてそんなことはありません」と彼は言った、「そういう風に考えをめぐらせれば、そういったものがどなたか知恵あるもので、生き物に愛情をもった造り手の業の所産に思われます」。

「子供を生みたい欲求が生まれつきそなわっていたり、母親には養育への欲求が生まれつきそなわっていたり、また養育されるものには、生への激しい願望と死への激しい恐怖とが生まれつきそなわっているということは、どうだね」。

「むろんそうしたことも、どなたか生き物を考案熟慮したものの工夫の所産に思われます」。

八　「また君は何か知性的なものが自分にそなわっていると思うかね」。

「何なりと問いかけてみてください、それにお答えしましょう」。

「そして、ほかにはいかなるところにも、知性的なものはまったく存在しない、と思うのかね。しかも、君の身体には膨大にある大地の小さな部分を所持しているにすぎず、湿潤なものについても膨大にあるもののわずかな部分、またその他のものもいかにも膨大であるのに、それぞれのものの小さな部分を君は受け取って、その身体を秩序づけているのだということを承知の上でね。また知性だけはどこにも存在しないのだが、君はそれをなぜか運よくせしめてきたと考え、この世界にある途方もなく膨大なもの、数も限りのないものは、君の思うには、ある種の無思慮を根拠にしながら整然たるものになっているというのかね」。

九　「ゼウスにかけて、そうだと思います。なぜなら、わたしには、この世界でつくられた事物の制作者に当たるような、それらの造物主たちなど見えはしないのですから」。

「しかしね、君の魂、つまり君の身体の主《あるじ》にしても、君にはそれが見えはしないのだ。とすれば、それでもって君が何一つとして洞察力によらず、万事を偶然にまかせて行なっていると言ってもいいわけだね」。

一〇　するとアリストデモスの言うに「いいえ、ソクラテス、わたしは神なるものをないがしろにするわけではありません。むしろ、かのものは、わたしが気づかいすることなど必要としないほどに、より偉大なのだと考えているのです」。

「だとするなら」とソクラテスは言った、「かのものがより偉大でありながら、君に対して気づかいをしてくれるのなら、それだけいっそうそれを崇拝するべきだ」。

一一　「いいですか」と彼は言った、「もしも神々がいささかなりと人間たちに配慮してくれると信じられるのなら、神々を軽んじたりすることはないでしょう」。

「では、配慮してくれるとは思われないのかね。神々は、まず第一に、動物たちのうちで人間だけをまっすぐに立たせてくれた。直立姿勢によって、より遠く前方を見ることができるし、上方の様子もよりよく観察できて、悪い目に遭うことはより少なくてすむのだ。［しかも目と耳と口を造り込んでくれた。］[1]次には、他の歩行動物には脚を与えて歩くことだけはできるようにしたが、人間には手をも付け加えてくれた。われわれが他の動物たちよりもいっそう恵まれた定めにあるゆえんのもののあらかたをなし遂げるのは、手にほかならないのだよ。一二　そしてさらに、舌はあらゆる動物が持ってはいるが、人間の舌だけを場合に応じて色々な仕方で口腔部と触れるようにし、音声を発し分けてお互いに何でも言いたいことが伝え合えるよう

（1）［　］部分は、Sauppe や Dindorf に従い、後代の付加として削除するべきか。

にしてくれた。［また愛欲の快楽を、他の動物には季節を限って分け与えたが、われわれ人間には老年にいたるまでずっと引き続き許容しているのである。[1]］

一三　いや、神は身体の配慮をするだけに満足せず、このことこそが最も大事なのだが、魂も最良のものを人間に植えつけてくださった。何はさておき、他のどの動物の魂といえども、最も巨大で最も美しいこの宇宙世界を秩序づけたものである神々が存在することに気づいてはいないのだからね。人間以外のいかなる族《うから》が神々を気づかっているというのか。またいかなる魂が、人間のそれ以上に、より十全に飢えや渇き、寒さや暑さに対して未然に備え、あるいは病気を治癒させたり体力を鍛えたりし、また知識の習得に努め、聞いたり見たり学んだりしたことを、より十全に記憶にとどめつづけるだろうか。一四　つまり、他の動物たちと較べれば、人間は神々に比すべき生を営んでいるのであって、身体の面でも魂の面でも生まれつき断然立ち勝っているのだということが、君にはさほど明瞭になっていないのではないか。なぜなら、牛の体つきをしていたのでは、人間の洞察力を備えていても、したいと思うことがやれはしないし、手が備わっているとしても、愚かであれば、さして優位に立つことはできないのだからね。ところが君は、無上の価値のある、それら二つのものにともに恵まれながら、神々が君のことを気づかってくれているとは思わないのかね。いったい神々がどんな風にしてくれれば、彼らが君に顧慮してくれていると信じようというのかね」。

一五　「こうするべしとか、そうするべからずという具合に、勧告してくれる者たちを遣わしてくれるならば、です。あなたのおっしゃるには、神々はそういう者たちを遣わしてくれるとのことですが[2]」。

「しかし、アテナイの国民が」とソクラテスは言った、「何かお伺いを立てるのに対して、卜占を通じてお告げがある場合には、神々は君に対してもお告げを下しているとは思わないのかね。またギリシア人全体に対して予兆を送って予示する場合にも、すべての人間に対して予示する場合にも、そうは思わずに、神々は君だけを排除して考慮の外に置いていると思うのかね。一六　さらに、神々にはよい目に遭わせたり悪い目に遭わせたりする力があるという考えにしても、もし実際に彼らにそういう能力がなかったとしたら、それを人間たちに植えつけることをしたと思うかね。またそうして人間たちをだましておきながら、ずっといつまでも気づかれずにいると思うのかね。人間界において最も長く時代を経て、最も知恵に富んだもの、つまり国家だとか民族だとかが最も篤く神を畏敬していること、また最も思慮深い年齢にあるときに最も神への気づかいが深まるということが、君には分からないのかね。一七　ねえ君（とソクラテスは言った）、内にある君の知性が、望むがままに君の身体を司っていることを知るがいい。そして、万有の内にある思慮が、それにとって心地いいようにと万物を配置しているのだと考えるべきである。また、君の目が遠く何スタディオン(3)でも見通す力をもっているのに、神の目は一時に万物を見ることができないとか、君の魂がこの地のことでもエジプトやシケリアのことでも配慮する力をもっているのに、神の思慮は同時に万物を気づかうことができないなどと考えてはならない。一八　とはいえ、ちょうど、君が人びとに奉仕してみてこそ、君に奉

(1) 四七頁の註（1）参照。
(2) ソクラテスに現われたという「神霊的存在（ダイモニオン）の告げ知らせ」。五頁の註（5）参照。
(3) 一スタディオンは競走路の長さで、二〇〇メートル弱の距離（土地ごとに違いがあり、アテナイでは約一七七メートル）。

仕を返す気のある人が分かり、好意を示してこそ、好意を返してくれる人が分かるし、助言を受けてこそ、思慮のある人が分かるのと同じことで、神々も仕えてみてこそ、人間には明らかならざることについて君に勧告してくれる気があるかどうかをためすことができようし、神なるものがどれほどの、どのようなものであるがゆえに、一時に万物を見、万事を聞き、いたるところに出現し、一時に万物の気づかいをするかを認識するであろう」。

一九　わたしに思われたところでは、たしかに彼はこうしたことを語りながら、親密な仲間たちを、いかなる行ないもけっして神々に見とがめられずにはすまないと信ずるからには、人びとの目のあるときばかりでなく一人でいるときにも、不敬虔なこと、不正なこと、恥ずべきことに手を染めないようにさせたのだった。

第五章

一　さらには、自制心もまた人に備わる立派なよき所持物であるとすれば、彼がこの徳性を大いに奨励していたかどうかを考察することにしよう。彼の語るところはこうだった。

「ねえ君たち、もしわれわれに戦争が起こった場合、その人の配下につけばわれわれ自身は無事に助かって敵を打ち負かす、そういう人物を選ぶとすれば、食い意地や酒や愛欲や眠りに負けやすいと分かっているような人を選んだりすることがありえようか。こんな人がわれわれを救い敵に勝つなどと、どうして考えられようか。二　もしわれわれの生命が尽きようとするときに、ある人に息子の養育や未婚の娘の保護を、あるいは財産の保全を託そうと思ったなら、自制心のない人をこういうことに信頼できると考えるだろうか。自制心のない奴隷に家畜や倉庫を託したり、仕事の管理を託したりできるだろうか。そういう性格の下男や使い走りの男を只でも雇おうとするものだろうか。三　ではしかし、奴隷をでも自制心のないような者をわれわれは受け付けようとしないのであれば、どうして当の本人がそうした性格の者にならないよう注意を払わないでいいものだろうか。それというのも、強欲な者が他人の財産を奪い取る場合には自分が金持ちになったと見えるような具合に、自制心のない者は他人には有害でも自分には有益だというわけにはいかず、他人に悪を働くとともに、自分にははるかにより大きな悪を働く者なのだ――自分の家をだめにするだけではなく、体をだめにし魂をだめにすることが悪を働くことの極みだとするならばね。四　会合の場で、ご馳走や酒のほうを友人たちよりも喜び、仲間の者たちよりも遊び女《め》(1)を好むような者を、誰が歓迎するだろうか。自制心こそすぐれた生き方［徳］の土台であると考え、これをまず魂に備えるようにすることは、万人の努めではないだろうか。五　誰がこの徳性を欠きながら、言うに足るほどに何か善いことを学んだり行なったりできようか。あるいは、誰が快楽の奴隷となりながら、心身ともに醜悪な有様に陥らずにいられようか。女神ヘラにかけて(2)こう思うのだが、自由人にとってこうした性格の奴隷に行き当たらないことが願わしいし、

(1) 当時の宴席には、しばしば遊女たちが呼ばれて接待にあたった。

(2) 一般に女性が用いる表現で、男性ではソクラテスだけがときに用いている。

またこうした快楽の奴隷となっている者は、善き主人に行き当たるよう神々に祈願するがいい。こうした者が救われるには、ただそのようにするしかないからである」。

六　こうしたことを語るとともに、ソクラテスは、言葉以上に実際の行ないにおいて自分自身がさらに自制心を備えていることを示した。彼は、身体的な快楽に打ち勝っただけではなく、金銭的な快楽に対しても同様であった。見境いなくどの人からでも金銭を受け取るような者は、自分を主人に隷属させ、しかもどんな奴隷状態にも増して醜悪な奴隷状態に隷従させることだと考えていたからである。

第六章

一　ソクラテスにふさわしいこととして、ソフィストのアンティポン(1)と交わした対話の内容もぜひ書きもらしてはならない。すなわち、当のアンティポンは、あるときソクラテスの周囲に集まっている者たちを横取りしてやろうと考えて、彼らが居合わせているときにソクラテスに近づき、こう言った。

二「ソクラテスさん、哲学にいそしんでいる者はより恵まれた生を送るようにならねばならない、とわたしは思っていたのですよ。ところが、わたしの見るに、あなたが哲学から得ているのはそれと正反対のものではないですか。あなたの生き方たるや、いかなる奴隷でも主人からそんな風に扱われたら留まってはいまいというような有様だ。最低の食物を食し、最低の飲み物を飲み、衣服も粗末なだけでなく、夏でも冬でも同じものを着たきりだし、裸足で下着なしで通している。三　しかも金銭はかせごうとしない(2)。人はそれを得て喜ぶものだし、それを手に入れれば、より自由により楽しく生きることができるというのに。他の仕事の場合を見ると、先生というのは弟子たちを自分とそっくりなものにするように、あなたも周囲に集まっている者たちをそう仕向けるのだとしたら、あなたは不幸を授ける先生だということを認めなさいよ」。

四　するとソクラテスは、それに対してこう語った、「アンティポンよ、君はわたしがいかにも惨めな生き方をしていていると思っているらしく、わたし同様の生き方をするくらいなら死んでしまったほうがましだと思っていることは察しがついている。さあそれでは、こんな生き方のどこがしづらいと君に感じられるのか考えてみようではないか。五　金銭をかせごうとする者は、賃金を受け取るための仕事をなし遂げなければならないが、わたしのようにそれを受け取ろうとしない場合には、自分が対話を交わしたくない相手とは対話する必要がないのだよ。あるいはまた、わたしの食事を君は哀れむが、わたしの食べるものは君のよりも健康上劣っていて、劣った体力しかつけてくれないとでもいうのかね。それとも、わたしの糧とするも

(1) この当時アテナイで活躍して名の知られた「アンティポン」は複数いて、その人物関係には古代から諸説ある。このアンティポンは、トゥキュディデスの『歴史』第八巻六八、九〇―九一に記述されている、前四一一年の政変に参画した人物（「弁論家の」アンティポン）、あるいは三十人独裁政権下で処刑された人物（クセノポン『ギリシア史』第二巻第三章四〇）とは別人であろう。詳しくは『ソクラテス以前哲学者断片集』第V分冊（岩波書店）第八十七章、あるいは Diels, H. / Kranz, W. (Hrsg.), *Die Fragmente der Vorsokratiker* II, S. 334 以下の当該章を参照のこと。

(2) 当時のソフィストたちが謝礼を取って教育活動を行なっていたのに対して、ソクラテスは彼の「仲間」たちにまったくそれを求めなかった。

のは君のよりも希少で高価なために、手に入りにくいというのか。あるいは、君が調えるものが君にとって、わたしが調えるものがわたしにとってそうである以上においしいというのか。君は知らないのかね、とてもおいしく食べられる人はいささかのご馳走も必要としないし、とてもおいしく飲み物をとる人は現に手元にないような飲み物をいささかも欲しがりはしないのだよ。六　それから、衣服のことだが、知ってのとおり、着替えをするのは寒さ暑さに備えてそうするのだし、履物を履くのも、歩くときに足が痛くなるのを防ぐためである。しかし、君はこれまで、わたしが誰かある人以上に寒がって屋内にじっとしていたり、暑いからといって誰かと日陰の取り合いをしたり、あるいは足が痛いからといってわたしの行きたいところへ行かなかったりしたのを目にしたかね。七　生まれつき身体がとびきり弱い者でも習練を積めば、とびきり頑丈な者が習練をかまけていた場合よりも、習練を積んだものごとにかけてはよりすぐれた者となるし、そうしたことをよりたやすく耐え忍ぶものだ、ということを君は知らないのかね。とすれば、いつでもそのつど起こる事態を我慢するよう習練を積んでいるわたしのほうが、習練をかまけている君よりもたやすく万事を耐え忍ぶことができるとは思わないかね。八　食い意地や眠りや情欲の奴隷とならないようにするには、それらよりもっと快い別のものが手元にあるということ以上に、確たる根拠となりうるものがあると思われようか。——そうしたものとは、実際にその場で喜びを与えてくれるだけでなく、たえず有益でありつづけるだろうという期待をも与えてくれるのだがね。そしてまた、このことはご承知だろうが、事がうまくいっていると思われない人たちは楽しまないのに対して、農業であれ海運業であれ、あるいは他に業としている何事であれ、それらがうまく運んでいると考えている人たちは、事がうまくいっているという思いで喜んでいるものだ。九　しかし、君の思うに、こうしたことのすべてからであっても、自分がより善い者となってより立派な友人たちを獲得できると信ずることから得られるほどの快楽が生ずるものだろうか。だが、わたしはずっとそういう信念を抱きながら過ごしているのだよ。(1)

さらには、友人や国家が援助を求めているようなときには、それらに配慮するゆとりがどちらにより多くあるだろうか——現にわたしがしているような生き方をする人だろうか、それとも君が祝福するような暮らしぶりの人だろうか。より容易に参戦できるのは、豪勢な食事がなくては暮らしていけない人だろうか、それともあり合わせのもので満足できる人だろうか。攻囲されたときさきに降伏するのは、目にすることもきわめてむずかしいようなものを欲しがる人だろうか、それともごく容易に手に入るようなもので用の足りる人だろうか。

一〇　どうやら君には、アンティポンよ、幸福とは贅沢と豪華絢爛のことらしいね。わたしの信ずるところ、何ものも必要としないというのは神のありようだが、なるべくわずかなものだけしか必要としないのはその神に最も近しい状態であり、神聖なるものが至高のものであるとすれば、神聖なるものに最も近しいものこそ、至高のものに最も近しいものであることになる」。

一一　またいつだったか、もう一度アンティポンがソクラテスと対話を交わした折にはこう言った。

「ソクラテスさん、なるほどあなたが正しい人であることは認めますが、しかし知恵ある者だということ

(1) Sauppe は「だが……過ごしているのだよ」の一文を後代の付加として［　］に入れている。

はどうあっても認めませんよ。わたしの思うに、あなた自身もそのことを承知しておいでのようだ。何しろあなたの集まりに出席しても誰からも金銭を徴収しないのですから。ところが、衣服だとか家屋だとか、他にも何か所持しているもので金銭的価値があると考えるものであれば、それらを誰にも無料で与えはしないことは言うまでもなく、実際の値打ち以下の金銭を受け取った場合にもそうはしないでしょう。一二 だから明らかに、もしあなたの集まりに何らかの値打ちがあるとお考えなら、あなたはその値打ちに不足のない金銭を徴収することでしょうに。あなたはたしかに正しい人です、強欲に駆られて人を欺いてはいないのですから。しかし知恵ある者だということにはなりません、何の値打ちもないようなことしか知らないのですから」。

一三 それに対して、ソクラテスはこう語った。「アンティポンよ、われわれのところでは、若さの盛りと知恵とは、人に与えるのにいずれも美しくもあり、またともに醜くもありうると見なされている。つまりこうだ。――若さの盛りは、もし誰かが、それを欲しがる人次第に金銭で売れば、その人は男娼と呼ばれるが、愛してくれる相手が完璧に立派な人であることを見きわめて、その人と親密な間柄になれば、われわれは、彼が思慮分別に富んだ者だと見なす。知恵もまた同様で、それを欲しがる人次第に金銭で売る者を、われわれは、まるで男娼呼ばわりするような調子で(1)ソフィストと呼ぶが、授ける相手が素質に恵まれていることを見きわめて、自分に備わっている優秀さを教え、彼と親密な間柄になれば、われわれは、その人が完璧に立派な国民にふさわしいことをなしているものと見なすのである。一四 わたし自身もそうで、アンティポンよ、ちょうど他の人たちがいい馬や犬や鳥をうれしがるように、いやさらにそれ以上によき友人たちに喜びを覚えて、わたしに何なりとすぐれたところがあればそれを教えるとともに、誰か他の人たちから彼らがすぐれた生き方［徳］を達成するのに助けを得られると思われる場合には、その人たちに推挙することもしている。また往古の知恵ある人たちが残した宝庫、つまり彼らが書物のかたちで書いて残したものを、友人たちといっしょに開いてつぶさにたどり、もし何かすぐれたところを見つければそれを書き出すこともしている。こうしてお互いに役に立つことになれば、大きな利益だと見なしているのだよ」。

実際わたしはこうした議論を聞いていて、彼こそが至福の人であるとともに、彼に耳を傾ける者たちを完璧な立派さ（カロカガティアー）へと誘《いざな》う人だと思ったものである。

一五　いつだったか、さらにまたアンティポンが「どうしてあなたは他の人たちを国政担当者［政治家］にしようと指導しているのに、自分では国政に携わろうとしないのですか、あなたがそれに精通しているからにはね」とソクラテスに尋ねたところ、「しかしどちらのやり方が」と彼は言った、「アンティポンよ、よりいっそう国政に携わっていることになるだろう。わたし一人がそれに携わる場合だろうか、それともできるだけ多数の人たちが十全にそれに携わることができるよう配慮する場合だろうか」。

（1）Marchant［OCT］は、Sauppe と Ruhken に従って、「まるで男娼呼ばわりするような調子で」を後代の書き込みと見なし、［　］に入れている。

第七章

一　また、彼が見かけ倒し的なやり口を退け、周囲に集まった者たちに対してすぐれた生き方［徳］を気づかうよう勧めていたかどうかを考察することにしよう。なぜなら、常々彼は、名声への道として、評判を得ようとする当の事柄について真にすぐれた［善き］者となるという仕方にまさるものはない、と語っていたからである。

二　そして、彼が事の真実を語っていたことを、このように教えたのだった。

「なぜならこう考えてみよう」と彼は言った、「もし誰か、ほんとうはすぐれた笛吹きではない者が、ただそう思われてみたいと考える場合、彼はどうするべきだろうか。その技術の見かけの様子に目をつけてすぐれた笛吹きたちを真似するべきではないかね。まず第一に、彼らは立派な衣装を身にまとい、大勢のお伴を付き従えているからには、彼もまたそうしなければならない。そして、多数の人たちが彼らを褒めたたえるのだから、彼も多数の褒め手を用意しなければならない。しかしながら、けっして実演に応じてはならない。さもなければたちまち非難を浴びて、ただ下手な笛吹きというだけでなく、見かけ倒しということで、笑い者になるだろう。しかしね、大きな出費をかけて何の益もなく、しかも悪評さくさくとあっては、労多くして無益に、かつ嘲《わら》うべき仕方で生涯を送る結果となるほかあるまい。三　同様に、もし誰かが、実はそうではないのに、すぐれた軍事指揮官とか船長とかに見られたいと考えるなら、彼がどういうことになるか、思い描いてみよう。そこでもしそうしたことを実行するに十分な能力があるかに思われることを望みはしても、人を納得させることができないのであれば、それはそれで苦痛であろうし、またもし納得させたとすれば、いっそうすさまじいことになるのではないか。明らかに、心得がないのに操船や軍の指揮をまかされたならば、いささかも破滅させようと思ってもみない人たちを破滅させ、自分自身も屈辱にまみれて手ひどい目に遭うだろうからね」。

四　同様に、富や勇気や体力が実はないのにあるかに思われるのも具合が悪いことを、彼は明らかにしてみせた。

「なぜなら彼らには」と彼は言った、「能力以上に大きなことを命じられ、それができないとなっても、十分に能力があると思われているだけに、了承してもらえないだろうからね。五　また、もし誰かが人を説き伏せて金銭や品物を持ち去り、それを奪ってしまったとすれば、大それた詐欺師呼ばわりされるわけだが、はるかに大それた詐欺師の極みは、何の力もないのに国家を指導するに十分な能力があるかのように欺いて、そう説きつける人間である」。

彼はこのような対話を交わすことによって、周囲に集まった人たちを見かけ倒し的なやり口に向かわせないようにしているのだ、とわたしには思われた。

第二巻

第一章

一　彼はまた、次のようなことを語ることによっても、周囲に集まった者たちを飲食や情欲や眠気に対して、あるいは寒さや暑さや労苦に対して自制心を養うよう説き勧めていた、とわたしには思われた。周囲に集まった者たちの一人がこうした事柄に対して放縦の気味があるのを察知すると、「ねえ、答えてくれたまえ」とソクラテスは言った、「アリスティッポスよ(1)、もし君が二人の若者を引き受けて、一人は支配の任に当たるのに十分な能力が身につくように、もう一人は支配のことなどに手出ししないように教育しなければならないとなったら、両者それぞれをどんな風に教育するだろうか。まずは基本的な問題からということで、食べ物のことから考察を始めようではないか」。

するとアリスティッポスは言った、「なるほど、食べ物のことが始めにくると思われます。何しろ、ものを食べなくては生きていくこともできませんからね」。

二　「では、食物を摂りたい気持ちは、時間が来れば、当然二人のいずれにも湧いてくるのだね」。

「当然ですとも」と彼は言った。

「しかし、急務の処理を胃の腑の満足よりも優先させることを、彼ら二人のどちらに対して、習慣づけるようにするだろうか」。

「ゼウスにかけて、支配の任に当たることを目指して教育を受ける者のほうです」と彼は言った、「彼が支配の任にあるあいだ、国家公共の事柄がなおざりにされないようしなければなりませんから」。

「それでは」とソクラテスは言った、「飲み物が欲しくなった場合にも、渇きを我慢できるような躾けを同じ側の者に課さなければならないのだね」。

「まったくそのとおりです」と彼は言った。

三 「また眠気を自制して、遅く寝て早く起きたり、必要とあれば寝ずに過ごすようにすることは、どちらに対して課すだろうか」。

「それもまた」と彼は言った、「同じ側の者にです」。

「ではどうかね」とソクラテスは言った、「愛欲の情を自制して、必要な場合に、そんなことで任務の遂行がさまたげられないようにすることは」。

---

(1) アリスティッポス（前四三五頃—三五五年頃）は、リビュア（北アフリカ）にあるギリシア人ポリス、キュレネの人。若い頃アテナイに来てソクラテスの徒となる。のちにシケリア島シュラクウサイの独裁僭主ディオニュシオス一世の下に伺候したこともある。華美で贅沢な生活を好んだと伝えられるが、いわゆるキュレネ派の快楽主義を唱えたのは、彼の孫にあたる同名の人物であろう。

「それもまた」と彼は言った、「同じ側の者にです」。

「ではどうかね、労苦を避けずに、むしろよろこんでそれに耐えることは、どちらに対して課すだろうか」。

「それもまた」と彼は言った、「支配の任に当たる教育を受ける側の者にです」。

「ではどうかね、敵対者たちに打ち勝つために有用な学びごとというようなものが、もし何かあるとすれば、それを習得することは、どちらに課すのがよりふさわしいだろうか」。

「ゼウスにかけて、はるかに」と彼は言った、「支配の任に当たる教育を受ける側の者にです。こうした学びごとを欠いては、他のことを習得しても何ら役立てることもできないでしょうから」。

四 「では、こんな風に教育されていれば、他の生き物たちよりも敵に捕らえられにくいだろうとは思わないかね。実際、生き物たちのあるものは胃の腑のせいで餌につられ、しかもその一部はとても臆病なのに、それにもかかわらず喰いの欲で餌に誘い出されて捕らえられてしまうし、またあるものは飲み物に引かれて罠にかかってしまうのだからね」。

「たしかにそのとおりです」と彼は言った。

「また、さらにあるものは、たとえば鶉《うずら》や鷓鴣《しゃこ》がそうだが、情欲に駆られて愛欲への欲望と期待のために、雌の鳴き声のほうへ寄っていき、危険を慮ることも上の空となって、網にかかってしまうというわけではないかね」。

彼はそのことにも同意した。

五 「では、人間でありながら最も愚かな禽獣たちと同じ目に遭うのは、恥ずかしいこととは思わないかね。たとえば、間男たちが女性部屋(1)に侵入していくのもそれで、間男を働けば法の科する罰を受けたり、待ち伏せ罠にかかったり、また捕らえられれば手ひどい扱いを受ける危険があるのを承知の上でのことなのだ。間男を働けばこれほどの災いと恥辱がふりかかってくるのだし、また愛欲への欲望を無難に解消する道はいくらでもあるというのに、それにもかかわらず危ない橋を渡ろうとするのは、まったくもって、もはや悪霊に憑かれて常軌を逸した者のすることではないだろうか」。

「そう思いますとも」と彼は言った。

六「また人間にとって最も不可欠な営みの大部分が野外でなされるのであって、たとえば戦争行為とか農業とか、その他にも些細ならざるものがそうであるのに、多数の人たちが寒さ暑さに対して鍛練をせずにすませているというのは、君には大きな怠慢だとは思われないかね」。

彼はそのことにも同意した。

「では、支配の任に当たろうとする者は、これらのことにやすやすと耐える訓練を積むべきではないか」。

「まったくそのとおりです」と彼は言った。

七「では、こうした事柄のすべてに自制心を備えた者たちを支配に任に付くべき者の側に配するのであれば、そうしたことをなしえない者たちは支配のことに手出ししない側に配することにしないかね」。

彼はそのことにも同意した。

---

(1) 古代ギリシアの住居では、女性用の部屋は他のスペースと仕切られて最も奥まったところにしつらえられていた。

「ではどうだろうか。これら両者それぞれの配し方は君に分かったのだが、さてこうした配置のどちら側に君自身を配するのが適正であるか、君はこれまで考えたことがあるかね」。

八 「わたしとしては」とアリスティッポスは言った、「けっして自分自身を支配の任に当たりたいと思っている者の側に配したりはしません。なぜなら、自分自身のために必要なものごとを整えるのも大仕事だというのに、それに満足せず、他の国民たちのために彼らが必要とするものまで供給することを背負い込むのは、どうしてもわたしには愚かな人間のすることだとしか思われませんからね。一方で自分自身が望むものはその多くを満たせないままに、国家の指導者となるからには、国家の望むものはすべてを達成できなければ、そのせいで処罰されるなどということは、どう見ても愚の骨頂ではないですか。九 なぜなら、国家というのは、支配に任に当たる者を、まるでわたしが家人たちに対するようにあしらうのを当然のこととしているからだ。すなわち、わたしも、召使たちがわたしの必需品をふんだんに整え、しかも彼らはそれらに手も触れずにいるのを当然のことと見なしているし、国家もまた、支配の任に当たる者が国家に対してはできるだけ多くの善きものを供給し、しかも彼らはそれらの一切に手を付けてはならないと考えているのである。だからわたしとしては、ふんだんに煩わしさを抱え込みたがり、自分のため、また他人のために供与したがるような人たちを、あなたの言われるような仕方で教育して、彼らに支配に任に就いてもらうでしょう。しかし自分自身は最も安楽で最も快適に暮らしたいと思っている者たちの側に配するのです」。

一〇 するとソクラテスは言った。「ではこの点を考察してみようではないか、——より快適に暮らしているのは支配者たちだろうか、それとも支配されている者たちだろうかということをね」。

「ぜひそうしましょう」と彼は言った。
「ではいいかね、まず第一に、われわれの知っている諸民族のうちで、アジアにおいて支配しているのはペルシア人、支配されているのはシリア人やプリュギア人やリュディア人だ(1)。またエウロペ［ヨーロッパ(2)］ではスキュティア人が支配し、マイオティア人(3)は支配されている。リビュア(4)ではカルケドン［カルタゴ］人が支配し、リビュア人は支配されている。さて、これら諸民族のどれがより快適に暮らしていると君には思われるかね。あるいは、君自身もその一人であるギリシア人たちのあいだでは、権力者の側の勢力とそれに服従している側の者たちのどちらが、より快適に暮らしているように君には思われるかね」。

一一「いや、わたしとしては」とアリスティッポスは言った、「自分を隷属状態におくこともしません。わたしの考えでは、それらのうちに何か中間の道があって、わたしはそれを歩もうと心がけています。つまり支配の道でもなく、隷属の道でもなくて、自由の道であって、それこそがまさしく恵まれた生き方［幸福］へと通じているのです」。

一二「しかし、もし」とソクラテスは言った、「その道が支配を通過してもいず、隷属状態を通過しても

---

(1) シリア人、プリュギア人、リュディア人は、当時のギリシア人によって、小アジアに住まう弱小民族の典型と見なされていた。
(2) 当時の地理概念としては、ヘレスポントス（ダルダネルス海峡）・黒海以西、アルプス以南の地域を指す。
(3) アゾフ海沿岸に住まっていた民族。
(4) アフリカの主として地中海沿岸部（ただし、アフリカという地名はローマ時代になってからのものである）。

いないというように、さらには人の世をも通過していないというのであれば、ひょっとして君の言うことにも一理あるかもしれない。しかしながら、君が人の世にありながら支配することも支配されることもないと言い張り、すすんで支配者たちに仕える気はないと言うのであれば、強者が弱者を公私にわたって悲嘆にくれさせ、奴隷の扱いをする術《すべ》を心得ているさまを、君は目にしていると思うのだがね。一三 それとも君は、ある者たちが種をまいたり植えつけたりしても、穀物を切り取ったり樹木を切り倒したりして、[1] あらゆる仕方で弱者のくせに仕えることをよしとしない者たちを責めさいなみ、彼らが強者に敵対することをやめ、屈伏して隷属を選ぶまで、そうしつづけることに気づいていないのかね。また私的な関係では、男らしくて能力に長けた者たちが女々しくて無力な者たちを自分に隷従させて搾り取っているのを、君は知らないのかね」。

「いえ、わたしはですね」と彼は言った、「そういう目に遭わないよう、自分を国家体制の中に閉じ込めないで、いろんな国で異国人として暮らしているのです」。

一四 するとソクラテスは言った。「これはまた、しかし、君は巧妙な手を持ち出したものだ。シニスやスケイロンやプロクルウステスら[2]が死してのちは、異国人に対して、もはや誰も危害を加えることはないのだからね。しかし、この頃は、国政を担当する者たちはそれぞれの祖国に法制をしいて、危害をこうむらないようにしているし、いわゆる切っても切れない血縁関係にある者たちに加えて、他にも援護者となる味方の友人を獲得し、市国には防壁をめぐらし武器を調達して、それによって加害者から身を守っている。しかも、それにとどまらず、他にも国外に同盟者をそろえておく。だが、これらすべてを確保した場合ですら、なお危害をこうむっているのだ。一五　他方、君ときたら、こうしたものが一つもなしで、大多数の者が危害をこうむる旅の途次に長い時を過ごし、いかなる国にせよそこに到着すれば、すべての国民より不利な立場にあり、危害を加えようと思う者がいれば、とりわけ攻撃の的になりやすいわけだが、それでもなお、異国人であるがために危害をこうむることはありえないと思えるのかね。それとも君は、諸国家が君の往来に対して安全を宣言してくれるからというので、気を大きくしているのかね。それとも、自分は奴隷の身となっても、まるで主人の役に立たないような存在だと考えているからなのかね。つまり、労苦に精出す気はまったくなく、贅の限りを尽くした生活を喜ぶような人間を家に置きたがるような人はいない、というわけかね。

一六　だがこうも考えてみよう。そのような召使を主人はどんな風にあしらうだろうか。飢えさせることで

(1) 穀物を荒らしたり果樹を切り倒したりすることは、戦時において敵国に対する軍事行動としてとられる常套手段であった。

(2) いずれもテセウス(太古のアテナイ王家の英雄)伝説に登場する追剝たち。長年にわたり旅人を悩ませていたが、トロイゼンからアテナイへの帰途にあったテセウスによって征伐された。シニスはコリントスとイストモスの境い近くで旅人を待ち構え、松の木を曲げる力比べを挑み、負けた者をその木で空中へはねとばしたり、押し曲げた二本の松に身体をくくりつけて二つに引き裂いたりして殺した。スケイロンはアッティカとメガラの境界で、旅人が通りかかると「スケイロンの岩場」で足を洗わせ、後ろから海に突き落として、下で待ち受けている人食い亀に食わせた。プロクルウステスはアッティカ山中に住処を構え、通りかかる旅人を大小二つの寝椅子(いわゆる「プロクルウステスの寝台」)のいずれかに寝かせて、身体が短ければ叩き伸ばし、身体がはみ出せば首を切り落として殺した。テセウスは彼ら三人を、それぞれが働いていた悪行と同じやり方で退治する。

彼らの情欲をまともなものに矯正しようとするのではないか。盗みを働くのを防ごうとして、何かものが手に入る箇所に鍵をかけるのではないか。枷で拘束して逃亡を防止するのではないか。怠惰は笞によって無理やりたたき出すのか。それとも君は、召使の誰か一人がこういう有様だと気づいたら、どうするかね」。

一七「あらゆる過酷さをもって懲らしめますよ」と彼は言った、「強制的に隷従させるところまでね。しかしそれはそれとして、ソクラテスさん、帝王にふさわしい技術をあなたは幸いなことと見なしているように思われますが、その技術の教育を受ける者たちは、強制的に過酷さを課された者たちとどう違うのですか。彼らは飢えや渇きに陥ったり、寒さに凍えたり、眠りをとらずに過ごしたり、その他あらゆるひどい目に遭うことを、しかも自発的にやろうというのですから。同じく皮膚を鞭打たれることに、あるいは纏めて言えば、同じく身体をすべてこうした具合に痛めつけられることに、それが自発的であろうと嫌々ながらであろうと、どういう違いがあるのかわたしには分からないからです。すすんで苦難を耐えたがるような人には愚かさのおまけにつく、という以外に何がありますか」。

一八「何ですって、アリスティッポスよ」とソクラテスは言った、「君には、そうしたことについて自発的な場合と嫌々ながらの場合とでは、違いがあるとは思われないのかね。自発的に飢えているのであれば、いつなりと食べたいときに食べることができ、また自発的に渇きの状態にあるのであれば、飲み物をとることができるし、その他のことについても同様だが、強制的にこういう目に遭っている場合には、いつでも止めたいときに止めるということは許されない、という風にね。さらにはまた、自発的に苦難を甘受している人は、すばらしい希望を抱きながら困苦を楽しんでいるのであって、ちょうど野獣狩りをしている人が捕獲を楽しみにしながら、すすんで苦労しているようなものである。一九　しかもそうしたことは、困苦に対する報償としては些細な値打ちでしかない。よき知友を獲得するために、あるいは敵を打ち倒そうとの思いによって、あるいはまた心身ともに有能な人物となって、自分たちの一家を立派に管理し、知友たちのためになり、祖国に役立つ働きをするべく困苦している者たちとあれば、どうして彼らが喜んでこのようなことに困苦を重ねていると考えてはいけないのか、自分自身を誇らしく思い、他人からは賞賛と羨望を受けながら心楽しく生きていると考えてはいけないのか。二〇　さらに、安逸さと目先の快楽が身体にも健全な状態をもたらすに足りるものでないことは、体育家の言うとおりであるとともに、魂［精神］にも言うに足るほどの知識を何一つもたらしはしない。それに対して、忍耐強い精進が完璧に立派な成果を達成せしめるものであることは、立派な人たちの言うとおりである。たしかへシオドスもこんな風に言っている(1)。

悪（カコテース）(2)はいくらでも容易に捕まえられる。
それに至る道はなだらかで、ごく身近に住まっている。
しかし、徳（アレテー）への途上には、不死なる神々は汗を据え置かれた。
それへと至る小道は長く険しく、
初めはごつごつしている。しかし、いざその高みに達すれば、

（1）ヘシオドス『仕事と日』二八五行以下。
（2）「悪（カコテース）」「徳（アレテー）」（ともに女性名詞）は女神ないし女性になぞらえられている。

あとの歩みはたやすい——［そこまでは］困難な道のりではあったが。

またエピカルモス(1)もこんな風に証言している。

労苦を代価にしてこそ、すべての善きものを、神々はわれわれにお売りくださる。

また別のところではこうも言っている(2)。

愚劣な者よ、柔《やわ》なものを求めるべからず——堅いものを手にせぬためには。

二一　さらに、かの賢者プロディコス(3)もまた、彼が大聴衆の前で語り聞かせている『ヘラクレスについて』なる著述の中で、徳性について同じような主張をしていて、わたしの記憶によれば、ほぼこんな風に語っている。

——すなわち彼の言うところはこうだ。ヘラクレスが子供から青年へと生い立とうとしていたとき、つまりそれは、若者たちが一人立ちして、徳性に沿った道をとって生涯を歩もうとするか、悪徳に沿った道をとろうとするかをはっきりさせる時期であるが、彼は静かな場所に出掛けて行き、そこに腰を降ろして、それら二つの道のいずれに進もうかと思い迷っていた。二二　すると、彼の前に二人の丈高い女性が進み出てくるように見えた。一方の女性は見目麗しく、天性自由の気にあふれ、身体は浄らかさに、眼差しはつつましやかさに、容姿は節度ある様子に包まれて、白い衣服をまとっていた。他方の女性は肉付きよく豊満に発育し、顔色は化粧によって実際よりもより白く、より血色よく見えるようにつくろい、容姿は生まれつきそうであるよりも伸びやかであるかに見えるようにしていた。また眼差しは見つめるように見開かれ、衣服からは若さがいっぱいに輝き出んばかりで、たえず自分の姿を眺めやったり、誰か他の人が彼女を見ていはせぬかとあたりを見まわしたりして、また自分の影のほうをしきりに見つめてもいた。二三　彼女らがヘラクレスのそばまで来たとき、さきに述べたほうの女性は同じ歩調で進んできたが、もう一人のほうは先んじようとしてヘラクレスのところに走り寄り、こう話しかけた。『お見受けするところあなたは、ヘラクレスよ、どのような道をとって生涯を歩めばいいのか、思い迷っているようですね。わたしを味方につけるなら、あなたを最も快適で最も安楽な道へと案内いたしましょう。あなたはいかなる愉悦をも享受し損ねることはないでしょうし、困難は何も味わうことなく生涯を送ることになるでしょう。二四　すなわち、まず第一に、あなたは戦争のことにも何らの煩わしい事柄にも思いをめぐらさずに、ただ、どんなお気に入りの食べ物や

---

(1) エピカルモス（前五三〇頃—四四〇年頃）は、シケリア（シチリア）島で活動した詩人で、喜劇の創始者とされる。またピュタゴラス派の哲学者の一人に数えられることもある（ディオゲネス・ラエルティオス『ギリシア哲学者列伝』第八巻七八）。以下の二つの詩行はディールス／クランツの「断片」三六および三七。

(2)「また別のところでは」以下、つづくエピカルモスからの二つ目の引用までを、Sauppe は後代の挿入として削除している。

(3) プロディコス（前五世紀後半—四世紀初めに活動）は、ケオス島出身のソフィスト。類似語の厳格な弁別などに長じていたことが、プラトンの著作などから知られる。その活動時期はソクラテスの後半生から没後にまでわたり、彼もプロディコスの講義を聞きにいったことがある（ただし格安のコースだけを）と伝えられている（プラトン『クラテュロス』三八四B）。

飲み物が見つかるか、あるいは何を見、何を聞けば心楽しくなるか、何の香りを嗅ぎ何に触れれば心地よいか、どの恋人と付き合えば最も楽しい気持ちになれるか、どうすれば最もふわふわした寝床に休めるか、そして、どうすれば最も労せずしてこうしたことのすべてをうまくやれるか、といったことを考えて過ごせばいいのです(1)。二五　もし万一、こうしたものごとをまかなう元手となるものが窮乏するのではないかという疑念がいささかなりと生ずることになっても、それを確保するのに心身いずれにも苦労をかけたり悩ませたりするようなことには、けっしてあなたをしないでしょう。あなたは、他人の働きによる成果を自由に使い、少しでも利得をあげうるものであれば、どんなものにでも手をこまねいていることはないのです。わたしの同伴者には、あらゆるところから利益を得る特権を、わたしが与えるからです』。

二六　これを聞いてヘラクレスは『女人よ』と言った、『あなたの名前は何といいますか』。彼女は『わたしに好意を寄せている人たちは』と言った、『〈幸福（エウダイモニアー）〉と呼びますが、わたしを嫌う者たちは〈悪徳（カキアー）〉というあだ名を付けています』。

二七　そうしているうちに、もう一人の女性が近寄ってきて言った。『わたしもあなたのそばにやってきましたが、ヘラクレスよ、それはあなたを生んだ両親を知り、また教育において示されたあなたの素質を十分に熟知してのことなのです。だからわたしは期待しているのですが、もしわたしを目指す道をとるならば、あなたはまことに立派で偉大な事績をよくなし遂げる者となり、わたしもまたさらに大いに尊崇され、よき成果のゆえにいっそう輝かしさを増すことでしょう。わたしは快楽を序に配してあなたをたぶらかすようなことはしないで、まさに神々がものごとを整えられたとおりに、真実ありのままを語ってあげましょう。二

八　すぐれて麗しいものごとの何一つとして、労苦と精進なしには、神々は人間たちに与えはしません。もしも神々があなたに恵みをほどこしてくれることを望むのであれば、神々に奉仕しなければなりません。親しい人たちに愛されたいのであれば、親しい人たちにいいことをしなければなりません。どこかの市国（ポリス）から栄誉を受けたいと思うのであれば、その国の役に立たなければなりません。全ギリシア中から徳の高さを賞賛されたいのであれば、ギリシア全土にいいことをしなければなりません。大地があなたに豊かな実りをもたらしてくれるよう望むのであれば、大地を世話して耕さなければなりません。牧畜によって財を成すべきだと思うのであれば、牧畜の世話をしなければなりません。戦さの場で大きな手柄を立てることを目指し、味方の人たちを解放し敵を打倒することができるようになりたいのであれば、戦さの専門技術そのものを、その心得のある専門家から習得しなければならず、またそれらをいかに活用するべきかの訓練を積まなければなりません。また身体的にすぐれた者になりたいのであれば、身体を意思の下に服従するよう習慣づけるとともに、身体を労苦と汗とで鍛え上げなければなりません』。

二九　すると〈悪徳（カキアー）〉が言葉をさえぎって、この語り手のプロディコスによれば、こう言ったとのことである。『お気づきですか、ヘラクレスよ、歓喜へ至るのにどれほど困難でどれほど長い道のりを、この女《ひと》は述べ立てていることか。このわたしが、あなたに幸福へと至る容易で短い道の案内をいたしましょ

（1）底本の διοίσῃ（時を過ごす）を読むが、Marchant［Loeb］およびHude は διέσῃ（歩きまわる）を採る。写本の読みは分かれている。

う』。

三〇　すると〈美徳（アレテー）(1)〉が言った。『あさましいお女《ひと》よ、あなたの手にどんな善きものがありましょうか。それとも、どんな快いものがありうるのかご存じだとでも言うのでしょうか――それらを求めて何らの行動もしようとしないのに快いものなど。あなたときたら、快いものへの欲望がきざすのも待つことなく、欲求がおこるよりもさきにすべてを満たしてしまう。空腹がおこるよりもさきに食にありつき、のどが乾くよりもさきに飲み物をとる。そして、心地よく食べるために料理人を工面し、心地よく飲み物をとるために贅沢な酒を買い整え、真夏に雪を捜し回る。また心地よく眠るために、やわらかな寝具のみならず寝椅子に揺動仕掛け(2)まで取り付ける。あなたは労苦に疲れたからではなく、することが何もないから眠りをとろうとするのですから。愛欲の情も、どうしようもなくなるよりさきに、手練手管を尽くして無理やりかきたてて、男を女に見立てたりもする。つまり、そんな具合に自分の親しい者たちを教育し、夜は放埒なふるまいにふけり、昼間の有用な時間は眠って過ごすのです。三一　あなたは不死の身でありながら、神々からは排斥され、すぐれた人間たちからは軽蔑の的となっている。何よりも快い響きたる、自分自身への賞賛の声を、あなたは耳にしたことがないし、また何よりも快い眺めをあなたは目にしたこともない。つまり、あなたはけっして一度たりとも自分自身の仕上げた立派な成果を眺めたことがない、ということです。また、あなたの語ることをいささかでも信ずる人がいるでしょうか。何かあなたの要求を受け入れる人がいるでしょうか。しかるべく思慮ある人が、わざわざあなたの一行（ティアソス）に入ったりするでしょうか。そこに加わった者たちたるや、若いときには身体虚弱、齢を重ねてからは心愚かで、青年期のあいだは苦労知らずで贅沢に育てられたあげくに、齢が寄ってからは、苦労にさいなまれつつ老いさらばえて過ごす。かつての行ないには恥多く、現下の行ないには難渋している。また、心楽しいことは若い頃にさんざ追いかけまわしたが、艱難は老後につけ廻し、という始末なのです。三二　しかしこのわたしは神々につき従い、すぐれた人間たちと共にあるのです。立派な成果は、神々のものであれ人間のものであれ、わたしなくしては達成されません。神々の下であれ人間たちのあいだであれ、わたしに似つかわしい者たちからは、誰にもまさってとりわけ尊崇を受けていて、専門技術者には好ましい仕事仲間、家の主には信頼しうる一家の守り手、使用人には慈悲深い庇護者、平和時の労苦にはよき助け手、戦時の手柄には堅固な味方、友情を分かち合う最善の相手となっているのです。三三　わたしに親しい者たちは、簡素な食べ物と飲み物をとることで快適である。彼らは、それらが欲しくなるまでとらずにいるからです。眠りも彼らには、苦労知らずの者たちによりも、快い訪れがあるし、眠りのもとを立ち去る［から醒める］(3)ときにも不機嫌をもよおすようなこともなく、そのためになすべきことをなさずにおくようなこともない。若者たちは年老いた者たちから賞賛を受けてうれしく思い、老人たちは若者たちから尊敬されて得意満面になり、往年の事績を心楽しく追懐するとともに、

---

(1)〈美徳（アレテー）〉が〈悪徳（カキアー）〉とともに現われた）もう一人の女性（女神）の名であることは、どこにも述べられてはいないが、明らか。なお、女性名詞の抽象概念が女性（女神）になぞらえられていることは、さきのヘシオドスからの引用（七一頁）の場合と同様である。

(2) 長椅子式のベッド（寝椅子）の下に台を置いて、安楽椅子のように揺り動かせるようにした仕掛け。

(3)「眠り（ヒュプノス）」も、半ば神格化された表現がされている。

現在の身の仕合わせにも満足している。その老人たちは、わたしあってこそ神々に愛され、親しい者たちに好意を持たれ、祖国には尊重されるのです。そして、定められた最期を迎えたときには、忘れ去られ名誉を失墜した身で横たわるようなことはなく、永劫にわたって記憶にとどめられ、讃歌につつまれて生気溌剌としているのです。かくのごとくに精励努力するならば、すぐれた生みの親の子たるヘラクレスよ[1]、最も恵み多き幸福をかちとることができるのですよ』。

三四　――ほぼこんな風にプロディコスは、〈美徳（アレテー）〉によるヘラクレスへの教導を述べている。もっとも彼はその中身を、今わたしが語ったのよりも、さらに華麗な文言できれいに整えてはいたけれどもね。ともかくも、アリスティッポスよ、ここに言われている事柄をしっかり銘記するように努め、これからさきの生涯のあり方に思いを致すのは、君にもやり甲斐のあることだよ」。

第二章

一　いつか彼の一番年長の息子ランプロクレス[2]が母親に腹を立てているのを目にしたときのこと、「言ってごらん」とソクラテスは言った、「息子よ、ある種の人間たちが恩知らずと言われているのは知っているね」。

「むろんよく知っていますとも」と若者は答えた。

「では、どういうふるまいをする者たちにこの名が冠せられているのか、十分承知しているのかね」。

「ええ、承知しています」と彼は言った、「好意を受けた者が、お返しの感謝をすることができるのにそれをしない場合に、恩知らずと呼ばれるのです」。

「ではお前の思うには、恩知らずは不当〔不正〕な者たちのうちに数え上げられるのではないかね」。

「わたしにはそう思われますとも」と彼は言った。
二　「こういうことをいつかこれまでに考えてみたことがあるかね。つまり、人を奴隷にすることは、親しい者たちに対してそうすれば不当だと思われるのに、敵に対してそうすれば正当だ〔正しい〕と思われるわけだが、ちょうどそのように、恩に報いないことも親しい者たちに対してそうすれば不当だが、敵に対してそうすれば正当であるのかどうかということだがね」。

(1) ヘラクレスの父はゼウス、母はアルクメネ。彼女はミュケナイ王エレクトリュオンの娘で、テバイの英雄アンピトリュオンの妻。ゼウスはアンピトリュオンの留守中に彼に姿を変えて彼女に近づき、ヘラクレスを宿らせた。
(2) ソクラテスには、少なくとも、このほかに二人の息子（ソプロニスコスとメネクセノス）があったことが知られる。「母親」はクサンティッペである。ディオゲネス・ラエルティオスが伝えているような、彼女にまつわる悪妻伝説の多くは後代の捏造で、彼女を口やかましく気難しい性格の人とする証言も同時代ではクセノポンのみに見られるものである（ここ以外にも『酒宴』第二章一〇など）。プラトンにはそうした言及はまったく見当たらない。クサンティッペについては、田中美知太郎『ソクラテス』（岩波新書、一九五七年）二九頁以下を参照されたい。

「ずいぶん考えました」と彼は言った、「その結果わたしの思うには、好意を受けたのが親しい者からであれ敵からであれ、その恩に報いようとしないのは不当な態度です」。

三 「では、もしそうだとするならば、忘恩とは純然たる不当性〔不正〕の一つということになりそうだ」。彼は同意した。

「しかし」とソクラテスは言った、「子供が両親から受けている以上に大きな恩恵を、誰がどんな人たちから受けているかを見いだすことができようか。子供を無から有へともたらし、神々が人間たちに与えた美しいものを目にさせ、よきものに与からせるのは、両親にほかならない。それらの美しいもの、よきものをわれわれは何物にも代えがたいと思うからこそ、誰しもがそれらを後にして世を去ることを厭うのだ。諸国家が最も重大な罪に対する罰として死刑を定めているのも、最大の災悪への恐怖によって不正行為を阻止しようともくろんでのことである。四 よもやお前は、人間たちが愛欲の情を満たすために子供を作るのだとは思いはしないね。それだけを解消させるための手立てなら路上にもあふれ返り、その方面の館にもあふれ返っているのだから。明らかに、われわれは、どのような女性から自分に最もすぐれた子供が生まれるかを考えて、そういう女性といっしょになって子供を作るのだよ。五 そして男性は自分といっしょに子作りをする伴侶を養い、将来生まれてくる子供のために、彼らが生きていくのに役立つだろうと思われるすべてのものを、しかもできるだけたくさん用意する。また女性は受胎すると、重たい目をして胎児という荷を、しかも生命の危険をおかし、自分の身を養う養分を分け与えながら担う。そしてさんざんな苦労の末に、耐え通して子供を産み落とすと、その子を養育し世話をする。何もいいことをしてもらったわけでもないし、また幼児のほうも誰からよくしてもらったのかも分からなければ、何をしてほしいのかを合図することもできないでいるのに、その益になることや喜ぶことを母親が察して、それを満足させてやろうと努め、日夜苦労に耐えながら、長期にわたって養育する——その代償にどんなお返しを受け取ることになるのかなど、何も分からないままにね。六　しかも、養育しただけでは満足せず、子供たちが何かを学ぶことができるまでになったと思われたときには、両親は自分が身につけている、人生に役立つよいことを教え込むとともに、他にもっと適切な教え手がいると思われる事柄については、費用をかけてその人のところへ通わせもする。ともかく、自分たちの子供ができるかぎりすぐれた者となるよう、あらゆることをして世話をするのだ」。

七　それに対して、若者はこう言った。「しかしどうですか、母親がそういったことすべてをしてくれて、他にもその何倍ものことをしてくれたとしても、誰も彼女の気難しさを我慢することはできませんよ」。

するとソクラテスが言った。「しかし、野性動物の荒々しさと母親の荒々しさとでは、どちらが我慢しにくいと思うのかね」。

「わたしの思うには」と彼は言った、「母親のほうですね、少なくともわたしのお母さんのような場合なら」。

「しかしお母さんは、これまで噛みついたり蹴とばしたりしてお前を痛めつけたのかね。かつて野性動物からそういう目に遭った人はたくさんいるわけだが」。

八　「いいえ、しかしゼウスにかけて」と彼は言った、「お母さんは、一生に一度でも聞きたくないようなことを言うのですよ」。

「しかしお前は」とソクラテスは言った、「子供のときからどのくらいそのたぐいの言葉を発したり行ないをしたりして駄々をこね、夜昼を問わずに面倒をかけたと思っているのかね。お前が病気をしてどのくらいつらい目に遭わせたと思っているのかね」。

「しかし、いまだかつて一度たりとも、お母さんに対して」と彼は言った、「恥ずかしい思いをさせるようなことを言ったこともしたこともありません」。

九 「ではどうかね。お前の思うに」と彼は言った、「お母さんの言っていることは、それを耳にすると、悲劇の舞台でお互いに悪態の極みを言い合っているときに、それが役者たちにとって耐えがたい以上に、耐えがたいものなのかね」。

「いえ、しかし思うに、役者たちがしゃべっている分には、問いつめている人も実際に罰してやろうとして問いつめているのではありませんし、脅しをかけている人も実際に何か危害を加えようとして脅しているのではありませんから、彼らは平然と耐えていられるのです」。

「しかしお前は、お母さんがお前にものを言うのは、何も悪意があって言っているのでないどころか、お前に他の誰にもないほどに善いことがあれかしと思ってのことだ、とよく分かっていながら非難しているのかね。それともお母さんはお前に悪意を持っているとでも考えているのかね」。

「いえ、けっして」と彼は言った、「そんな風には思っていません」。

一〇 するとソクラテスは「では」と言った、「お母さんはお前に好意的であり、病気をしたときなどは、健康を回復するようできるかぎりを尽くして世話をし、またためになるものは何一つ不足することのないよう気を配っているばかりか、しかもその上、お前のためにいいことがたくさんありますようにと神々に祈り、誓いを立ててもいるというのに、お前はお母さんが煩わしいと言うのかね。わたしの思うには、もしこれほどのお母さんを我慢できないというのであれば、お前には善なるものが我慢できないのだ。一一　ねえどうだろう（と彼は言った）、誰か他の人になら仕えなくてはならないと思うことはあるのかね。それとも、いかなる人にも好ましく思われようと努めるつもりがなく、たとえ軍事統率委員〔将軍〕にであろうと、その他の支配的地位にある人にであろうと従う心構えはないのかね」。

「ええゼウスにかけて、わたしはそんなではありません」と彼は言った。

一二　「それでは」とソクラテスは言った、「お前は隣の人にも好ましく思われたいのかね。火が必要なときには火を移し分けてもらうためにも、お前のためになるいいことに手助けしてもらったり、またお前が何かにつまずくようなことになったときには、傍《はた》から好意的にお前を援助してくれるようにと、ね」。

「はい、わたしとしては」と彼は言った。

一三　「だとすれば、そういう気づかいをする心構えがありながら、お前のことを誰よりも深く愛しているお母さんに気配りしてしかるべきだとは思わないのかね。知ってのとおり、国家でさえその他の忘恩には一切気に掛けず罰することもしないで、好意を受けながらそれに報いない者をも大目に見ているのに、しかし誰か両親に気配りしない者があれば、その者には罰を科し、公職につく資格がない者としてしりぞけ、それを認めない。こういう人間が国家を代表して供犠を行なっても、敬虔に犠牲が捧げられたことにはならないと見なしてのことだ。しかも、いいかね、もしも亡くなった両親の墓をきちんと守らないような者があれば、国家は政務資格審査(1)にあたってこのことをも問いただしているのだよ。一四　だから、わが子よ、もしお前に思慮分別があるのなら、いささかでも母親を軽んずるようなことをしたとすれば、神々に自分を許してくれるよう乞い願い、神々がお前を恩知らずだと考えて好意をお示しになろうという気をなくしてしまわれないようにしなければならず、また世人にも注意して、お前が両親をないがしろにしていることに気づかれ、そのために友に見放されて孤立することのないようにしなければならない。もしお前が両親に対する恩を忘れていることを彼らに察知されようものなら、誰一人として、お前によくしてやって感謝を受けようとは思わないだろうからね」。

第三章

一　またあるときのこと、カイレポンとカイレクラテス(2)という、お互いに兄弟で、ともにソクラテスの知り合いの二人が仲違いしているのを察知すると、カイレクラテスを見かけたときに「どうかね」と彼は言った、「カイレクラテスよ、よもや君は、兄弟よりも金品のほうをより有益だと考えるような人ではあるまいね。それというのも、一方は心を持たないものであるのに、他方は心を持ったもの、一方は手を貸してやらねばならないものであるのに、他方は手を貸してくれることのできるもの、しかも一方は数多くあるのに、一方は唯一のものなのだ。二　しかし、もし兄弟たちの所有物までも自分の所有にならないからといって、その兄弟たちが損害を与えていると考えるのもおかしなものだ。同国民の場合には、彼らの所持物が自分のものでないからといって、彼らが損害を与えているとは考えず、その場合には、大勢の人たちといっしょに暮らして、足るほどのものを安全に所持するほうが、孤立した生活をしながら、危険をおかして国民のものをすべて所有するよりもまさっている、という算段を立てることができるのに、兄弟たちについては、同じそのことに知恵がまわらない、というのではね。三　また、財力のある者たちは召使を買い入れて仕事の助け手としたり、支援してくれる人が欲しくて友人を得ようとしたりするのに、兄弟のことは無視する——まるで同国民からは友人ができるが、兄弟からはできないとでも思っているかのようだ。四　実はしかし、友愛の情には、同じ親から生まれたということは大きな絆《きずな》となるし、いっしょに育ったということもそうだ。獣でも同じ育ちのもの同士のあいだには、ある種の愛着がわくものだからね。しかもその上、他人は兄弟のある者たちを兄弟のない者たちよりも尊重し、そういう者たちと事を構えるのを控えようとするものだ」。

五　するとカイレクラテスは言った。「ソクラテスさん、もし反目がさほどのものでなければ、きっと兄のことを我慢して、些細なことで疎遠にしたりするべきではないでしょう。あなたもおっしゃるように、本来そうあるべき兄弟というのはすばらしいものなのですから。しかし、そういうところが何一つなく、すべ

(1)「ドキマシアー δοκιμασία」。アテナイでは、官職の大部分は籤によって候補者が選ばれ、その候補者について、年齢・市民権・選出要件などとともに、ここに言われているような、性向・生活態度などにわたって資格審査が行なわれた上で任命された。特に九人の政務長官（アルコーン）の資格審査は評議会（ブウレー）と法廷によってきびしく行なわれ、他の官職については、政務長官（アルコーン）のうちの六人の管轄のもとで行なわれた。アリストテレス『アテナイ人の国制』第五十九章以下参照。

(2) 三一頁の註（1）参照。

てにわたってそれと正反対の有様だとしたら、できもしないことに努力しようとしても、それが何になるでしょうか」。

六　するとソクラテスは言った。「しかしどうなのかね、カイレクラテスよ、カイレポンは君に好かれていないように、誰にも好かれていないのかね、それとも、ある人たちにはとても好かれているのかね」。「いや、まさにそれだからこそ」と彼は言った、「ソクラテスさん、わたしにとって兄は憎んでしかるべき存在なのです。彼は他人には好かれる人間でありうるのに、わたしのそばにいるときには、いついかなる場合も、言うことなすことが益になるよりも害になるのですから」。

七　「ところで」とソクラテスは言った、「ちょうど馬も、あしらう心得がない者があしらおうとすれば、害を与えるように、兄弟もまた、付き合い方を知らずに付き合おうとすれば、害を与えるのだろうか」。

八　「どうしてまた、このわたしが」とカイレクラテスは言った、「兄弟との付き合い方を知らないはずがありましょうか。わたしは好意的に話しかけてくる人には好意的なもの言いをし、好意をかけてくれる人には好意をもってするすべを心得ているのですよ。ところが兄ときたら、言うことなすことでわたしをうんざりさせようとするのですから、好意的なもの言いをすることも、好意をもってすることも、わたしにはできそうにありませんし、そうしようという気にもならないのです」。

九　するとソクラテスは言った。「君は驚いたことを言うものだね、カイレクラテスよ、もし犬のことであれば、それが君の羊たちの番を上手にやり、羊飼いたちにはなついているのに、君が近づいていくといきり立つとしたら、腹を立てるようなことはせずに、好意的にふるまってその犬をなだめようとするだろうに、いざ兄弟のこととなると、君は、しかるべき兄弟であればすばらしいものだと言いもし、好意的にふるまったり好意的なもの言いをするすべを心得ていることを認めもしているのに、彼が君にとってなるべく最善であるようにと工夫をこらすつもりもないとはね」。

一〇　するとカイレクラテスは「思うに」と言った、「ソクラテスさん、カイレポンをわたしに対して本来あるべきようにさせるだけの知恵は、わたしにはなさそうです」。

「とはいえ、何も」とソクラテスは言った、「あの手この手の新奇なやり口を彼に対して工夫する必要はない、とわたしは思うのだがね。どうすればあの人の心をつかんで、君に一目おくようになるかは、思うに、君自身がよく心得ているところだ」。

一一　「どうか出し惜しみしないで」と彼は言った、「おっしゃってください、もしわたしが何か呪文でも心得ているのにお気づきで、ただわたしはそれを知っているのに失念しているというのでしたら」。

「では言ってみたまえ」とソクラテスは言った、「もし君が、知人の誰かが供犠を執り行なうときに、君を正餐に招いてくれるように手を打っておきたいと思ったならば、君はどのようにするのかね」。

「当然、あらかじめわたしのほうが、供犠を執り行なうときに、その人を招くようにします」。

一二　「では君が家を留守にする場合に、友人の誰かが君の家財の面倒を見てくれるような運びにしたいと思ったならば、君はどのようにするのかね」。

「当然、それに先立って、彼が家を留守にする場合に、彼の家財の面倒を見るようにします」。

一三　「では君が他国の人に対して、その人の国へ行った場合に、君を迎え入れてくれるような運びにしたいと思ったならば、君はどのようにするのかね」。

「当然、それに先立って、彼がアテナイにやってきたときに、迎え入れるようにするでしょう。そして、わたしが出向いていく用件をうまくなし遂げるよう、わたしに力を尽くしてくれることを彼に期待するのであれば、当然、それに先立って、わたし自身が彼のためにそういう風にふるまわなければなりません」。

一四 「ほら、君は人の世に通ずるすべての呪文を心得ていながら、久しくそれを隠していたわけだ。それとも」とソクラテスは言った、「もし君のほうからさきに兄弟に対して好意を示せば、恥になりはしないかとおそれて、とりかかるのをためらっているのかね。しかし、先んじて敵に害を与え、率先して友に善をなす者は、最高の賞賛に価すると思われている。だから、もし、わたしの見るに、カイレポンのほうが君よりもこうした友愛関係に対して先導的な姿勢をとりそうであったとしたら、まず彼を説得することを試みて、君に対し友好的な態度に出るようにさせるところだ。しかし事実は、君が先導するほうがむしろ事が達成される公算が大きいように、わたしには思われる」。

一五 するとカイレクラテスは言った。「奇妙なことをおっしゃいますね、ソクラテスさん。より年の若いわたしに事を先導するよう命ぜられるのは、およそあなたのお言葉らしくありません。何しろ、すべての人たちのところでそれと正反対に、年長者が言行両面にわたるすべてについて先導するべし、と考えられているのですよ」。

一六 「どうしてかね」とソクラテスは言った、「年下の者は、年長者に出くわしたら道をゆずるべし、座っていたら立って席をあけるべし、軟らかな寝床を整えて敬意を示すべし、話は相手を立てるようにするべし、とはどこでも認められている考え方ではないだろうか。ねえ君、臆することなく」と彼は言った、「あの人をなだめにかかりなさい。彼は即座に君の言うことを聞き入れてくれるだろうよ。彼がどんなに名誉心に富み、自由な心ばえの持ち主であるかは分かっているよね。くだらない小人物が相手なら何か施しでもするに越したことはないだろうが、完璧に立派な人には友好的に接することでこそ、君は最善の効果をあげることができるだろう」。

一七　するとカイレクラテスは言った。「しかし、もしわたしがそういう風にしても、あの人が少しも改めようとしない場合には――」。

「いや、おそらく」とソクラテスは言った、「君のほうは立派で兄弟愛の精神に富んでいるが、彼のほうは愚劣で好意をかけるに価しない人だということをはっきりと示すだけのことだ。しかし、わたしの思うに、そんな風にはけっしてなるまい。それというのも、彼は、君がこの競技に当人を誘い込んでいるのだと察知するや、大いに競争心を燃やし、君に立ち勝ろうとして言行両面にわたって好意を示すことだろうと、わたしは考えるからだ。一八　目下の君たち二人の有様は」とソクラテスは言った、「言ってみれば、お互いに協力し合うようにと神がお造りになった両手が、そのことをないがしろにして、お互いに邪魔をし合う向きをとっているようなものだし、あるいは、神の定めによってお互いに歩調を合わせるように造られた両足が、そのことをなおざりにしてお互いに足枷になっているようなものだ。一九　益を眼目に造られたものを害になるように用いるのは、はなはだしい無知であり災悪ではないか。のみならず、兄弟同士というのは、わたしの思うに、両手や両足や両目、その他一対のものとして人間に生じたものよりも、より大いなる相互の益を眼目にして、神はお造りになったのだ。なぜなら、両手［のそれぞれ］は何オルギュイア(1)も離れたものごとを同時になすことはできないだろうし、両足［のそれぞれ］も何オルギュイアも離れたところへ同時に出向くことはできない。両目は最も遠くまで到達できると思われているが、しかしもっと近くにあるものでも、［一つの目で］前方のものを見ると同時に［他方の目で］後方のものを見ることはできない。ところが兄弟同士は、仲がよければたとえはるか遠くに離れていても、同時に相互の益のために事をなすものであるのだからね」。

第四章

一　またあるとき、ソクラテスが友愛について対話を交わしているのを聞いた。その話からは、友人をどのように獲得し、友人とどのように付き合うかについて、裨益されるところがとりわけ大きいものと、わたしには思われた。

「所持しているすべてのもののうちで、ほんとうの善き友人こそが最もすばらしい、とは多くの人たちから耳にすることではあるが」と彼は言い、「しかし実際目にするところでは多くの人たちは友人の獲得は一番後回しにして、他のことばかりに気を遣っている」と言った。二「なぜなら、わたしの見るに、彼らは家屋や農地や奴隷や家畜や家財道具を手に入れるのには周到であり」と彼は言い、「また現に手に入れたものを保全しようと努力しているところは目にするが、友人については、それを最大の善きものだと言いはしても、多くの人たちを見ていると、獲得しようと思案をめぐらせてもいなければ、現に獲得した友人を自分のもとに確保しようと思案をめぐらせてもいないではないか」と言った。三「それどころか、友人と使用人がともに病気にかかった場合、見ていると、ある者たちは」と彼は言った、「使用人たちには医者を呼んだり、その他健康回復のための手立てを周到に整えてやるが、友人のほうには気にもかけないでいるし、また双方がともに死んだ場合、使用人については気持ちを昂らせて、損害をこうむったと考えるが、友人については何ら損失を受けたとも思わずにいる。また他の所持物については、管理もせず考えをめぐらせることもせずにおくようなことはありえないのに、友人については配慮が必要な場合でも、なおざりにしたままでいる。四 かてて加えて」と彼は言った、「多くの人たちは、見ていると、他の所持物なら自分がよほど数多くのものを持っていても、その数を知っているのに、友人となるとたとえ少数しかいなくとも、その数を知らないだけでなく、それについて人から尋ねられると、数え上げてみたあげくに、一度は友人の部類に入れた者たちを、また次には除外しようとしたりする有様だ。彼らが友人のことに思案をめぐらすのは、この程度のことでしかない。五 とはいえ、他のどんな所持物と較べようとも、善き友人ははるかにすばらしいものとは思えないかね。実際、どんな馬が、あるいはどんな一軛《やく》の牛馬がすぐれた友人ほどにすばらしいだろうか。どんな奴隷がそれほどに好意的であり、誠実であろうか。あるいは、他のいかなる所持物がそれほどに万事に有益であろうか。六 なぜなら、いい友人はおのれの身を挺して、個人的に財をなすにつけても、

（1）長さの単位で、両手を広げた幅が元になっている。一オルギュイアは約一・八メートル。

公共的な任務を果たすにつけても、友の足らざるところを支えてくれるからであり、何か好意を示す必要があるときには力を尽くしてくれるし、また何か心配のたねに煩わされているときには、手助けして、出費を分担したり、共同して実行したり、共同して相手を説いたり、あるいは強制を加えたりしてくれる。そして、ことがうまくいったときには、せいいっぱい祝福し、つまずいたときには、せいいっぱい励ましてもくれるのである。七　各人のために両の手は働き、両の目はものを見、両の耳は音を聞き、両の脚は行き先へ運んでくれるのだが、友人はそれらのいずれにも劣らぬほどいいことをしてくれる存在だ。しばしばあることだが、ある人が自分ではやれなかったこと、見ることができなかったこと、聞けなかったこと、あるいは行きつけなかったことでも、友人が彼に代わってそれらを埋め合わせてくれる。にもかかわらず、果実を得るために樹木の世話をしようとする人はいても、最も大いなる実りをもたらしてくれる所持物、友人と呼ばれるものへの気づかいとなると、たいていの人たちがしぶしぶかまけてばかりなのである」。

第五章

一　またあるとき彼が別の話をしているのを聞いたが、それは聞き手に対して、当人がその友人たちにとってどれほどに価するものであるかを自ら問い糾してみるよう勧奨するものに、わたしには思われた。というのも、ソクラテスは、周囲に集まっている者たちの一人が窮乏して困っている友人を顧みずにいるのを目にすると、顧みようとしないその当人を含めて他にも大勢いる中で、アンティステネス(1)にこう問いかけたのだった。

二 「はたして」とソクラテスは言った、「アンティステネスよ、ちょうど下僕たちに値がついているように、友人たちにも何らかの値がついているものだろうか。つまり、下僕たちのある者は二ムナー[2]ばかりの値だし、ある者には半ムナーの、またある者には五ムナーとか、あるいはまた一〇ムナーとかの値がついている。ニケラトスの子息のニキアス[3]は自分の銀鉱山の差配人を一〇タラントン[4]で買い入れたという話だね。そこでわたしは考えるのだが」と彼は言った、「下僕たちと同じように、友人たちにもやはり値がついているものだろうか」。

(1) アンティステネス（前四五五―三六〇年頃）の父はアテナイ人だが母はトラキア人で、おそらくアテナイの市民権を得られなかったものと思われる。ソクラテスに傾倒して、彼の影響下に「ソクラテス的剛毅」を強調する禁欲主義的な哲学を唱道し、キュニコス派の祖となった。倫理学を中心にきわめて多岐にわたる分野において多数の著作を残したが、すべて散佚した。クセノポンは彼の思想から大きな影響を受けている。

(2) 「ムナー」は古代ギリシアの貨幣単位で、一ムナーは金四三グラム相当とされる。

(3) ニキアス（前四七〇頃―四一三年）は、ほぼソクラテスと同年で、ペロポネソス戦争期のアテナイを主導した軍事指導者で、貴族派の政治指導者としても重きをなした。一族は累代の富豪で、特にラウレイオン銀山の開掘で大きな利益を得た（クセノポン『政府の財源』第四章一一に関連言及がある）。前四一五年のシケリア島遠征計画に異を唱えつつも指揮をとらされて惨敗、前四一三年に同地で降伏、処刑された。プラトン『ラケス』では、知性派の軍人として主要対話者の一人となっている。

(4) 「タラントン」も古代ギリシアの貨幣単位で、一タラントンは六〇ムナー。

三　「それはもうゼウスにかけてそうですよ」とアンティステネスは言った、「少なくともわたしならある人には二ムナー以上払ってでも友人になってもらいたいが、ある人には半ムナーだって出す気にならないだろうし、また一〇ムナー払ってでも獲得したい人もいれば、全財産に代えあらゆる労苦も厭わずに手に入れてわたしの友人にしたい人もいますとも」。

四　「では」とソクラテスは言った、「もしそのとおりだとしたら、人は自分が友人たちから見てどれくらいに値踏みしてもらえるものかを自ら問い糾して、友人たちがなるべく自分を裏切ったりすることのないようにするのはいいことだろうね。というのもね」と彼は言った、「よくあることだが、ある人からは親しい人が自分を裏切ったということを耳にするし、またある人からは友人だと思っていた人が一ムナーで自分を捨てたとも聞いたりするからだ。五　こうしたことのすべてを考えるにつけ、ちょうど人が役立たずの下僕を売りに出すときにはいくらでも構わないから手放してしまうように、つまらない友人とあれば、その値打ち以上のものが得られる場合には、手放そうかという気にもなるものだろうね。しかし役に立つ者たちとあれば、わたしの見るに、下僕も売りに出されることはおよそないし、友人にも裏切られたりしないのだ」。

第六章

一　また彼が次のように語っていたのも、どのような人を友として得るに価すると考えるべきかを教え諭していたのだと、わたしには思われた。

「どうか言ってもらいたいのだが」とソクラテスは言った、「クリトブウロス[1]よ、もしわれわれがよき友人を欲しいと思うのであれば、どんな風に見つけようとしたものだろうか。まずは、食い意地や飲酒や情欲や惰眠や安逸を抑制できる者を探すべきではないか。それらに打ち負かされているようでは、自分が自分のためになすべきことも、友人のためになすべきこともやれはしないだろうからね」。

「ゼウスにかけて、できはしないでしょうとも」と彼は言った。

「では、それらのものに支配されている者たちには近寄ってはならないと君は思うのだね」。

「そのとおりです」と彼は言った。

二 「ではどうかね」とソクラテスは言った、「浪費家で自給自足できず、いつもまわりの人たちをあてにして、しかも手に入れたものは返すことができず、手に入れられなければ与えてくれない人を恨むような者は問題のある友人とは思わないかね」。

「まったくそうです」と彼は言った。

「ではそんな者にも近寄ってはならないのだね」。

「むろん近寄ってはなりません」と彼は言った。

三 「ではどうかね。金儲けには有能だが金銭欲が強く、そのために取引にうるさくて受け取るほうは喜んでするが支払いはしたがらないような者だとしたら」。

(1) クリトブウロスはクリトンの息子の一人。本書第一巻第三章八および三九頁の註(3)参照。

「わたしの思うには」と彼は言った、「そんな人はさきの人よりもさらに劣っていますよ」。

四　「ではどうかね。金儲けに夢中で自分の得になること以外に何をする暇もないような者は」。

「そんな人にも近寄ってはならないとわたしは思いますね。付き合っても無益でしょうから」。

「ではどうかね。いざこざばかり起こして多くの友人たちを敵にまわしてしまいがちな者は」。

「そんな人にも、ゼスウにかけて、断じて近寄ってはなりません」。

「ではそうした欠陥は何一つ持ち合わせていないにしても、人から好意を受けても素知らぬ顔で、それに報いようなどとはまるで考えない者だとしたら」。

「そんな人も無益でしょうね。しかしながら、ソクラテスさん、どんな人を友人にするように努めましょうか」。

五　「思うに、それらとは正反対に、身体的な快楽を自制でき、人とうまくやって行けて、(1) 取引に清廉で、またよくしてくれる相手には負けず劣らず好意を尽くす気概を持っている人で、それゆえ付き合う相手にとって有益であるような人だね」。

六　「しかし、付き合いを始める以前に、どのようにしてそうした事柄を判定したものでしょうか、ソクラテスさん」。

「彫像作家を判定するのであれば」とソクラテスは言った、「彼らがどんなことを語っているかによって判定するのではなく、以前にこしらえた彫像が巧みに仕上げられているのを見ることで、その人ならこれから先の作品も巧みに作るだろうと信じるわけだ」。

七　「そして」と彼は言った、「以前からの友人たちに好意を尽くしていることがはっきりしている人であれば、その人はこれから先も友人たちによくするだろう、とおっしゃるのですね」。

「馬のことでも」とソクラテスは言った、「以前からの持ち馬をうまく扱っているところを見ていれば、その扱い手はほかの馬もうまく扱うだろうと思うわけだからね」。

八　「なるほど」と彼は言った、「ところでわれわれが友愛を交わすにふさわしいと思う人がいたとして、さてその人とどのようにして友人になればいいのですか」。

「まずは」とソクラテスは言った、「神々の仰せを伺って、その人を友人とするよう忠言してくれるかどうかを見きわめなければならない」。

「ではそこで」と彼は言った、「われわれもよしと思い、神々も反対なさらないとなったら、その人をどのように追いかけるべきか、おっしゃってくれるでしょうか」。

九　「ゼウスにかけて」とソクラテスは言った、「ウサギの場合のように足跡を追いかけたり、鳥の場合のように罠にかけたり、敵対者(2)の場合のように力ずくで捕らえるのではない。嫌がっている友人を捉まえるの

（1）「人とうまくやって行ける（＝いっしょに住みやすい）」と訳した *εὔοικος* は「住み心地のいい」が元来の意味で、テクストに疑義もある。Sauppe はA写本によって *εὔνους*（好意的な）を採用。またC写本の *εὔορκος*（取り決めを守る）を読むことも行なわれている。

（2）諸写本には *ἐχθροί* とあるが、ここも動物の事例が期待されるので、Sauppe らに従って *κάπροι*（イノシシ）を読むべきか。

は容易なことではないからね。また奴隷のように縛り上げて拘束することも困難だ。そんなことをされた人たちは、親しくなるよりもむしろ敵対してしまうからね」。

一〇「友人の場合はどのようにすればいいのですか」と彼は言った。

「言われているところによれば、ある種の呪文(1)があって、心得のある者たちは望みの相手に呪文を唱えて友人にしてしまうそうだし、あるいはまた秘薬というのもあって、その心得のある者たちは望みの相手に対してそれを行使し、彼らから愛を勝ち得るとのことだよ」。

一一「しかしどこから」と彼は言った、「そうしたものを学びとればいいのでしょうか」。

「セイレンたち(2)がオデュッセウスに歌いかけた呪文は、ホメロスから聞いたよね。そのはじめのところはたしかこんな具合だ。

　さあこなたへ来るがいい、誉れ高きオデュッセウスよ、アカイア人《びと》らの大いなる誇りよ(3)」。

「それでは」と彼は言った、「この呪文を、ソクラテスさん、セイレンたちはほかの人たちにも歌いかけて、呪文にかかった者たちが彼女らから離れられないようにしたのですか」。

一二「いや、そうではなくて、徳への高い誇りを持った人たちに向かって、そう呪文を唱えていたのだ」。

「あなたのおっしゃろうとしているのは、まあこういうこと、つまり、相手が聞いてその賞賛者は自分を笑いものにしながら語っているのだと思うことがないようなものを、それぞれの人に歌いかけなければならない、というのですね」。

「もしも本人が小さな醜《ぶ》男で非力だということに気づいているのに、その人に対して美男で大柄で力持ちだと言って賞賛したのでは、かえって相手の敵愾心をつのらせてしまい、その人を自分から遠ざけることになりかねないからね」。

「ほかにも何か呪文をご存じですか」。

一三　「わたしは知らないけれど、聞いたところでは、ペリクレスはたくさんの呪文を知っていて、(4) 国家に対してそれらを唱えて国家が彼を愛するようにさせたということだ」。

「しかしテミストクレス(5)はどんな風にして国家が彼を愛するようにさせたのですか」。

---

(1) この種の呪文についてソクラテスは、本書第三巻第十一章一六―一七、あるいはプラトン『カルミデス』一五七Aでも語っている。

(2) 美しい歌声で船乗りたちを魅了して通りかかった船を難破させる海の妖女たち。ホメロス『オデュッセイア』第十二歌二八―五四行、一六五―二〇〇行参照。

(3) ホメロス『オデュッセイア』第十二歌一八四行。

(4) ペリクレス（第一巻第二章四〇―四六に登場。二七頁の註（2）参照）が雄弁な演説によってアテナイ市民の支持を得ていたことを言っている。

(5) テミストクレス（前五二四頃―四五九年）は、鋭い洞察力と果断な実行力によって名高い、アテナイの政治・軍事指導者。機敏な策略家でもあった。早くからペルシアの脅威を予測し、海軍力の充実に努めて、前四八〇年のサラミスの海戦においてペルシア艦隊を打ち破った。後半生はアテナイを逐われ、ペルシアにあってアテナイ復帰を図ったが、最後は自殺に追い込まれた。

「いやゼウスにかけて、彼は呪文を唱えてではなく、とてもありがたい護符を国家につけてやって(1)そうさせたのだよ」。

一四 「あなたのおっしゃろうとしているのは、ソクラテスさん、どうやら誰かすぐれた人を友として獲得しようとするのなら、われわれ自らが言行いずれにおいてもすぐれた者とならなければならない、ということのようですね」。

「君は」とソクラテスは言った、「くだらない人でも立派な友を得られると思っていたのかね」。

一五 「それというのも」とクリトブウロスは言った、「愚劣な弁論家がすぐれた大衆演説家の友人であったり、まともに軍を統率することもできない者が立派な将軍の仲間であったりするのを見ているからです」。

一六 「さてしかし」とソクラテスは言った、「今われわれが論じ合っている点についてだが、役立たずの人間でありながら有用な人たちを友としているような、そんな人をも君は知っているのかね」。
「いいえ、ゼウスにかけてまったく知りません」と彼は言った、「しかし、もしくだらない人間が完璧に立派な人物を友人として獲得することはできないというのであれば、そこでわたしが気になる問題は、本人が完璧に立派な人物となりさえすれば、必ずや完璧に立派な人物と友人になれるのか、ということです」。

一七 「君を困惑させている事態は、クリトブウロスよ、立派なふるまいをして恥ずべき事柄には手を染めないような人たちが、友人同士にならずお互いに内輪争いをしていて、まったく取るに足りないような人間ども以上に険悪な間柄にあるのを、君がしばしば見ているということだね」。

一八 「しかも単に」とクリトブウロスは言った、「個々人がそうしているだけでなく、立派な事柄に意を用いること大にして恥ずべき事柄を極力排斥してやまない国家までもが、しばしばお互いに敵対し合っている。一九　それを考えてみると、友人の獲得ということにすっかり意気阻喪してしまうのです。つまり、くだらない者たちはお互いに友となりえない。恩義を知らぬ者たちや冷淡な者たち、強欲な者たちや信義にもとる者たち、あるいは自制心を欠いた者たちが、どうして友人同士となりうるでしょう。くだらない連中はまちがいなく友人同士であるよりもむしろ敵対関係にあるように生まれついている、とわたしにはどうしても思われるのです。二〇　しかしまた、あなたのおっしゃるとおり、くだらない連中が立派な人たちと友愛の絆を結ぶこともありえないでしょう。どうして愚劣なことをしている連中が、そうした事柄を忌み嫌っている人たちと友人になれるでしょうか。さらには、徳の修練に努めている人たちまでもが国家の第一人者たらんとして内輪争いをして、彼ら同士でそねみ合いお互いに憎み合っているようでは、それでもなおどんな人たちが友となり、どんな人たちのあいだに友好関係や信義が成立するというのでしょうか」。

二一「しかしね」とソクラテスは言った、「これらの事情はどうも多様に込み入っているのだ、クリトブウロスよ。一方で人間には生まれつき友愛の性《さが》が備わってもいるのでね。すなわち、人間たちはお互いを必要とし、憐れみあい、共働することで益を得る。そしてそのことが分かっているので、お互いに好意を抱くというわけだ。しかし他方で抗争の性《さが》も備わっている。すなわち、人間同士が同じものごとを素晴らしくて

（1）テミストクレスが大艦隊をそろえ、ペイライエウスの港や長城壁を整備して、アテナイの軍事力を強化したことを言っている。

好ましいと思うと、それらを求めて相争うし、見解が別れれば相対立することになる。競争と怒りは抗争的なものにほかならない。また、より多くをむさぼろうとする欲張りは悪感情をもたらし、妬みは憎しみをもたらす。二二　しかしそれでもこれらすべてをかいくぐって、友愛は完璧に立派な人たち同士を結び合わせる。彼らは、徳の高さゆえに、⁽¹⁾抗争によって至高の地位を得るよりも、労なくして適度なものを所有することをよしとし、飢えたり渇いたりしても苦痛を感ずることなく食べ物や飲み物を分かち合うことができ、また若盛りの者らとの愛欲沙汰を悦びつつも、不快感を与えるべきでない者たちを不快にさせないよう、身を慎むこともできるからである。二三　彼らはまた財貨をむさぼることを差し控えてきちんと分かち合うばかりでなく、お互いに供与することもできる。さらには、競争をも労することなく、しかもお互いに有益になるような仕方で、うまく処理できるし、怒りをも抑え込んで、いずれ後悔がわき起こることのないようにすることもできる。妬みが完全に排除されているのは、自分の持つよきものは友人たちのものとして彼らに提供し、友人たちのものは自分のものと見なしているからである。二四　とすれば、完璧に立派な人士たちは、国政上の名誉をめぐっても傷つけ合わないばかりか、お互いに共同して裨益し合うのは、ごく当然のことではあるまいか。というのも、財貨を隠匿し、人びとを力で抑えつけ、贅沢を享受するべく権勢を得んがために、国家において尊敬を受け支配の座につくことを欲している者たちは、不正にして愚劣な輩であろうし、他人と和合することはできそうにないのである。二五　しかしもし人あって、自分も不正をこうむらないように、そして友人たちにも正しいものごとを支援できるようにと、国家において尊敬を受けることを望み、支配の座についてからは祖国に善をなすことに努めるとすれば、どうしてこのような人が他の同様の人と和合できないことがあろうか。彼が完璧に立派な人士たちと手を携えることで友人たちを益する力を弱めるものだろうか、あるいは完璧に立派な人士たちを共働者としたがために国家に貢献する力が衰退するものだろうか。二六　いや、運動競技においてさえ、最強の者たちが手を組んで弱い者らに立ち向かってもよかったとすれば、あらゆる競技に勝利を収め、あらゆる賞を手中にすることだろう。競技の場ではそんなことをするのは許されないが、完璧に立派な人士たちが最優位に立っている国政の場では、人が誰と手を組んで国家に貢献しようと思っても、それを阻止する者はいないからには、最もすぐれた友人たちを獲得して国政に参与し、彼らを競争相手とするよりも活動の同士や共働者として遇するほうが有利でないことなど、どうしてありえようか。二七　いや、さらにこれも明らかなことだが、もしも人が誰かと戦おうとする場合には共に戦う味方を必要とするだろうし、もしも敵対する相手が完璧に立派な人士たちとなればより多くの味方を要することになるだろう。しかも共に戦おうとしてくれる人たちには、熱意を燃やしてもらうためによく処遇しなければならない。そして少数であっても最もすぐれた人たちを多数を占める劣った者たち以上によく遇するやり方のほうがはるかにまさる。劣った者たちは立派な人たちよりもはるかに多くの恩典を要求してくるからである。二八　しかし元気を出して（と彼は言った）、クリトブウロスよ、立派な人物となるよう心がけ、そうなれたなら完璧に立派な人士たちの捕獲にとりかかるがいい。多分わたしも完璧に立派な人士たち

（1）前節で言われた「生まれつき（自然）の性《さが》」に折合いをつけ、友愛を実現するには、修練による「徳」の涵養が必要とされるのである。

の捕獲には君に手を貸すことができそうだ、――わたしは恋の道に長けているからね。というのも、わたしがある人に欲望を覚えようものなら、恐ろしいほどに全身全霊で、その人たちを愛しまた彼らから返しの愛を得ることを、その人たちに思い焦がれてまた返しの思いを受けることを、そしていっしょになろうとする欲望に燃えまたその欲望を向け返してくれることを求め猛進することをやめないのだからね。二九　わたしの見るに、君が誰かに対して友愛関係を結ぼうと欲することがあれば、君にもこうしたことが必要となるだろう。だから、君が友人になりたいと思う相手のことを、隠さないようにしなさい。わたしは自分が気に入った人に気に入ってもらうことに気づかいしているからには、人間たちの捕獲にかけては経験浅からぬものと思っているのだから」。

三〇　するとクリトブウロスは言った。「いやまさに、ソクラテスさん、それらこそ以前からわたしが習得したくてならなかった事柄なのです。わけても、その同じ一つの事柄に精通すれば精神的にすぐれた人たちにも、身体的に美しい人たちにも通用するというのであればなおさらのことです」。

三一　するとソクラテスは言った。「いや、クリトブウロスよ、わたしの精通している事柄には、美しい者たちに手を差し伸ばして彼らを留まらせる効力はないのだよ。人間どもがスキュラ[1]から逃れようとするのも、やはり手を差し伸ばすからだと、わたしは信じ込んでいる。しかしセイレンたち[2]のほうは、誰にも手を差し伸ばしたりはせずに、遠方から全員に歌いかけることによって、全員がそこに立ち止まり、彼女らの歌を聞きながら惑わされてしまう、ということだ」。

三二　するとクリトブウロスは言った。「手を差し伸ばしたりしませんから、もし友人対策として何かいいお手持ちのものがおありでしたら、教えてください」。

「では唇を」とソクラテスは言った、「唇に近づけたりもしないだろうね」。

「大丈夫ですとも」とクリトブウロスは言った、「唇を唇に近づけたりもしませんよ、相手が美しい人というのであればいざ知らず」。

「たちまち」と彼は言った、「クリトブウロスよ、君は有用な事柄とは正反対のことを言い出したぞ。というのも、美しい人たちはそうしたことに我慢ならないが、醜い人たちのほうはよろこんで承諾するからだよ、精神［魂］が美しいと言われたものと考えてね」。

三三　するとクリトブウロスは言った。「わたしは美しい人たちとは口づけを、すぐれた人たちとは熱烈な口づけを交わすつもりですから、さあ思い切って友人たちの獲得法を教えてください」。

するとソクラテスは言った。「では、クリトブウロスよ、君が誰かと友人になりたいと思ったときには、わたしがその人に向かって告げ口しても構わないかね、君が彼を敬慕し、彼の友人になりたがっているということを」。

「言いつけてくださいよ」とクリトブウロスは言った、「賞賛している者たちを憎いと思う人など、まった

（1）オデュッセウスがトロイヤからの帰路出遭った怪物の一つ。（ホメロス『オデュッセイア』第十二歌八五行以下、二三四行以下）。岩場の洞窟に棲まい、六つの頭と一二本の足で、そばを通り抜けようとする船から一度に六人の船乗りを攫って食らう

（2）九九頁の註（2）参照。

く心当たりがありませんから」。

三四「では、君のことをさらに告げ口して」と彼は言った、「その人を敬慕しているがゆえに、彼に対して好意を抱いている、と言いつけても、君はわたしから悪口を言われているとは思わないのだね」。

「いやそれどころか」と彼は言った、「誰かがわたしに対して好意を抱いていることを察知すれば、誰であれその人に対する好意がわたしにも生まれますよ」。

三五「それでは、そうしたことを」とソクラテスは言った、「君が友人関係を結びたがっている相手の人たちに対して、君について語ってもいいわけだ。そこで、さらに君の許可が得られて、君は友人たちによく気づかいし、よき友人たちの存在を何にも増してうれしく思い、そして友人たちの立派な功績は君自身のそれに劣らず誇りに感じ、友人たちに生じたよきものごとは君自身に生じたそれらに劣らず歓びとし、それらが友人たちにもたらされるように工夫をこらして倦むことを知らないというように、そしてさらに、男士の徳は友人たちには篤く遇することにかけて、敵に対しては悪を報いることにかけて、いずれにも立ち勝ることにあることをよく心得ているというように言って構わないのであれば、思うに、わたしはよき友人獲得の相棒として、大いに君の役に立つことができそうだ」。

三六「しかしどうして」とクリトブウロスは言った、「わたしにそんなことをおっしゃるのですか。まるでわたしについておっしゃりたいことがあっても、あなたの意のままにはならないかのような口ぶりですね」。

「ゼウスにかけてそのとおり。いつかアスパシア(1)からもそう聞いたのだ。つまり彼女が言うには、いい結婚仲介人というのは事実あるがままの美点を伝えて人と人を結びつけるのに巧みであって、嘘をこね上げて誉め上げたりはしようとしないのである。だまされた人たちはお互いに憎み合うとともに結婚仲介人をも憎むことになるからだ、と言うのだね。わたしもその話はまさにそのとおりだと得心しているから、わたしが君のことを賞賛して語るにも、事実ではないようなことは言ってはならないと思っている」。

三七「ではあなたは」とクリトブウロスは言った、「ソクラテスさん、わたし自身が友人たちを獲得するにふさわしい長所を持ち合わせているとすれば、わたしに助力してくれる、というような友なのですね。もしもわたしに長所がないとしたら、何らかのことをこね上げてでもわたしの役に立ってくださるという気はない、ということですね」。

「しかしどちらが」とソクラテスは言った、「クリトブウロスよ、いっそう君のために役立つことだと思うのかね。嘘を並べ立てて賞賛する場合だろうか、それとも君がすぐれた人間となるように努めるべきことを言い聞かせる場合だろうか。三八　このままでは事が君にはっきりしないというのであれば、次のことから考えてみるがいい。たとえば、君を船主の友人にしてあげようと思ったときに、君をすぐれた舵取り人だと

---

(1) アスパシアはミレトス出身の女性。はじめ「ヘタイラー(高級娼婦)」だったと言われるが、才色兼備で知られ、アテナイに来てペリクレスの愛人として庇護を得た。彼らの間に生まれた息子もペリクレスと名づけられた(第三巻第五章一参照)。クセノポン『家政管理論』第三章一四には、彼女が女性の教育についてすぐれた見識をもっていたとする言及がある。

称して賞賛し、船主のほうもわたしを信じて、舵の操り方も知らない君に船を任せるようなことになったとしたら、君は君自身も船もろともに破滅させずにすむ見込みを少しでも持てるかね。あるいは、国家公共の場で国家に対して、あたかも君が軍事指導にすぐれた者にして司法に精通した者であり、かつ国政担当能力も備えた者であるかのように嘘をついて、当の国家を君にゆだねるよう説得するとすれば、君のせいで君自身も国家もどんな目に遭うだろうと思うかね。あるいはまた、私的な場で何人かの市民に対して、あたかも君が家政に長じ、行き届いた配慮のできる者であるかのように嘘をついて彼らの家産を君にゆだねるよう説得するとすれば、いざ実地に直面したときには、明らかに損害を与えるとともに笑いものになりはしないかね。三九　いや、クリトブウロスよ、何につけてあれ君がすぐれた人間だと思われたいのであれば、その最も早く最も確実で最もすぐれた方途は、実際にすぐれた人間になろうと努めることだ。人びとのあいだで徳性と言われているものは、よく考えてみれば君にも分かるだろうが、すべて学びと修練によって伸長させられるのだよ。ともかくわたしとしては、クリトブウロスよ、われわれはこのように……[1]するべきだと思っているのだが、もし君に何か別の考えがあるのなら、それを伝授してくれたまえ」。

　するとクリトブウロスは言った。「いえ、ソクラテスさん、おっしゃっていることに異議を唱えるのは恥というものでしょう。立派なこともほんとうのことも言えはしないでしょうから」。

第七章

一　さらにまた、彼は、友人たちが困っているときには、それが無知による場合には思案を示して救うように努め、また窮乏による場合には持てる力に応じてお互いに援助し合うよう教えてそれに努めた。こうした場合のことも、彼についてわたしのよく知るところを述べておこう。

あるときアリスタルコス[2]がふさぎ込んだ様子をしているのを見ると、

「どうやら君は」とソクラテスは言った、「何か重荷を背負い込んでいるようだ。重荷は友人たちで分担しなければいけない。おそらくわれわれが多少でも君の重荷を軽くしてあげられるだろうからね」。

二　するとアリスタルコスが「いやまったくのところ」と言った、「ソクラテスさん、わたしはすっかり困り切っているのです。というのも、この国が内乱に陥って[3]からというもの、多数の者たちがペイライエウス[4]へ逃れたために、取り残された姉妹たち、姪たち、従姉妹たちが大勢わたしのところへ身を寄せていて、

---

(1) テクストに不備がある。θηρᾶν（獲得する）を補った写本もあるが不適切。

(2) この箇所だけに登場する不詳人物。

(3) ペロポネソス戦争がアテナイの敗戦に終わった直後の前四〇四年秋、寡頭派による「三十人独裁政権」がクリティアスらによって樹立されると、対立する民主派勢力は一旦国外に亡命するが、トラシュブウロスらが政権奪還を図って蹶起し、まずアテナイ北郊の山地に拠点を設営して対抗、内乱状態に入った。翌四〇三年春には民主派が外港ペイライエウスを占拠し、独裁政権側の軍と激しい戦闘ののち勝利を収めた。この戦いでクリティアスが倒れ、独裁政権は崩壊した。クセノポン『ギリシア史』第二巻第四章参照。

(4) アテナイ中心部から南西に六キロメートルほど下ったところにある外港。当時、外国からの居留民を含めて多くの人たちが居住し、活況を呈していた。

家には自由身分の者だけで一四人も居住しているのです。しかし土地からの実入りは何もない。反対派がそれを接収しているからです。持ち家からの収益もない。市域は人口過疎になっているからです。家財道具は誰も買ってくれないし、お金を借りるあてもまったくなくて、借金するよりも路上を探して見つけるほうが手っ取り早いと思われますよ。身内が死んでいくのを傍観しているのは、ソクラテスさん、ほんとにつらいものですが、こんな状況ではこんなに大勢を養っていくことはできません」。

三　これを聞いて「いったいどうしたことなのかね」とソクラテスは言った、「ケラモン(1)は大勢を養いながら、自分やその連中の必需品を供与できているばかりか、儲けを出して豊かになってもいるというのに、君のほうは大勢を養いながら、必需品の欠乏のために全員が死んでしまいはせぬかと恐れおののいている、というのは」。

「ゼウスにかけて、それは決まったことですよ」と彼は言った、「あちらは奴隷たちを養っているのに、わたしは自由身分の者たちを養っているからです」。

四　「しかし」とソクラテスは言った、「君のところの自由身分のものたちとケラモンのところの奴隷たちとでは、どちらがすぐれているのかね」。

「わたしの思うには」と彼は言った、「わたしのところの自由身分のものたちです」。

「しかし」とソクラテスは言った、「彼のほうはよりくだらない連中に支えられて裕福になっているのに、君のほうははるかにすぐれた人たちをかかえながら困り切っているというのは、恥ずかしいことではないかね」。

「いや、ゼウスにかけてそんなことはありません」と彼は言った、「彼のほうは手職人を養っているのに、わたしのほうは自由民としての教育を受けた者たちを養っているのですから」。

五　「では」とソクラテスは言った、「手職人というのは何か有用なものを作ることを心得ている連中のことだね」。

「まったくそのとおりです」と彼は言った。

「挽き割り麦は有用なものだね」。

「大いにそうです」。

「ではパンはどうかね」。

「何ら遜色ありません」。

「ではどうかね」とソクラテスは言った、「男物や女物の外衣（ヒーマティア）、短衣（キトーニスコイ）、短外衣（クラミュデス）、仕事着（エクソーミデス）などは」。

「大いに」と彼は言った、「それらもまたすべて有用です」。

「それでは」とソクラテスは言った、「君のところにいる者たちは、これらのものをどれ一つとして作る心得がないのかね」。

「何でも作れると思いますよ」。

（1）この箇所だけに登場する不詳人物。

六　「では、君は知らないのかね」とソクラテスは言った、「それらの一つ、挽き割り麦製造によって、ナウシキュデス[1]は彼自身および使用人たちのみならず、さらにはたくさんの豚や牛を養っていて、しかもたんまり儲けを出して、何度も国家に対して公的事業費用負担[2]をしているし、またパン製造によってキュレボスは全家族を養うとともに贅沢に暮らしているし、コリュトス区[3]のデメアスは短外衣製作によって、メノンは礼装衣製作によって、そして大多数のメガラ人は仕事着製作によって糧を得ていることを」。

「いや、ゼウスにかけて知っていますとも」と彼は言った、「しかし彼らは異国の人間たちを買って奴隷にしているから、都合のいい仕事をやらせることができるのですが、わたしのところにいるのは自由身分の者たちで、しかも身内なのですよ」。

七　「それでは」とソクラテスは言った、「君は、自由身分の者たちで君の身内だからというので、彼らは食べて寝ることしかするべきでないとでも考えているのか。他の自由身分の者たちでも、そういう生活をしている者たちのほうが、生活に有用な仕事を習得してそれに従事している者たちよりも、よりよい暮らしを送りいっそう仕合わせに過ごしていると君には見えるのかね。それとも君は、怠惰と無頓着は知っておくにふさわしいことを学び、学んだことを記憶しておくために、身体を健康かつ強健にするために、そして生活に有用なものを獲得し保全するために役立つが、勤勉と熱意は何の役にも立たないと実感しているかね。八　君のところにいる女性たちは、彼女たちが身につけていると君の言う事柄を学んだわけだが、それは生活に役立てようとしてでもなく、それらのどれ一つも実際にやってみようとしてでもないのか、それとも逆にそれらに熱心に取り組み、それらから益を受けようとしてのことなのかね。どちらのありようで人間はより思慮分別があることになるだろうか、怠けていることでかね、それとも有用な事柄に熱心に取り組むことでかね。またどちらのありようでより正しくありうるのだろうか、働く場合だろうか、それとも怠けていて必需品のことを議論してばかりいる場合だろうか。九　しかも今の様子では、わたしの思うには、君は彼女らを好きになれないし、彼女らも君を好きになれないでいて、君は彼女らが君に損害をかけていると考え、彼女らは君が彼女らを厄介視しているのを見抜いているのだ。こうした有様では、憎悪がつのりこれまであった感謝の念が薄らぐ恐れありだね。しかし君が統率をとって彼女らが仕事につくようにしてやれば、君のほうは彼女らが君に益をもたらしているのを見て彼女らを好きになるだろうし、彼女らのほうでも君が彼女らに機嫌よくしているのを実感して君を愛するようになるだろう。そして以前に受けた厚遇を心楽しく思い出し、それらから生ずる感謝の念を増大させるだろうし、またそのことによって、君たちはお互いにより好意を持

---

(1) アリストパネス『女の議会』四二六行に言及されている人物と同一か。以下この節に挙げられた職人たちはいずれも不詳人物。

(2)「公的事業費用負担（レイトゥウルギアー λειτουργία）」は、アテナイなどいくつかの国で、さまざまな公的事業遂行のために富裕な個人にその費用負担を要請した制度。国家的宗教行事や祭礼のためのものとして、祭礼行事の演劇上演のための合唱隊（コロス）の費用の負担（コレーギアー χορηγία）、運動競技大会出場者の訓練や費用の負担（ギュムナシアルキアー γυμνασιαρχία）、デルポイやデロスへの宗教使節団の派遣費用の負担（アルキテオーリアー ἀρχιθεωρία）など、また戦時における特別のものとして、軍船を建造装備するための費用の負担（トリエーラルキアー τριηραρχία）などがある。

(3) アテナイ市域外にあるアッティカ行政区（デーモス）の一つ。

ち合うようになり、いっそう親密な間柄になるだろう。一〇　とはいえ、もしも何かみじめな仕事に就こうというのだったら、そのかわりに死を選んでしかるべきだ。しかし実のところ、彼女らが身につけているのは、どうやら女性たちにとって最も立派で最もふさわしいものに思われる。誰でも自分が身につけている仕事こそ最もやすやすと、最も素早く、最も見事に、そして最も楽しく働けるものだ。だから、ためらうことなく（とソクラテスは言った）このことを彼女らに提言するがいい。それは君にも彼女らにも得になることだろうから、当然よろこんで聞き入れてくれるだろうよ」。

一一「いや、神々にかけて」とアリスタルコスは言った、「あなたはいいことを言ってくれたと思います、ソクラテスさん。以前はお金を借りに行こうとしなかったのですが、それはお金を手にしても遣《つか》ってしまえば返すあてなどあるまいということが分かっていたからで、しかし今は仕事の元手に充てるために、あえてそうすることにしようと思います」。

一二　こういう次第で、元手が用意され、羊毛が買い入れられた。女性たちは昼食中も仕事の手を休めず、夕食は仕事を終えてから摂った。暗い顔つきは陽気になり、自分たちを窺い合うような目つきをやめてお互いに楽しげに見つめ合うようになった。そして女性たちは彼を庇護者として愛し、彼は彼女らを有益な者たちとして大事にした。そのあげくに、彼はソクラテスのところへやってきて、よろこびながらそうしたことを伝えるとともに、彼女らは家中で彼だけが働かずして食にありついていると非難するのです、とも語った。

一三　するとソクラテスは言った。「では彼女らに例の犬の話をしてやってはどうかね。つまりこういう話だ。――まだ動物がものを言っていた頃のことだが、羊がその主人に向かって言うに『あなたのなさることは変てこですね。わたしたちは羊毛や仔羊やチーズを差し上げているのに、そのわたしたちには自分で地面から得たもののほかには何もくださらないで、そうしたものを何一つ差し上げてもいない犬にはご自分がお食べになるものを分け与えていらっしゃるなんて』。一四　するとそれを聞いていた犬がこう言った。『ゼウスにかけて当たり前だよ。なぜなら、俺様が保護してやっているからこそ、人間どもに盗まれることも狼どもにさらわれることもないのであって、お前たちは、もし俺様が守っていてやらなければ、殺されはしないかと心配で草を食むこともできやしないのだからさ』。というわけで羊たちも犬のほうが優遇されていることをなるほどと認めた、という話だ。だから君も彼女らに言ってやるがいい、君は犬に代わって見張りと監督をする者であって、君のおかげで誰からも不正な目に遭うこともなく、無事に楽しく働きながら生活できているのだ、ということをね」。

第八章

一　また別の折のこと、かつて仲間[1]だった男を久しぶりに見かけると「どこから」とソクラテスは言った、「現われたのかね、エウテロスよ[2]」。

（1）当該語の ἑταῖρος もソクラテスの下に集まった人たちを言い表わす言葉。

（2）この箇所だけに登場する不詳人物。

「あの戦争[1]が終わった頃に」と彼は言った、「ソクラテスさん、国外滞在から戻ったのですが、しかし今しがたはこの市中からですよ。国境から外の所有財産は取られてしまい、アッティカの地には父はわたしに何も残してくれなかったものですから、今はここに居座って肉体労働で生計を立てていかなくてはならないのです。しかし、誰かに物乞いするよりもこのほうがまだましだとわたしは思いますし、しかも借金をしようにも、そのカタにするようなものを何も持っていないのですから」。

二　「しかし、君の身体はどれくらいの期間」とソクラテスは言った、「生計をまかなうのに足る労賃を稼げると思っているのかね」。

「いや、ゼウスにかけて」と彼は言った、「さほど長くはありません」。

「しかも」とソクラテスは言った、「高齢になれば、明らかに、出費はかかるのに、誰も肉体労働に対して賃金を払う気にはならないだろう」。

三　「おっしゃるとおりです」と彼は言った。

「ならば」とソクラテスは言った、「労働にしても高齢になってからもやれるようなものにすぐにでも就いたほうがいいのではないか。誰か大きな財産を所有していて、経営管理の手伝いを求めている人のところへ行き、いろんな仕事の世話をして収穫物の取り入れや財産の管理を手伝ったりして、人の役に立つとともにその見返りを受ける、といった具合にね」。

四　「わたしにはむずかしいようです」と彼は言った、「ソクラテスさん、奴隷の身の上に甘んずることは」。

「しかしながら、国家において指導的立場にいて公の事柄の世話をしている人たちは、そのことで奴隷に成り下がったようだとは見られず、むしろ自由民らしさを増したと見られているのだよ」。

五　「ともかくも」と彼は言った、「ソクラテスさん、わたしは人に咎め立てされるのはごめん被りたいのです」。

「とはいっても」とソクラテスは言った、「エウテロスよ、人が咎め立てされずにすむような仕事を見つけることは、まこと容易ではない。何一つ間違いを犯さないで事をなし遂げるのはむずかしいし、また間違いを犯すことなく事をなし遂げたとしても、理不尽な判断をする人に行き当たらずにすむこともむずかしいからだ。今君が就いているという仕事の雇い人たちからでさえ、ずっと非難されずにすませることが容易かどうかは疑問だね。六　だから、咎め立てばかりするような連中を避け、正当に判断できる人たちを追い求めるべきであり、またいろんなものごとのうちで自分がやれることだけを引き受け、できないことは避けるようにして、何をなすにしてもそれを最も見事に、最高に熱意を込めて手をかけてやるべきだ。そのようにすれば、思うに、君は咎め立てされることが最小ですむとともに、困ったときには最大の援助を見いだし、最も安楽かつ安全に、そして高齢に至っても何一つ不足のなく生きられるだろうからね。

（1）前四〇四年に終結したペロポネソス戦争のことであろう。

第九章

一　またあるとき、クリトンが[1]「自分の事業をしたいと思っている人間には、アテナイというところは、生きるのに楽ではない」と言ったのを、ソクラテスが耳にした折のことも知っている。
「現に今」とクリトンは言った、「ある者たちがわたしに対する訴訟を起こしているのだが[2]、それは彼らがわたしから不当な目に遭っているからではなく、わたしが面倒に巻き込まれるよりもむしろよろこんでお金を支払うものと考えてのことなのだ」。
二　するとソクラテスは「どうかね」と言った、「クリトンよ、君は狼を君の羊の群れから遠ざけるために、犬を養っているね」。
「むろんだよ」と彼は言った、「犬を養うことは損よりも得になるからね」。

「では、君に不正を働こうと企てている連中を君から遠ざけてくれるつもりもあり力もあるような人をも養ってみてはどうかね」。

「よろこんでそうしよう」と彼は言った、「もしその人がわたし自身に向かってくる心配がないのならばだけれど」。
三　「何だって?」とソクラテスは言った、「君のような人間を相手にしてであれば気分よくさせてその益を受けるほうが、憤慨させてそうするよりもずっとうまく行くことが分からないのかね。いいかい、この市《まち》には、今言ったような連中にも君と友人関係になれることをとても誇らしく思う者たちはいるのだよ」。

四　という次第で、彼らはアルケデモス(3)という、大いに弁も立つし行動力もあるが、しかし貧乏な男を探し出した。彼は利益が得られるのならどんなことでもするというのではなく、善行に心がけた男であり、しかも不当告発常習者たち(4)から搾り取るのはいともたやすいことだと口にしていたからである。そこでクリトンは、穀物やオリーブ油やワインや羊毛、あるいはその他の農業生産物で生活に有用なものを収穫する度ご

---

(1) クリトンはソクラテスと同年配で彼の終生の友。第一巻第二章四八でも言及されている。プラトンの「対話篇」に彼の名を冠した『クリトン』があり、『パイドン』『エウテュデモス』などにも登場している。本書にしばしば登場するクリトブウロスは彼の息子の一人。

(2) 当時のアテナイは一種の「訴訟社会」で、人を陥れたり、あるいは嫌がらせや金銭目当てに訴訟を起こす事態が横行した。それを常習的に行なう者が、第四節に言及されている「不当告発常習者（シューコパンテース *συκοφάντης*）」である。その語の原義は「イチジク摘発者」で、アッティカ名産のイチジクを密輸出しようとした者を見つけ出し、告発する者を意味していたとされている。なお、アテナイには訴追を行なう公的な機関はなく、すべての訴訟が個人の立場で起こされていた。

(3) アルケデモスは出自のはっきりしない人物で、前四〇五年上演のアリストパネス『蛙』四一七行における当てこすりからすると、おそらくは正規のアテナイ市民ではなかったものと思われる。また同作品五八八行では「かすみ目のアルケデモス」と言ってからかっている。しかし彼は前四〇六年には民主派の中心人物の一人となっており（クセノポン『ギリシア史』第一巻第七章二参照）、また同年に起こったアルギヌウサイ海戦事件（本書第一巻第一章一八および一三頁の註（2）参照）では、被告の一人エラシニデス告発の立役者となっている。公金横領や買収行為の噂も多く、この時代に多かった民衆扇動家（デーマゴーゴス）の典型的人物を思わせる。

(4)「不当告発常習者 *συκοφάντης*」については前註（2）参照。

とに、その一部を取り除けてこの男に分け与えたり、供犠を執り行なう度ごとに招いたりと、こうしたあらゆることで彼に気づかいした。五　アルケデモスのほうでは、クリトンの家を自分の拠り所と考えて、彼に好意を示した。すると間もなく、彼は、クリトンに対して不当な告発を行なっている連中が多くの不正を犯し、しかも多数の敵対者を持っていることを見つけ出すと、その一人に対して、体罰もしくは罰金刑を受けるべしという判決が下ることになる公的訴訟を起こした。六　その男は自分が多くの悪事を働いていることを承知していたので、アルケデモスの追及を逃れようとしてあらゆる手立てを尽くした。しかしアルケデモスは、男がクリトンに対する訴訟を取り下げ、彼に金銭(1)を支払うまで、放免しようとしなかった。七　この一件や他にもこうしたたぐいのことをアルケデモスがやってのけたが、そうなると、ちょうど羊飼いがすぐれた犬を持っていると、他の羊飼いたちまでもが彼のそばに羊の群れを寄らせて、その犬の恩典に与ろうとするように、友人たちの多くが、アルケデモスを彼らにも用心棒として貸してほしいと、クリトンに頼み込んできた。八　アルケデモスはよろこんでクリトンの意を迎えたので、クリトンのみならず彼の友人たちもまた平穏に過ごすことができた。彼が敵意を抱いた相手の誰かが、彼はクリトンから益を得ているためにその人にへつらっているのだと非難すると、アルケデモスはこう言った。

「立派な人たちから厚遇を受けるとともにその処遇に報いながら、そうした人たちと友人関係を結び、くだらない連中とは仲違いするのと、完璧に立派な人士たちに不正を働こうとして彼らと敵対する一方で、くだらない連中とは手を組んで友人関係を結ぼうとし、あの立派な人たちとではなくこういう者たちと付き合っているのとでは、いったいどちらが恥ずべきことかね」。

こういう次第で、アルケデモスはクリトンの友人の一人となり、またクリトンの他の友人たちからも尊重されたのだった。

第十章

一　また、仲間であったディオドロス[2]と彼がこんな対話を交わした折のこともわたしは知っている。「どうかね」とソクラテスは言った、「ディオドロスよ、もし君の下僕の誰か一人が逃亡をはかったとしたら、君は連れ戻すために方策を講ずるかね」。

二　「断じてそれはもう」と彼は言った、「彼を連れ戻せば謝礼が出ることを告知して、他の人たちをも動員します」。

「ではどうだろう」とソクラテスは言った、「もし君の下僕の誰か一人が病気にかかったとしたら、君はその者を気づかって、死んでしまわないように医者を呼ぶかね」。

「まさにそのとおりです」と彼は言った。

---

(1) クリトンを指すのかアルケデモスを指すのか、本文からは不明。前者であれば不当にゆすり取った金銭の返却、後者であればアルケデモスがお詫び金のようなものを取ったということになろう。

(2) この箇所だけに登場する不詳人物。

「また君の知人の誰か一人が」とソクラテスは言った、「下僕たちよりもはるかに有用な者であるのに、困窮のために破滅しかかっているとしたら、彼が助かるように気づかいしてやるに価すると君は思わないかね。三　さてそこでだが、君も知っているように、ヘルモゲネス[1]はけっして思慮のない男ではないから、彼は、もし君から益を受けながら君にそのお返しをしないとしたら、それを恥とすることだろう。しかもね、自ら望んで仕え、好意にあふれ、右顧左眄せず、命じられたことは十全に行なうことができる、それもただ命じられたことを十全に行なうだけではなく、自ら率先して有用な者となることができて、先のことを考えあらかじめ進言することができる召使とあれば、その者は大勢の下僕たちに匹敵すると思うね」。四　たしか家政管理にすぐれた者たちが言うには、値打ちのあるものが安く買えるときには買うべし、とのことだ。今こそ世の混乱のせいでよき友人を獲得する絶好の買い時だね」。

五　するとディオドロスが「いや、あなたの」と言った、「おっしゃるとおりです、ソクラテスさん。ではヘルモゲネスにわたしのところへ来るように伝えてください」。

「いや、ゼウスにかけて」とソクラテスが言った、「わたしが伝えることはしないよ。というのも、彼を呼びつけるのは、君自身が彼のところへ足を運ぶよりも、君にとっていいやり方とは思われないし、この件が実現された場合、君によりも彼のほうにより大いなる善がもたらされるとも思われないのでね」。

六　さて、こういう次第で、ディオドロスはヘルモゲネスのところへ出向いて行き、さしたる出費もかけずに友人を獲得した。その友は、ものを言うにつけ事をなすにつけ、何がディオドロスのためになり彼を喜ばせるかを思案することに専念したのである。

（1）本書第一巻第二章四八、第四巻第八章四以下にも登場。彼が貧窮の身の上であった理由も含め、三一頁の註（1）参照。

第三巻

第一章

一　立派な事績を希求する人たちに対して、彼はその希求する事柄に熱心に取り組むよう促して有益な役割を果たしたということ、ここではそのことについて述べようと思う。

いつか、ディオニュソドロス(1)がアテナイの市域にやってきて、軍事統率法を伝授するむねを告知しているのを聞きつけたときのこと、ソクラテスは、親しい仲間の一人が国家においてこの方面の栄誉を得たいと思っているのを察知すると、彼にこう言った。

二　「ねえ君、国家において軍事を統率したいと思っている者が、それを学ぶことができる場合に、そうするのをなおざりにするのは、まことに恥ずべきことだ。そういう者は、もし誰かが彫像製作のことを学び終えないで彫像の製作を引き受けるようなことをした場合よりも、ずっときびしく国家から罰せられても当然だろう。三　戦時の危機状況においては国家全体が軍事統率者［将軍］にゆだねられ、彼が事を見事に達成すれば大いなる善が、誤りを犯せば甚大な災いが当然もたらされるからである。とすれば、それを学ぶことはなおざりにして選挙で選ばれることには気をつかっているような者が、どうして罰せられずにすむだろうか」。

こうしたことを語って、ソクラテスは、その男が学びに行くよう説得した。四　そして彼が学び終えて戻ってくると、彼をからかってこう言った。

「どうだね、諸君、ちょうどホメロスがアガメムノンのことを『威厳ある』と歌ったように[2]、この男も軍事統率術を学んだことで、ずいぶん威厳たっぷりの風采をしているとは思わないかね。それというのも、ちょうど竪琴の弾き方を学んだ者は、弾いている最中でなくても、竪琴弾きであるように、また医術を学んだ者は、たとえ医療中でなくとも、なお医師であるように、この男も今のこのときから終生軍事統率者でありつづけるのだ、たとえ誰一人として彼を選ばなくともね。他方、いまだ事柄に熟達していない者は、かりにすべての人たちによって選出されたとしても、軍事統率者でも医師でもないのだ。五　さてところで」とソクラテスは言った、「われわれのうちの誰かが君の配下の部隊長か分隊長[3]を務めることになる場合のことを考えて、われわれが軍事により熟達するために、話してもらいたいのだが、彼は軍事統率術をはじめにどんなことから君に伝授したのかね」。

---

(1) ディオニュソドロスはキオス島生まれで、生没年は不詳だが、弟のエウテュデモスとともにソフィストとして前五世紀後半に活動。前四四三年頃南イタリアに建設された新植民都市トゥウリオイに移住している。プラトン『エウテュデモス』では、弟とともに主要登場人物となっている。

(2) ホメロス『イリアス』第三歌一七〇行。

(3)「部隊長 *ταξίαρχος*」はアテナイの一〇の部族（ピューレー）ごとに編成された兵士団のそれぞれを率い、「分隊長 *λοχαγός*」はその下で一〇〇人ずつの兵士団を率いた。

すると彼は「同じ話から始めて」と言った、「その同じ話でお終いでした。つまり、わたしに伝授してくれたのは戦列配置のことだけで、他には何もありませんでした」。

六　「いや、しかし」とソクラテスは言った、「それは軍事統率術のほんのわずかな一部にすぎない。というのも、軍事統率者は、戦争に要する軍備を整え、兵士たちに物資を供給しうる者でなければならず、また機略に富み、労を厭わず、注意深く、忍耐強く、機敏でなければならず、さらには柔和にして残忍、率直にして謀略的、周到にして狡猾、消耗を惜しまないが簒奪的、気前がいいが強欲、堅実だが果敢であるとともに、すぐれた軍事統率者たらんとすれば、他にも多くの資質を生まれつきと熟達とによって備えていなければならない。七　戦列配置を心得ていることも立派ではある。軍勢が整っているのと整っていないのとでは大きな違いがあるからね。ちょうど石や煉瓦や木材や瓦が乱雑に投げ出されていたのでは何の役にも立たないが、しかし下部と上部に腐食することも崩壊することもないもの、つまり石と瓦が配され、中間部に日干し煉瓦と木材が配されて、ちょうど建築術における仕方で組み合わされた場合には、大きな値打ちのある所有物たる家ができあがるのと同じことだ」。

八　「いや、まったく」とその若者は言った、「うまい喩えをされました。なぜなら、戦争では最もすぐれた兵士たちを先頭と殿《しんがり》に、より劣った兵士たちを真ん中に配置して、彼らが一方からは先導され、他方からは押しやられるようにしなければならないからです」。

九　「なるほど」とソクラテスは言った、「もしあの人がいい兵士と駄目な兵士を峻別する仕方を君に伝授してくれたのだったらばね。しかしそうでなかったとしたら、君が学んだことは君にどう役立つのだろう。

早い話が、最上質の銀貨を一番前と一番後ろに置き、その中間に質の劣ったのを置くよう、君に彼が命じたとしても、良質の貨幣と贋物を峻別する仕方を伝授してくれなかったのなら、君に何ら役立たないだろうからね」。

「いいえ、ゼウスにかけて」と彼は言った、「峻別の仕方は伝授してくれませんでした。ですから、いい兵士と悪い兵士の峻別は、われわれが自分でしなければならないのです」。

一〇 「それでは」とソクラテスは言った、「どうすれば兵士たちを見誤らないですむかを考えてみなければなるまい」。

「望むところです」と若者は言った。

「ではどうだろう」とソクラテスは言った、「銀貨を略奪しなければならないとしたら、最も銀貨好きの者たちを先頭に立たせれば、われわれは正しく配置することになるだろうね」。

「わたしはそう思います」。

「では、危険に立ち向かおうとする者たちならどうだろう。最も名誉欲の強い者たちを先頭に配置するべきではないか」。

「たしかに彼らこそ」と彼は言った、「賞賛を目当てに好んで危険に立ち向かう者たちです。しかしそうした者たちであればいささかも見分けにくくはありません。むしろどこにいても目立ちますから、容易に見つけ出せるでしょう」。

一一 「ところで」とソクラテスは言った、「あの人は戦列配置だけを君に伝授したのかね、それともいろんな陣形のそれぞれを、どんな場合にどのように用いるべきかについても伝授してくれたのかね」。

「いえ、それは特に伝授してくれませんでした」と彼は言った。

「しかしながら、たくさんの場合があって、それらに対していつも同じ仕方で戦列配置したり戦列を動かしたりするのは、適切ではないのだ」(1)。

「しかしゼウスにかけて」と彼は言った、「そうしたことは明確にしてくれませんでした」。

「おやおや」とソクラテスは言った、「ではもう一度出かけていってよく訊ねることだ。もし彼に知識があって、しかも恥知らずでないとしたら、金銭を取っておきながら欠陥だらけのまま君を送り出したことを、恥じ入るだろうからね」。

第二章

一　いつか軍事統率の役職〔将軍〕に選ばれた人(2)に出会ったときのことだが、

「何ゆえに」とソクラテスは言った、「ホメロスはアガメムノンのことを『民の牧者』(3)と呼んだと思うかね。それは牧人たる者、羊たちが無事であり、糧を得られるように、そして飼養されている目的が達成されるように配慮をめぐらせなければならないのだが、ちょうどそれと同じように軍を率いる者は兵士たちが無事であり糧食を確保できるように、そして戦《いくさ》に出る目的が達成されるようにと配慮をめぐらせなければならないからではないか。そして戦に出るのは、敵に勝利を収めて、より仕合わせになるためである。二　あるいはまた、いったい何ゆえにホメロスは歌の中でアガメムノンをこんな風に誉め讃えたのだろうか。

すぐれた王にして勇猛なる戦士のいずれでもある者(4)

どうやら勇猛なる戦士とは、一人自らが敵軍に対してよく戦うのではなく、全軍勢をそうあらしめる責務を果たす場合を言うのであり、またすぐれた王とは、彼自らの生のみを立派に整えるのではなく、彼が王として治める民の仕合わせの責務を果たす場合を言うからではないだろうか。三 なぜなら、王が選ばれるのは彼自らを立派に気づかいするためではなく、選んだ人たちが彼によって幸いに恵まれるためである。また万人が戦に出るのは、彼らの生が最善となるようにするためであり、軍事統率者を選ぶ目的も、そのことに対する自分たちの主導者を立てるためである。四 したがって、軍事統率者は彼を軍事統率者に選んだ人たちにそれをもたらす用意がなければならない。なぜなら、それに勝る立派なものごとも、それの反対以上に恥ずべきものごとも、容易には見いだしがたいからである」。

彼はこんな具合にしてすぐれた主導者の徳性は何であるかを考察し、他の事柄は取り除いて、彼の主導下にある人たちを仕合わせにすることを残したのである。

---

(1) Hude は「戦列を動かす ἄγειν」のかわりに「(戦列配置のことを)論ずる λέγειν」を読む。
(2) アテナイでは毎年一〇人の軍事統率委員(将軍)が選挙で選出任命された。一年任期だが連続選出も可能だった。
(3) ホメロス『イリアス』第二歌二四三行。
(4) ホメロス『イリアス』第三歌一七九行。

第三章

一　またいつか彼が騎馬隊長(1)の任務に選出された者とこんな風な対話を交わした折のことも知っている。「ねえ君」とソクラテスは言った、「何のために騎馬隊長になりたかったのか、われわれに言ってくれないだろうか。どうやら騎馬隊の先頭を駆けたいと思ったわけではなさそうだから。騎馬弓兵がその役割を握っていて、彼らは騎馬隊長たちよりも先を駆けるのだからね」。
「あなたのおっしゃるとおりです」と彼は言った。

「しかしまた人に知られたいからでもなさそうだ。狂気にふれた者たちも万人に知られはするのだから」。

「それもまた」と彼は言った、「あなたのおっしゃるとおりです」。
二　「では君は騎馬隊をいっそうすぐれたものにして国家に引き渡し、もし何らか騎馬隊に要請があったときには、それらを率いて国家のために何かいいことを担うことを欲してのことかね」。
「まったくそのとおりです」と彼は言った。

「いや、ゼウスにかけて」とソクラテスは言った、「もしもそうすることができるのであれば、すばらしいことだ。で、君が選任されたその職掌なるものは、どうやら馬と騎兵を預かることにある」。

「はい、そうですとも」と彼は言った。
三　「さあそれでは、どんな風にして馬をよりすぐれたものにしようと考えているのか、まずはそれをわれわれに話してくれたまえ」。

すると彼は「いいえ、それは」と言った、「わたしの仕事ではなく、個人的に各人が自分の馬の世話をするものと思います」。

四 「しかし」とソクラテスは言った、「もしもある者たちの連れてくる馬は脚を痛めていたり、蹄を痛めていたり、ひ弱だったりし、ある者たちのは生育不足のために行を共にすることができず、またある者たちのは言うことを聞かないために、君が整列させようとしてもそこにじっとしていることができず、またある者たちのは蹴り癖があって列に入れることさえできない、といった有様だとするならば、そんな騎馬隊が君にどんな役に立つというのかね。あるいは、そんな馬群を率いたところで、いかにして君は国家に何かいいことをなしうるというのかね」。

すると彼は「いいえ、あなたのおっしゃるとおりです」と言った、「できるかぎり馬もわたしが世話をするようにいたします」。

五 「ではどうだろう。騎兵たちを」とソクラテスは言った、「よりすぐれたものにすることには努めない

（1）「騎馬隊長 ἵππαρχος」は一〇人の軍事統率委員（将軍）と並ぶ軍の要職で、毎年二人が選挙で選出任命され、アテナイ軍の全騎馬隊を指揮した。その下に一〇の部族（ピューレー）ごとに編成された騎馬隊のそれぞれを率いる一〇人の部族騎馬隊長 φύλαρχος がいた。なおクセノポンの小品に『騎馬隊長について』があり、本章の記述と共通する内容が多く見られる（「西洋古典叢書」中のクセノポン『小品集』に所収）。

のかね」。

「わたしとしては、努める所存です」と彼は言った。

「では、まず第一に、君は彼らがいっそう巧みに馬に乗れるようにしてやるのだね」。

「そうしなければなりません」と彼は言った、「そうすれば、もしや彼らのうち誰かが落馬するようなことがあっても、助かる見込みが大きくなるでしょうから」。
六　「ではどうだろう。いよいよ戦いの場にのぞまなければならないことになったら、君は、いつも君たちが馬を乗り回している砂原のほうへ[1]、敵兵を誘い込めという命令を出すつもりかね、それとも敵兵が出没するような地形のところで訓練を行なわせるようにするのかね」。
「たしかにそういう訓練をさせるほうが、まさっています」と彼は言った。
七　「ではどうだろう。できるだけ多くの敵兵を馬上から打ち倒すようにさせることに努力を払うのかね」。
「たしかにそうさせるほうが」と彼は言った、「まさっています」。

「また騎兵たちの精神［魂］を研ぎ澄まし、敵兵に対する怒りを燃え立たせること、それが彼らをいっそう勇猛ならしめるのだが、そのことに十分考えをめぐらせているのかね」。

「もし考えが及ばなかったとしたら、ともかくこれからはそうするように努めましょう」と彼は言った。
八　「またどのようにすれば騎兵たちが君の言うことに従うようになるかということを、十分に思案しているかね。それを抜きにしては、馬も、すぐれた勇敢な騎兵たちも何の役にも立ちはしないのだが」。
「あなたのおっしゃるとおりです」と彼は言った、「しかしどのようにすれば、ソクラテスさん、最もよく彼らをそう仕向けることができるのでしょうか」。

九　「きっと君はこういうことを知っているだろう。つまり、どんな事柄においても、人間たちは、最もすぐれていると彼らが思う者たちの言うことに最もよく従うものだ。たとえば、病気にかかったときは最も医術に長じていると思う者に最もよく従うし、航海中は最も舵取り技術に長けた者に、農耕においては最も農耕に精通している者に従うのだ」。

「まったくそのとおりです」と彼は言った。

「とすれば、当然ながら」とソクラテスは言った、「馬術の場合にも、何をなすべきかを最もよく心得ていそうに思われる人にこそ、他の者たちは最もよく従おうという気になるだろう」。

一〇　「では」と彼は言った、「もしもわたしが、ソクラテスさん、彼らのうちで最もすぐれていることが明らかになれば、それだけでわたしは彼らを従わせられるというわけですか」。

「それに加えて」とソクラテスは言った、「君に従うのが彼らにとってより立派なことであり、より無事を全うすることであるだろうと、彼らに教え込むことができればね」。

「では、どのようにして」と彼は言った、「それを教え込みましょうか」。

「ゼウスにかけて」とソクラテスは言った、「それは君が悪しきことはよきことよりもすぐれており有益でもあるというように教え込まなければならない場合に較べれば、はるかに容易なことだ」。

（1）騎馬隊の訓練は、馬の蹄の保護や落馬の危険軽減のために、砂を敷きつめた平地のコース *ἀμμόδρομοι* で行なわれた。

一一 「とあなたがおっしゃるのは」と彼は言った、「騎馬隊長たる者は、他のことに加えて、弁舌にも有能であるよう心がけなければならないということですか」。

「君はしかし」とソクラテスは言った、「騎馬隊の指揮は無言で執るべしとでも思っていたのかね。あるいは、われわれが法律習慣に従って最も立派なこととして学んだ事柄、われわれが生き方を身につけるようすがとなっている事柄、それらすべてをわれわれは言葉によって学ぶのであり、また最もすぐれた教え手は最も巧みに言葉を行使するし、最も真摯に取り組むべき事柄に最もよく精通している者たちは最も見事に対話をあやつるものだ、ということに思い及んだことがないだろうか。一二 あるいはまたこの国から一つの合唱舞踏隊（コロス）が、たとえばデロス島へ派遣[1]されるそれが組織されるとなれば、他のいかなる地からも一つとしてわが国のものに並び立つことはできないし、他の国でこの地のものに匹敵するすぐれた一隊が集まることはない、ということに思い及んだことがないだろうか」。

「あなたのおっしゃるとおりです」と彼は言った。

一三 「とはいえ、アテナイ人が他国人に抜きん出ているのは、歌声のすばらしさや体格の大きさや力強さによるよりも、むしろ誇り高さによるところ大であって、何にも増してそれこそが立派さと栄誉へと人を駆り立てるのである」。

「ほんとうです」と彼は言った、「そのこともまた」。

一四 「ならば」とソクラテスは言った、「この地の騎馬隊もまた、誰かが配慮を行き届かせるならば、武装や馬の整備、見事な統率、あるいは心おきなく敵軍に対する戦いの場にのぞむこと、といった点において、他国の騎馬隊にはるかに抜きん出たものとなるとは思われないかね、もし兵たちがこうした行動によって称讃と栄誉を勝ち得ようとの信念を抱くのであれば、だが」。

「当然そうでしょう」と彼は言った。

一五 「では遅滞なく」とソクラテスは言った、「君の部下たちにそれを督励するよう努めるがいい。それによって君自身も益を得るだろうし、他の国民も君のおかげで益を得ることだろう」。

「いや、ゼウスにかけて、そう努めましょう」と彼は言った。

第四章

一 いつかニコマキデス(2)が役職者選挙から戻ってきたところを見かけて、ソクラテスはこう訊ねた。「どんな人たちが、ニコマキデスよ、軍事統率委員［将軍］に選ばれたの(3)かね」。

すると彼は「いや何とも」と言った、「こういうのがアテナイ人なんですかね、わたしを選ばなかったの

(1) デロス島はエーゲ海南部に位置する小島で、アポロンの聖地。ここで言われている四年に一度の大祭のほか、毎年アテナイから宗教使節団が派遣された。プラトン『パイドン』には、ソクラテス裁判がたまたまその祭礼期間直前に行なわれたために、死刑執行が延期されることになったと記されている（本書第四巻第八章二および二六九頁の註（1）参照）。

(2) この箇所だけに登場する不詳の人物。

(3) 軍事統率委員（将軍）の選出については、一三一頁の註（2）参照。

だよ。このわたしは要員名簿[1]によって兵役に就いて、分隊長や部隊長[2]として身を粉にして働いてきたし、敵兵からこんなに大きな傷も受けたのですがね」。そう言いながら、彼は裸になって数々の傷跡を見せた。「しかしアンティステネスが[3]」と彼は言った、「選ばれた。彼ときたら、いまだかつて重装歩兵として参戦したこともなければ、騎馬隊にあっても何ら名を挙げたこともなく[4]、できることと言えば財を貯め込む以外に何もない男なのに」。

二　「しかし」とソクラテスは言った、「それはいいことではないかね、彼が兵士たちに必要物資を供給する力を持っているというのであれば」。

「商人たちもまた」とニコマキデスは言った、「財を貯め込む力は持っているが、それだからと言って軍事を統率することはできないだろう」。

三　するとソクラテスは言った。「しかしアンティステネスは競争心旺盛でもあって、これは軍事統率者になろうとするのに必須の要件だ。君は知らないかね、彼は何度も合唱隊費用負担[5]を行ない、その度にすべての合唱隊に勝ちを収めたのだよ」。

「ゼウスにかけて、知っていますとも」とニコマキデスは言った、「しかし合唱隊の差配と軍事の差配とでは似ても似つかぬことだ」。

四　「しかしながら」とソクラテスは言った、「アンティステネスは歌や合唱舞踏隊（コロス）の指導にまったく無経験でありながら、それらのことに最も卓越した人たちを見いだすだけの力を持っていたわけだ」。

「軍隊においてもまた」とニコマキデスは言った、「彼は自分のかわりに指揮をとってくれるほかの人たち、戦ってくれるほかの人たちをを見つけ出してくるのだろう」。

五　「では」とソクラテスは言った、「軍事においても、合唱舞踏隊に関する事柄においてと同様、彼が最も卓越した人たちを見つけ出してきて、彼らを選抜すれば、この分野においても当然勝ちを収めることになるだろう。しかも彼の部族（ピューレー）[6]とともに合唱舞踏隊（コロス）のことでの勝利のために出費する以上に、全国家とともに軍事的な勝利のために出費しようという気になるのは当然のことだろう」。

六　「あなたは」と彼は言った、「ソクラテスさん、見事に合唱舞踏隊を率いることと見事に軍事を司ることとは、同じ人のすることだとでも言われるのですかね」。

「わたしが言わんとするのは」とソクラテスは言った、「人が何を率いるにせよ、もしもその者が何を必要としているかを知り、しかもそれを獲得する能力があるとすれば、彼はすぐれた統率者たりうるだろうということで、合唱舞踏隊（コロス）を率いるにせよ、一家を率いるにせよ、国家を率いるにせよ、あるいは軍隊を率いるにしても、事に変わりはないのだ」。

（1）アテナイ市民のうち兵役に就くことが可能な者全員を記載した名簿 κατάλογος。

（2）一二七頁の註（3）参照。

（3）後述のように、アテナイの富裕な商人の一人であろうが、不詳。

（4）有産階層の者は重装歩兵か騎馬兵かのいずれかとなって軍務についた。

（5）一一三頁の註（2）参照。

（6）アテナイ（アッティカ）の一〇の「部族 φυλή」は行政単位として重要であったが、古来の血縁地縁関係にもとづくものが、前五〇八―五〇七年のクレイステネスの改革によって解体され、人為的・行政的に再編されてできたものである。

七　するとニコマキデスは「ゼウスにかけて」と言った、「ソクラテスさん、わたしとしては、すぐれた家政管理者がすぐれた軍事統率者であると言われるのを、よもやあなたから聞こうとは思いもしなかった」。

「さあ、それでは」とソクラテスは言った、「彼ら両者それぞれの仕事をよく調べて、それらが同じものか、それともどこか違いがあるかを見ることにしよう」。

「是非とも」と彼は言った。

八　「さて」とソクラテスは言った、「支配下にある者たちを自分に服従し従順であるようにさせるのが、両者それぞれの仕事ではないか」。

「大いにそのとおり」と彼は言った。

「ではどうかね」とソクラテスは言った、「それぞれのことを適切な者たちに行なうよう差配することは」。

「それもまたそうだ」と彼は言った。

「そしてまた悪い者たちを罰し、すぐれた者たちを顕彰することも、彼ら両者のなすにふさわしいことだと思うのだが」。

「まったくそのとおりだ」と彼は言った。

九　「また服従するものたちが好感を抱くようにさせることは、彼ら両者に好ましくない筈がないね」。

「それもそのとおりだ」と彼は言った。

「また盟友や支援者を引き寄せることは、彼ら両者にとって有益だと君は思うかね、それともそうは思わないかね」。

「むろんそう思うとも」と彼は言った。

「しかし、現にあるものを守備堅持できることが彼ら両者にふさわしいのかね」。

「まさにそのとおり」と彼は言った。

「彼ら自身の仕事に関して熱心に気づかい、労を惜しまない態度もまた彼ら両者にふさわしくはないだろうか」。


一〇　「それらのことは」と彼は言った、「すべて両者に同じように当てはまるが、戦闘のこととなると、もはや両者いずれにも、とはいかないだろう」。

「だがしかし、敵というものは両者どちらにも立ち現われるのかね」。

「大いに」と彼は言った、「そのとおりだ」。

「では、それらに打ち勝つことは彼ら両者にとって有益ではないのかね」。

一一　「まったくそのとおりだ」と彼は言った、「しかし、あのことをあなたは見過ごしにしている。つまり、いざ戦わなければならなくなったとしたら、家政管理の知識が何の役に立つのかね」。
「そのときにこそ、きっと最高度に役に立つだろう」とソクラテスは言った、「なぜなら、すぐれた家政管理者というものは、戦いにおいて敵に勝利することほど益をもたらし得になることは何もないこと、そして敗れることほど不利益と損失をもたらすものはないことを承知しているので、勝利に役立つものごとを懸命に探し求めてそれらを準備するだろうし、敗戦をもたらすものごとを注意深く考究して警戒を払うだろう。そして、整えた準備が勝てるだけのものであると見れば、積極的に戦いに打って出るだろうし、またこれは些細ならざることだが、もしも準備不十分であれば参戦を回避するだろう。一二　見下げてはいけない」とソクラテスは言った、「ニコマキデスよ、家政管理に当たっている人たちをね。というのも、私的な管理が公的なものと異なるのは規模においてだけで、その他のことは相似たようなものだからだ。最も重要な相似点は、どちらも人間を抜きにしては成り立たず、私的な事柄も公的な事柄も別々の人間を介して行なわれるわけではないということにある。つまり、公事に取り組む者たちが扱う人間と私事に関して家政管理を行なう者たちが扱う人間とは別者ではないのである。彼らを扱うすべを心得ている者たちは、私事であれ公事であれ、うまくやり遂げるが、その心得のない者たちは、その両方いずれにおいてもやり損なうことになるのだよ」。

第五章

一　いつか大ペリクレスの子息のペリクレス[1]と対話を交わしたときのこと、「わたしはね」とソクラテスは言った、「ペリクレスよ、君が軍事統率者〔将軍〕になったからには、軍事のことではこの国はよりすぐれたもの、より名声高いものとなり、敵軍に打ち勝つだろうと期待しているのだよ」。

するとペリクレスは言った。「ソクラテスさん、あなたのおっしゃるようになればと願ってはいるのです。しかし、どうすればそうなるのか、わたしには分からないのです」。

「ではどうだろう」とソクラテスは言った、「その問題について議論を交わしながら、目下どこにその可能性があるかを考察することにしようか」。

「望むところです」と彼は言った。

二 「ところで君は」とソクラテスは言った、「アテナイ人がボイオティア人[2]よりもけっして少人数ではないことは知っているね」。

「むろん知っています」と彼は言った。

「すぐれて立派な身体は、ボイオティア人からのほうがアテナイ人からよりもより多数選び出せると思うかね」。

「その点でもアテナイ人が引けをとることはあるまいと、わたしには思われます」。

「同国民同士のあいだでより思いやりが深いのはどちらだと考えるのかね」。

「わたしが思うにはアテナイ人です。ボイオティア人のほうは、その多くがテバイ人[3]からむさぼり取られ

(1) このペリクレスは、大政治家のペリクレス(二七頁の註参照されたい。
(2) 参照)の第三子で、母親はミレトスのアスパシア(一〇七頁の註(1)参照)。庶子であったから、本来は正規のアテナイ市民権はなかったが、大ペリクレスの二人の息子がペストで斃れたあと、彼の功績に対する特別措置として正規市民に登録された。前四〇六年のアルギヌウサイ海戦事件に連座して処刑された。これについては、一三頁の註(2)を参照されたい。
(2) アテナイ(アッティカ)の北側に隣接している国。以下に触れられているように、両国間には紛糾が絶えなかった。
(3) テバイはボイオティアの中心都市で、ボイオティア全体を支配していた。オイディプウス伝説の地としても知られている。

て、彼らに対して憤懣を抱いているが、アテナイではそういう有様を目にすることはありませんから」。

三「それどころか、アテナイ人はすべての人たちのうちで最も誇り高く、最も高邁な精神の持ち主なのだ。それこそは、名声と祖国にかけて危険に立ち向かう気概を最もよく掻き立てるゆえんにほかならない」。

「そうした面においてもアテナイ人は非難の余地なしです」。

「さらにまた、先人たちの偉業を見ても、アテナイ人以上に偉大でより多くを有している国民は存在せず、多くの者たちがそのことに鼓舞されて、徳性に心がけ勇猛果敢なることを目指すのである」。

四「それらはすべてあなたのおっしゃるとおりです、ソクラテスさん。しかしご覧のとおり、トルミデスに率いられた一千の部隊がレバデイアで(1)、またヒッポクラテスに率いられた部隊もデリオン付近で(2)悲運に遭遇して以来このかた、アテナイ勢の名声はボイオティア勢に較べて地に堕ち、アテナイ勢に対するテバイ勢の思い上がりは募るばかりで、そのためにボイオティア勢は、以前は自国内においてでさえ、ラケダイモン勢その他のペロポネソス勢の助けなしにはアテナイ勢に立ち向かおうとはしなかったのに、今では彼らだけが単独でアッティカ領内に侵入しそうな気構えを示していて、逆にアテナイ勢のほうは、以前は(3)ボイオティアに侵攻していたのに、今ではボイオティア勢がアッティカを略奪しはしないかと恐れているのです」。

五　するとソクラテスは「いや、たしかに」と言った、「そういう有様だということには気づいているよ。しかし、今ならこの国はすぐれた支配者をかえっていっそう待望する機運にあると、わたしには思われる。というのは、過信は気の緩みと怠惰と不服従をもたらすが、恐れは注意力を高めさせ、より従順でより統率しやすいようにさせるからである。六　船の乗組員たちの場合からもそれを証拠立てることができよう。つまり、彼らが何の恐怖も感じていないときには、きっと無規律状態のきわみにあるのに、いざ嵐とか敵軍とかの恐怖にさらされようものなら、受けた命令をすべて実行するだけでなく、合唱舞踏隊員さながらに、首を長くして次に発せられる指示を待ち構えて、じっと沈黙しているのだからね」。

七　「さあ、それでは」とペリクレスは言った、「今や彼らはいくらでも言うことを聞くだろうということでしたら、そこで論ずるべきは、どうすればわれわれは、彼らがもう一度往古の徳性と名声と仕合わせを思い起こすよう仕向けることができるか、ということになるでしょう」。

八　「ところで」とソクラテスは言った、「もしわれわれが彼らに欲しているのは、他人の所持している財貨を彼らのものだと言い張ることだったとしたら、その財貨は彼らの父親のものであり、したがって彼らの

---

(1) レバデイアはボイオティア西部の町。前四五六年のオイノピュタの戦いにおいて勝利して以降、アテナイはボイオティアに民主勢力を擁立して支配権を及ぼしていたが、前四四七年、トルミデスの率いるアテナイ軍がレバデイアの北にあるカイロネイアの町の内紛を鎮圧して引き揚げの途中、反民主派のボイオティア勢と交戦して敗北、トルミデスも戦死した。トゥキュディデス『歴史』第一巻一〇八、一一三参照。

(2) デリオンはボイオティア東南端、アッティカとの国境海岸付近にあるアポロンの聖域。前四二四年ボイオティアに攻め込もうとした、ヒッポクラテスの率いる七千の重装兵と二万余の軽装兵のアテナイ軍が、この近くのアッティカ領内で、パゴンダスの率いる七千の重装兵と一万余の軽装兵および一千の騎兵からなるボイオティア軍の攻撃を受けて大敗、ヒッポクラテスも戦死した。トゥキュディデス『歴史』第四巻九三以下参照。なお、この戦いにはソクラテスも参加していて、落ち着き払った撤退ぶりで勇名をはせた（プラトン『ラケス』一八一B、『饗宴』二二一A参照）。

(3) 諸写本には「以前は」のあとに「ボイオティア勢が単独だったときには *ὅτε Βοιωτοὶ μόνοι ἐγένοντο*」とあるが、諸家に従い削除。

ものであってしかるべきだということを証明してやれば、最も手っ取り早く彼らにそれを取り返すよう勢いづけることができるだろう。だが、われわれが欲しているのは彼らが徳性によって第一人者となるよう気づかうことであるからには、今度はそれが往古から何よりも彼らが努めてしかるべきことであり、そのことに気づかうようにすれば、彼らは万人に卓越せる存在となるだろう、ということをはっきり示してやらなければならない」。

九 「しかし、それをどのようにして教え込めばいいのでしょうか」。

「思うに、まずは、われわれが話に聞く彼らの最古の先祖がきわめてすぐれた者たちであったと彼らは聞かされてきたのだが、そのことを思い出させるとよかろう」。

一〇 「あなたがおっしゃっているのは、ケクロプス(1)に従う者らが徳性をもとにして降した、神々に対する判定(2)のことでしょうか」。

「そのことを言っているのだよ。また、エレクテウスの養育と誕生(3)、そして彼の時代に行なわれた隣接している大地域全体に対する戦《いくさ》(4)、ヘラクレスの裔《すえ》の者らの時代に行なわれたペロポネソスの民に対する戦(5)、さらにはテセウスの時代に戦われたすべての戦(6)のことでもある。それらすべての戦において彼らはその時代の

(1) 神話伝説上のアテナイおよびアッティカ最初の王となった賢者。大地から生まれ、下半身は蛇体であったとも伝えられている。なお、数代のちに同名の王がもう一人いる。

(2) 神話伝説によれば、女神アテナと海神ポセイドンとがアテナイの領有をめぐって争ったさい、ケクロプスが裁定者に選ばれ、彼が選任した者たちとともに判定を行ない、最終的に

アテナを選んだ。以来この地は女神の名にちなんでアテナイと呼ばれるようになった。

(3) アテナイの王権は、先述のケクロプスから四代目には、彼の一族からエレクテウスに移った。その系譜はアテナイ最後の王コドロスまでつづく。ホメロスには「彼を育てたのはゼウスの娘アテナにして、生みたるは五穀を実らせる大地」(『イリアス』第二歌五四七—五四八行)とあり、ヘロドトスも「ゲーゲネース(大地生まれの)」と呼んでいるが(『歴史』第八巻五五)、祖父エリクトニオス(一説にヘパイストスとガイアの子で、ケクロプスと同様に下半身は蛇体であったとされる)との伝承上の混同も多々あり、両者同一の可能性も含めて正確なところは不明。なお「養育と誕生」という言い方は(時間的な)「前後倒置 *πρότερον ὕστερον*」表現で、事柄の主要点を先に挙げ付帯事項をそのあとに付加する修辞法の一つである。

(4) 特に北接する地域エレウシスとの戦い。エチオピア、トラキアを経巡ってこの地に身を寄せたエウモルポス(父はポセイドン)に率いられたトラキア人、エレウシス人がアッティカに侵攻したとき、エレクテウスは神のお告げにより娘の一人を人身御供に捧げたのち、彼らを打ち破り、エウモルポスも戦死した。なお、彼はエレウシスの密議を創始したとも伝えられ、それを司る神官はエウモルポスの子孫(エウモルピダイ)を称した。

(5) ヘラクレスの子孫たち(ヘラクレイダイ)が父祖にゆかりの地、ペロポネソス奪回を目指した戦い(ドーリア族のペロポネソス侵入を神話的に正当化したものと考えられている)は三代にわたり長くつづいたが、ここでは特にヘラクレスの子ヒュロスが仇敵のアルゴス王エウリュステウスに挑んだ戦いにおいて、苦戦する彼らをアテナイ王テセウスが支援して勝利に導いた話を指すものと思われる。ヘロドトスでも、これがアテナイ人の功績の一つとして語られている(『歴史』第八巻二七)。

(6) テセウスはエレクテウスの後裔のアテナイ王で、数々の伝説に彩られた国民的英雄。クレタのミノタウロス退治など若い頃の冒険譚も多いが、王位についてからも、隣国メガラ征服、アマゾン女族との戦い、トラキア遠征、ケンタウロイ(半馬人)族とラピタイ族の戦いなどで活躍した。

人間たちのうちで最も秀でていたことを明白にしたのだった。一一　またもしお望みとあらば、のちに彼らの後裔たち、われわれよりもさほど遡らない時代の人たちがなし遂げたことも[1]だ。彼らは、ときに彼らだけで、全アジアとマケドニアにまでわたるエウロペ［ヨーロッパ］[2]に君臨した勢力に対して、かつて存在した最大の武威と資力を保有し、壮大な事業をなし遂げた勢力に対して戦いを挑み、またときにペロポネソス勢と力を合わせて、陸に海に武勇を示したのだ。まことに彼らもまた、その時代の人間たちのうちでひときわすぐれていた、と言われている」。

「言われていますとも」と彼は言った。

一二　「だからこそ、ギリシアの地では人びとの移住が頻繁に行なわれたが、アテナイ人はずっと自国に定住しつづけ、他の多くの者たちが正義をめぐって異議を唱える場合に彼らに事を託し、また他の多くの者たちが力に勝る者たちから迫害されたときには、彼らのところへ身を寄せたのだ」。

一三　するとペリクレスは「まったく不思議な気がします」と言った、「ソクラテスさん、この国はいったいどうして劣悪になってしまったのかと」。

「わたしの思うには」とソクラテスは言った、「ちょうどある体育競技者たちが、とびきり他に抜きん出てすぐれ最強であるがために気がゆるんでしまい、対戦相手に後れをとるようなもので、アテナイ人もまたとびきり他に抜きん出てすぐれていたがために彼ら自身をなおざりにして、そのために劣悪になったのだね」。

一四　「ではそこで」と彼は言った、「彼らはどうすればかつての徳性を回復できるでしょうか」。

するとソクラテスは言った。「わたしが思うには、秘密めいたことは何もなくて、ただ先祖たちの生活態度を見てとって、彼らに劣らぬ暮らし方に努めれば、けっして彼らに劣った者になることはあるまい。もしそれができなければ、少なくとも今日第一人者たる人たち(3)を範として、彼らと同じ暮らし方に努め、同じものごとを同じような仕方で行なうようにすれば、けっして彼らに劣ることはないだろうし、もしもよりいっそう努力精進すれば、よりすぐれた者になることもできるだろう」。

一五 「おっしゃるところからすると」と彼は言った、「われわれの国家には完璧な立派さは何ともはるか遠方にあるのですね。というのも、いつになったらアテナイ人は、ラケダイモン人のように、年長者を敬うようになるのでしょうか、自分の父親をはじめとして老人たちを侮蔑しているあの連中が。また、いつになったら彼らのように身体訓練をするようになるのでしょうか、自分の健康維持を怠るばかりか、それに注意を払っている者たちをあざ笑っているあの連中が。一六 また、いつになったら彼らのように支配の任にある者たちに従うのでしょうか、支配の任にある者たちを侮蔑して得意になっているあの連中が。あるいはまた、いつになったら彼らのように一致結束するのでしょうか、あの連中たるや、力を合わせて自分たちの益

(1) 以下に言われているように、前四九〇および四八〇—四七九年の対ペルシア戦争において、ミルティアデス、テミストクレス、アリステイデスらに率いられたアテナイ人の功績のことである。

(2) 当時の地理概念としてのエウロペ(ヨーロッパ)は、プロポンティス(マルマラ海)および黒海西岸以西の地、バルカン半島やイタリア半島およびその北辺地域が中心で、おおむね今日の南ヨーロッパの範囲にとどまる。

(3) ラケダイモン(スパルタ)人のこと。ソクラテスも彼らを賞賛したが、クセノポンはいっそう熱烈なスパルタ贔屓だった。

を図るどころか、お互いに誹《そし》り合い、よその人間たちに対してよりも自分たちを嫉《そね》み合っているし、殊に何よりも、私的な集まりの場であれ公の集まりの場であれ異議を唱えるばかり、そしてお互いにきわめて頻繁に訴訟沙汰の裁判を起こし、彼ら同士で協力して益を図るよりも、むしろそういう仕方でお互いから儲け取ることのほうをよしとしている。また公共の事柄を余所事《よそごと》のようにあしらいながら、しかもそれらの事柄をめぐって争うこともして、そうした方面に長けていることを、殊のほか悦びとしているのです。一七　その結果、おびただしい禍《わざわ》いと弊害が国内にはびこり、おびただしい敵愾心と憎悪が国民同士のあいだにわき起こっていて、そのために、何か耐えがたいほどの大きな災悪が国家に生じはしないかと、常々わたしはひどく恐れているのです」。

一八　「いや、けっして」とソクラテスは言った、「ペリクレスよ、アテナイ人がそこまで不治の劣悪状態によって病んでいると考えてはいけない。彼らも船団を組んだときには(1)どんなに規律正しいかを、体育競技の場ではどんなに規律正しく指揮監督者に従っているかを、また合唱舞踏隊（コロス）にあっては誰にも劣ることなく導き手に付き従っているさまを、君は見ていないかね」。

一九　「いいですか、そのことがまた」と彼は言った、「不可解なのですよ。つまり、そういった者たちは上に立つものによく服従するのに、重装歩兵や騎馬兵たちは、国民の中でも完璧な立派さにおいて傑出した者たちと思われているのに(2)、すべての人たちの中で最も服従精神に欠けているのです」。

二〇　するとソクラテスは言った。「アレイオス・パゴスの評議会(3)というのは、ペリクレスよ、資格審査を完全に通過した人たちによって構成されているのではないか」。

「まったくそのとおりです」と彼は言った。

「では」とソクラテスは言った、「さらに見事に、あるいはさらによく法にかなった仕方で、あるいはさらに威厳をもって、あるいはさらに正しい仕方で裁判の決定を下し、またその他すべてのことを執り行なうような人たちを、君は知っているかね」。

「彼らに」と彼は言った、「非を鳴らすべきところなどありません」。

「それでは」とソクラテスは言った、「アテナイ人は規律に欠けると思い込んで失望するには及ばないね」。

二一 「ところが軍事に関することとなると」と彼は言った、「そこではとりわけ思慮分別を働かせ、規律を正し、よく服従することが必要であるのに、彼らはそうしたことに何一つ注意を払おうとしないのです」。

「それはきっと」とソクラテスは言った、「軍事については、最も心得のない者たちが彼らを管掌している

(1) 軍船に乗り込む兵士には比較的下層民が多い。
(2) 軍務に就くための装備はすべて各人が整えたので、それに大きな費用を要する重装歩兵や騎馬兵は有産上流階層に限られていた。彼らのほうが規律を欠くというのはアイロニカルな批判。
(3)「アレイオス・パゴス」はアテナイのアクロポリスの西につづく「アレスの丘」のこと。ここで開かれた長老会議は、古く王制や貴族制の時代には最高法廷としてのみならず国政の最高機関として大きな権能を持っていたが、民主制の進展とともに、特に前四六二年のエピアルテスの改革によって、政治的権能はすべて失われ、それ以後は国家や神々に関わる重大犯罪のみを扱う、象徴的な意味の大きい会議の場となっていた。しかし、その評議会のメンバーは、アルコーン(政務長官)として国政上の職務を全うし、なおかつ人格と功績にすぐれた者のみから、厳重な審査を経て任命された。

からではないか。竪琴弾きや合唱舞踏隊や舞踏家などを管掌することは、その心得のない者は誰一人しようとしないし、レスリング競技者やパンクラティオン競技者[1]の管掌も同様であることに、君は気がついていないのかね。いや、こうしたことを管掌する者たちは、彼らが掌握している事柄について、それらをどこから学んだかを、はっきり示すことができる。しかし軍事統率者たちはその大多数が行き当たりばったりのやり方をしているのだね。二二　しかしながら、君はこの種の者ではないとわたしは考えていて、君ならいつレスリングを学びはじめたかを言えるのにいささかも劣らず、いつ軍事の統率を学びはじめたかをいうことができると思う。また父上の軍事統率のやり方の多くを受け継いで、それを存続させるとともに、軍事統率に何かと有益な事柄を学びとることができるところからならどこからでも多くのことを吸収してきたとも思う。二三　また、思うに、君は、軍事統率に有益な何らかの事柄に無知でいながら、自分でそれに気づかないでいるようなことのないように、大いに注意を払い、さらにもしも何かその類のことに無知であることを自覚したならば、それらに精通している人たちを探し求め、彼らからいまだ知らざることを学び、すぐれた協力者を得るためなら、贈り物も感謝の気持ちも惜しまないことだろう」。

二四　するとペリクレスは「ソクラテスさん、あなたは」と言った、「わたしがそうしたことに注意を払っていると思いながらそうおっしゃっているのではなく、将来軍事の統率を執ろうというつもりの者ならば、そうしたことすべてに注意を払わなければならないということを、わたしに教え込もうとなさっていることくらいは、わたしも見抜いています。とはいえ、おっしゃっていることではわたしもあなたに同感です」。

二五　「また、このことは」とソクラテスは言った、「ペリクレスよ、はっきり気づいているかね。われわれの国土の前面には高い山々が横たわり、(2)山並みはボイオティア方面に連なっていて、そこを抜けてわれわれの国内に通じる道は険しく狭隘だということ、そして国土の中央部は峻険な山々に囲まれている、(3)ということだが」。

「はい、重々気づいています」。

二六「ではどうだろう。こういうことは聞いているかね。ミュシア人やピシディア人(4)は、ペルシア大王(5)の領土内にきわめて峻険な地域を占めているのだが、彼らは身軽な武装で大王の領土を駆け回りながら、大きな損害をもたらし、彼ら自身は自由民として暮らしている、ということだが」。

二七「はい、そのことなら」と彼は言った、「聞いています」。

---

(1) レスリングとボクシングを合体させたような格闘技だが、さらに首を絞める、腕を折るなどあらゆる攻撃法が許容された、きわめて危険な競技で、死に至ることも珍しくなかった。

(2) アッティカの北辺はパルネス山、キタイロン山、ケラタ山などによって隣国のボイオティアやメガラと隔てられている。

(3) アテナイを中心とするアッティカ中央部は、パルネス山ペンテリコン山、ヒュメットス山、アニュドロス山、アイガレオス山などによって囲繞されている。

(4) ともに小アジア内部の山岳地帯を領有する民族。クセノポン『アナバシス』には「手を焼かせる者たち」として名前が挙げられている（第二巻第五章一三）。彼も参加した小キュロスの反乱軍はピシディア遠征を名目に挙兵を図った。

(5) 原文には「王 *βασιλεύς*」としか言われていないが、古典期には、それはすなわちペルシア（大）王を意味していた。

「アテナイ人も」とソクラテスは言った、「敏捷な年頃までの者たち(1)が軽めの武器を装備して国土の前面に横たわっている山々を占拠すれば、敵にとっては有害な存在となり、わが国土内の市民には強力な防御を整備することになるとは思わないかね」。

するとペリクレスは「今おっしゃったことはすべて」と言った、「ソクラテスさん、有効な手立てだと思いますよ」。

二八 「それなら、もし」とソクラテスは言った、「君がそれらをよしと思うなら、そうすることに取りかかるがいい、まことすぐれた人よ。それらの何か一つなりとなし遂げられれば、君にとっても立派な成果となろうし、国家にとっても善となることだろう。また、もしそれらのいずれかをなし遂げられなかったとしても、国家に害をもたらすわけでもなければ、君自身の恥になるわけでもないだろうからね」。

第六章

一 アリストンの息子のグラウコン(2)が、国家の主導者になりたい思いで、集会演説をやろうとしたのは、まだ二〇歳にもならないときのことだったが、他の身内の者も友人たちも誰一人として、彼が演壇から引きずり下ろされ嗤《わら》い者にされるのをやめさせることができずにいた。ソクラテスは、[老]グラウコン(3)の息子のカルミデスやプラトン(4)を介してこの人物に好感を持っていたのだが、彼だけがグラウコンの行動をやめさせたのだった。

二　それというのも、彼と出会ったときのこと、ソクラテスはこんな風に語りかけて彼の気を引き、まず話を聞いてみようと思わせたからだった。

「グラウコンよ」とソクラテスは言った、「君はわれわれの国家の主導者になろうと心に決めているのだね」。

「はい、わたしとしては」と彼は言った、「ソクラテスさん」。

「ゼウスにかけて」とソクラテスは言った、「人の世に他に何なりとあろうとも、それは立派なことだからね。なぜなら、明らかに、もしも君がそれを達成できれば、君自身は自分の欲するものを何でも手に入れる

（1）実際にアテナイでは、一八歳から二一歳までの若者たち *ἔφηβοι* から巡察隊 *περίπολοι* が組織され、国境警備に当たっていた。

（2）グラウコンは次に出てくる哲学者プラトンの兄。プラトン『国家』では兄弟のアデイマントスとともにソクラテスの主要対話相手として登場している。

（3）（老）グラウコンはプラトンやグラウコンらの母方の祖父。孫が同じ名前を継ぐことは広く行なわれていた慣習である。

（4）カルミデスはプラトンの母ペリクティオネの兄弟で、したがってプラトンの叔父にあたる。すぐれた資質の人物であったが（次章におけるソクラテスとの対話を参照されたい）、ペロポネソス戦争直後のアテナイにスパルタの後ろ盾で樹立された三十人独裁政権に、彼の従兄弟のクリティアスとともに参画し、民主派との内乱の中で二人とも斃れた。プラトンの「対話篇」に『カルミデス』がある。なお、この箇所に「カルミデスやプラトンを介して「ソクラテスはグラウコンに」好感を持っていた」とあるが、プラトンは、彼の『対話篇』などからすると、グラウコンよりかなり年少の弟だったと推測されるので、この記述はアナクロニズムを避けられないように思われる。ちなみに、クセノポンがプラトンに言及しているのは、彼の全著作中でこの一箇所だけである。他方、プラトンの著作にもクセノポンの名は一度も見当たらない。

ことができようし、友人たちを益するに足る力が備わり、父親の家名を高め、祖国を繁栄させるだろう。また、まずわが国内で、それからギリシア中で名を挙げ、さらにおそらくは、テミストクレス[1]のように、異国人のあいだでも高名な存在となるだろう。そして、君の行くところ至る地で、注目の的となることだろう」。

三　こう言われるのを聞くと、グラウコンは得々とした気分になり、喜んでその場に立ち止まった。それにつづけてソクラテスは「ところで」と言った、「このことは明らかだね、グラウコンよ、つまり君は尊敬されたいと思っているからには、祖国に有益な者たらねばならない、ということだが」。

「まさにそのとおりです」と彼は言った。

「では、神々にかけて」とソクラテスは言った、「けっして隠し立てなどせずに、どうか言ってくれたまえ、国家に貢献するのに君は何をもって手始めとするのかね」。

四　グラウコンが、何から始めるべきか、そのときになって思案している様子で、黙り込んでいると、「どうだろう」とソクラテスは言った、「君が友人の家を繁栄させようと思う場合であれば、その家をより裕福にさせようとして手を尽くすだろうが、ちょうどそれと同じように、国家をもより裕福にさせようとするのかね」。

「まさにそのとおりです」と彼は言った。

五　「国家の収入がより多くなれば、国はより裕福になるのだね」。

「なるほど、当然そうです」と彼は言った。

「では言ってくれたまえ」とソクラテスは言った、「国家の収入は今どんなところからどれくらい入っているのかね。収入源のどれかが徴収不足であればそれを満たすようにし、もし徴収漏れがあれば追加徴収するようにするためには、明らかに、君はそのことの調査をすませていなければならないのだからね」。

「いや、ゼウスにかけて」とグラウコンは言った、「そのことはまだ調査しおえていません」。

六 「もしそのことを」とソクラテスは言った、「君がほったらかしにしているのなら、せめて国家の支出についてどうか言ってくれたまえ。明らかに、君は余計な支出があればそれを撤廃するよう考えているはずだからね」。

「いや、ゼウスにかけて」と彼は言った、「いまだそれをする暇《いとま》もありませんでした」。

「それでは」とソクラテスは言った、「国家をより裕福にさせることは後回しにしよう。支出のことも収入のことも知らないままで、そうした事柄に取り組むことはできようはずがないからね」。

七 「しかし、ソクラテスさん」とグラウコンは言った、「敵側から奪って国を裕福にすることもできますよ」。

「ゼウスにかけて、たしかにね」とソクラテスは言った、「ただし、敵側よりも強い場合には、の話だ。もし敵より弱体であれば、今あるものまでも失うことになるだろう」。

「あなたのおっしゃるとおりです」と彼は言った。

八 「とすれば」とソクラテスは言った、「いかなる敵と戦うべきかを考慮進言しようとする者は、自国の

(1) 九九頁の註(5)参照。

力と敵対者の力を知らなければならない。自国の力が勝るならば戦《いくさ》を仕掛けるよう勧告し、敵対者の力が勝るならば慎重になるよう説得するようにするためである」。

「まさにあなたのおっしゃるとおりです」と彼は言った。

九 「それではまず」とソクラテスは言った、「わが国の陸軍および海軍の兵力を、ついで対抗勢力側の兵力を、どうか言ってくれたまえ」。

「いや、ゼウスにかけて」と彼は言った、「そんなに口からさらさらとは言えません」。

「しかし、もし君の書き記したものがあるのなら、それを持ってくるがいい」とソクラテスは言った、「大いによろこんでそれを聞くとしようから」。

「いや、ゼウスにかけて」と彼は言った、「わたしの書き記したものもまだありません」。

一〇 「それでは」とソクラテスは言った、「戦について勧告することも、ひとまず差し控えるとしよう。おそらくその事柄が重大なために、ようやく政治主導の緒についたばかりの君は、まだ調査検討するに至っていないらしいからね。しかしね、国内の警備についてであれば、君もすでに十分関心を払っていて、いくつの警備隊がうまく機能し、いくつがそうでないか、また警備兵は何人あれば十分で、何人では不十分かを承知していることは分かっている。だから君は、うまく機能している警備隊は増強するように、余分な隊は撤廃するように勧告するのだろうね」。

一一 「ゼウスにかけて」とグラウコンは言った、「わたしなら断じてすべての隊を撤廃するでしょう。それらの警備ぶりたるや、この地の産物が盗み取られることになるためにやっているようなものなのです」。

「しかし、もしも」とソクラテスは言った、「警備隊を撤廃するならば、したい放題に略奪を働くことができてしまうとは思わないかね。ともあれ、君は」とソクラテスはつづけた「自分で出掛けて行ってそのことを調査したのかね、あるいはどうやって分かったのかね、警備がうまく行なわれていないことが」。

「推測ですよ」と彼は言った。

「ならば」とソクラテスは言った、「これらのことについても、もはや推測によってではなく、はっきり知りえてから、勧告することにしようではないか」。

「おそらく」とグラウコンは言った、「そのほうがよさそうです」。

二　「しかしまた」とソクラテスは言った、「君はまだ銀山(1)へは行ってないから、なぜそこからもたらされるものが以前よりも少なくなっているのか言うことができないことは分かっている」。

「ええ、行ったことがないものですから」と彼は言った。

「何しろ、ゼウスにかけて」とソクラテスは言った、「あの地域は鬱陶しい(2)ところと言われているから、このことについて勧告しなければならないときがあれば、君にはそれが十分な言い訳になる」。

---

(1) アッティカ南端部、スウニオン岬近くにあるラウレイオン銀山。太古から良質の銀を産出し、アッティカ経済の原動力をなしていた。特に前四八三年に新発見された大鉱床は、アテナイの急速な国力強化に大きな役割を果たした。採掘は市民の請負制で行なわれ、その事業によって財をなした者も多い。本書第二巻第五章二にニキアスの場合についての言及がある。

(2) 鉱山の一帯は湿度も高く、きわめて不健康な土地であった。

「わたしはからかわれているのですね」とグラウコンは言った。

一三 「しかし、あのことについては」とソクラテスは言った、「君もなおざりにしてはいないで、よく考究し尽くしていることはわかっている。つまり、この国土から得られる穀類はどれくらいの期間この国を養いつづけるに足りるのか、また年間どれくらいの量を補充しなければならないかといったことについてであり、それは、君の気づかぬうちに国家がいつしか食糧不足に陥るようなことにならず、君がそのことを心得ていて、その必要性を国家に勧告することによって、国家の救援にあたり、それを維持存続させるためなのだ」。

「あなたのおっしゃるのは」とグラウコンは言った、「途方もなく大きな仕事ですね、そんなことにまで注意を払わなければならないなんて」。

一四 「しかし、いいかね」とソクラテスは言った、「補充する必要のあるものすべてを熟知し、すべてのものに注意を払ってそれらを満たすようにしなければ、そもそも自分の家だけでもきちんと管理していけないだろう。ところが国家は一万以上の家から成っていて、一度にそんな多くの家に目を行き届かせるのは困難であるからには、どうしてまずは君の叔父[1]の家一つを大きくさせることをやってみなかったのかね。現にその必要があるのだ。君がもしこの家をうまく措置できれば、もっと多くの家を手がけることになろうが、一つの家にも力を貸すことができないのなら、どうして多数の家に力を貸すことができようか。それはちょうど、ある人が一タラントン[2]の荷も担げないとしたら、どうして彼がそれ以上に重い荷を担ごうと試みることさえしてはならないかは明白であるようなものだ。

一五　「しかし、このわたしでも」とグラウコンは言った、「叔父がわたしの説得を聞き入れてくれるのなら、その家に力を貸すことができるでしょうよ」。

「となると」とソクラテスは言った、「君は叔父を説得させられもしないのに、その叔父を含む全アテナイ人を君に従うようにさせられると考えているのかね。一六　気をつけることだ」とソクラテスは言った、「グラウコンよ、名声を博することを望みながら、その反対の方向をたどらないようにね。それとも君は、知りもしないことを語ったり行なったりすることがどんなに危なっかしいか、分かっていないのかね。他の人たちのことを心にとめてみるといい、君の知っている人たちが、明らかに知りもしないことを語ったり行なったりしていると、こうした人たちには非難よりもむしろ賞賛が注がれていると君には思われるのか、また軽蔑よりもむしろ驚嘆が注がれていると思われるのか、そのどちらだろうか。一七　あるいはまた、何を語っているか何を行なっているかがよく分かっている人たちにも心にとめてみるといい。そうすれば、わたしの信ずるところによれば、どんな事柄においても、名声高く驚嘆の的になる人たちは、事柄をとりわけよく知っている人たちの中から現われるし、他方、悪評さくさくで軽蔑されている者たちは、まったく無学の者たちの中から現われるということに、君も気がつくだろう。一八　だから、君が国家において名声を博し、驚嘆の的になりたいと思うのならば、君が行ないたいと望んでいる事柄をできるだけよく知ることに励むよう

---

(1) カルミデス（一五五頁の註（4）参照）のこと。
(2) 貨幣単位でもあるが、重量単位でもあり、古典期のアッテイカ制度では物品重量で三六・三九キログラムに相当する。

努めることだ。その点で他の人たちを凌駕した上で国事に携わることに取りかかるならば、いとも容易に君の欲するものを手中にできたとしても、わたしは驚かないだろう」。

第七章

一　［老］グラウコンの息子のカルミデス(1)は語るに足る男で、その当時国家公共の事柄［政治］に携わっていた人たちよりはるかに有能の士であったが、民会に出たり国事に取り組んだりすることを躊躇していた。そのことを見てとると、ソクラテスは言った。

「どうか言ってくれないか、カルミデスよ、もしある者が花冠を与えられる競技(2)に優勝するに足る能力を持ち、それによって自らも栄誉に浴し祖国の名をギリシア中により高からしめることができるのに、しかし競技に参加したがらないとしたら、この男を君はどんな者だと見なすだろうか」。

「明らかに」と彼は言った、「軟弱で臆病だと見なします」。

二　「また、もしある者が」とソクラテスは言った、「国事に取り組んでその国家を繁栄させ、それによって自らも栄誉に浴する能力があるのに、それに携わることを躊躇しているとしたら、当然その者は臆病だと見なされるだろうね」。

「おそらくそうでしょう」と彼は言った、「しかし、何のためにそんなことをわたしに訊ねるのですか」。

「それは」とソクラテスは言った、「君には事に取り組む能力があり、しかも国民たる以上、君はそれに参画しなければならないというのに、そうすることを躊躇しているように思われるからだ」。

三　「しかし、わたしの能力を」とカルミデスは言った、「あなたはどんな仕事に見て取って、今言われたようなことをわたしにお認めになるのですか」。

「君が」とソクラテスは言った、「国家の仕事に携わっている人たちと席を共にしている集まりの場を見てのことだ。つまり、その人たちが君と話し合っているときには、君が立派に助言勧告しているのをわたしは見ているし、彼らが誤りを犯しているときには、適正に叱責しているのも見ているからだ」。

四　「同じというわけにはいきません」と彼は言った、「ソクラテスさん、私的に議論を交わすのと大勢の場で議論を戦わせるのとでは」。

「しかし」とソクラテスは言った、「計算することのできる者は、大勢の場でも一人っきりのときに少しも劣らず計算するし、また一人ずつできわめて巧みに竪琴を弾ずる者たちは、大勢の場でもきわめてすぐれた腕前を示すものである」。

五　「羞恥心と恐怖心は」と彼は言った、「人間に生まれつき備わっていて、それらは私的な人付き合いにおいてよりも、大群衆を前にした場合のほうがはるかに激しくわき起こってくることを、あなたは目にして

（1）（老）グラウコンおよびカルミデスについては一五五頁註（3）と（4）を参照されたい。なおカルミデスはクセノポンの『酒宴』でも主要登場人物の一人となっている。

（2）主要な競技会では、それぞれ独自の花冠が勝者に与えられた。オリュンピアでは月桂樹の冠、デルポイではオリーブの冠、イストモスでは松葉またはセロリの冠など。

いないでしょうか」。

「まさに君に教えてあげようと」とソクラテスは言った、「思い立ったのだが、君は最も思慮分別のある人たちには羞じらうことなく、最も大きな力を持った人たちを恐れることもしないのに、最も思慮分別を欠き、最もひ弱な者たちの前ではものを言うのを羞じらっているのだよ。六　というのも、君が羞じらいを覚える相手は、彼らのうちの毛織物加工業者たち(1)なのか、それとも靴職人たちなのか、建築職人たちなのか、鍛冶屋連中なのか、農夫たちなのか、交易商人たちなのか、それとも公共広場（アゴラー）で売買をしていて、何でも安く買い入れ高く売り渡す算段ばかりしている連中なのかね。つまり、民会は全員こういう者たちから構成されているのだよ。七　君がしていることは、修練を積んだ競技家を打ち負かすような者が素人《しろうと》を怖がっているのとどこが違うと思うのか。なぜなら、君は国家の第一人者たちと、しかも中には君を見下している者たちも何人かいるのに、やすやすと議論を交わし、国家を相手に議論を交わすことに専念している人たちよりはるかに抜きん出ているというのに、いまだかつて国家公共の事柄［政治］など考えたこともなく、また君を見下したこともない連中に語りかけることは、嗤い者になりはしないかと恐れて、躊躇しているのだからね」。

八　「しかし、どうですか」と彼は言った、「民会に出席している人たちは、まともな議論をしている発言者たちを嘲笑することがしばしばあると、あなたには思われませんか」。

「それは国事に専念している人たちの側でも同じだからね」とソクラテスは言った、「いや、それだからこそ君が不可解に思えるのだ。その人たちがそういう態度に出ても、やすやすと対処しているのに、民会出席者たちにはどうにも対応することができないと思っているとすればね。九　ねえ、君はすぐれた人なのだ、自分に無知ではいけないし、大多数の人たちが犯している誤りを犯してはならない。というのも、多くの人たちは他人のすることの探索には懸命に猛進するが、自分自身のことの査定には向かおうとしないでいるのだ。だからこそ、それを億劫《おっくう》がってはならず、むしろ自分自身を注視するよう努力を傾けることだ。そして国事に関して、もし君の働きで少しでもよりよくなりうるのならば、それをなおざりにしてはならない。国事がうまくいけば、他の国民だけでなく、君の友人たちも、さらには君自身も些細ならざる益を得ることになるのだから」。

第八章

一　アリスティッポスが(2)、ちょうど彼自身が以前にソクラテスから論駁されたのと同じようにして、彼を論駁してやろうとしたときのこと、ソクラテスは周囲の仲間たちに有益になればと願って、議論がどこかで歪曲されはしないかと警戒する人たち(3)の流儀ではなく、もっぱらなすべきことを実行するという信念を持っ

---

(1) 羊毛などを刷毛で梳いて整えたり、フェルト状に縮絨加工したりする業者のこと。
(2) 六三頁の註（1）を参照されたい。
(3) 詭弁を弄して相手を論駁することを眼目とするソフィストたちを指している。

た人たちの態度で応答した。

二　すなわち、アリスティッポスは彼に何か善いものを知っているかと訊ねた。もし彼が食べ物とか飲み物とか財貨とか健康とか力強さとか剛胆さといったもののいずれかを挙げたら、それはときとして悪いものでもあることを示してやろう、との魂胆からだった。しかしソクラテスは、何かがわれわれを煩わせる場合にそれを停止させようとするものがわれわれには必要であることを知っていたので、最もすぐれた応じ方で答えた。

三「君は」とソクラテスは言った、「何か熱病に善いものを知っているかとわたしに訊ねているのかね」。

「わたしとしてはそうではありません」と彼は言った。

「そうでなければ、眼病に善いものかな」。

「それでもありません」。

「そうでなければ、空腹に善いものかな」。

「空腹にでもありません」。

「しかし、そうすると」とソクラテスは言った、「君がわたしに訊ねているのは、何に対してでもない善いものというような意味で、何か善いものを知っているかということであれば、わたしは知らないし」とソクラテスは言った、「またそれを求めもしないね」。

四　ふたたびアリスティッポスが彼に何か美しいものを知っているかと訊ねると、

「いろいろ知っているよ」とソクラテスは言った。

「では」と彼は言った、「それらはすべてお互いに似たものでしょうか」。

「いやそれどころか」とソクラテスは言った、「いくらかのものは、およそ似ても似つかないね」。

「しかしどうして」と彼は言った、「美しいものに似ていないものが美しいものでありうるのでしょうか」。

「それは、ゼウスにかけて、こういうことだ」とソクラテスは言った、「つまり、走っている場合に美しい人間と、レスリングを闘っている場合に美しい別の人間とは似ていないし、前方に向けて防御する場合に美しい楯は、精悍に素早く投げられた場合に美しい槍とは、およそ似ても似つかないのである」。
五　「わたしに対するあなたのお答えは」と彼は言った、「何か善いものを知っているかどうかをあなたに訊ねたときと、何ら違うところがないのですね」。
「しかし君は」とソクラテスは言った、「善いことと美しいこととはそれぞれ別のことだと思っているのかね。同一の関連においてすべての美しいものはまた善いものでもあるということを、君は知らないのかね。まず第一に、徳性はあるものとの関連では善いものだが、それが美しいものであるのはまた別のものとの関連においてである、というようなことではない。次いで、人間は同一の点において同一のものとの関連において美にして善なるもの［完璧に立派なもの］であると言われるのだ。また人間の身体も同一のものとの関連において美にして善なるものとして現われるのだし、その他にも人間が用いるすべてのものはそれぞれ同一のものとの関連において、つまりそれらは何かに対して効用を発揮するのであるが、その何かとの関連において美にして善なるものであると考えられるのである。
六　「では」と彼は言った、「糞尿運搬用の籠も美しいのですか」。

「ゼウスにかけて、そうだとも」とソクラテスは言った、「また黄金製の楯でさえ醜くもありうる。その果たすべき仕事に対して、籠のほうは見事に〔美しく〕作られているが、楯のほうは拙劣に作られているとするならばね」。

「あなたは」と彼は言った、「同一のものが美にして醜でありうるとおっしゃるわけですね」。

七 「しかも、ゼウスにかけて」とソクラテスは言った、「善にして悪であるとも言おう。空腹には悪いものが熱病には善いとか、熱病には善いものが空腹には悪いということは、しばしばありうるからだ。またしばしば走ることでは美しいものがレスリングを闘うことでは醜いということもあれば、レスリングを闘うことでは美しいが走ることでは醜いということもある。つまり、すべてのものは、それらが何らかのものごとに具合のいいあり方をしていれば、そのものごととの関連において善にして美であり、具合の悪いあり方をしていれば、そのものごととの関連においては醜にして悪なのである」。

八 彼はまた家についても同一のものが美しくもあれば便利でもあると語ったのだが、それはどんな家を建てるべきかを教育していたのだと、わたしには思われた。

彼はこんな風に考察を進めた。

「あるべきような家を持とうと思っているのなら、住まうのにきわめて快適でしかもきわめて便利なものになるように工夫しなければならないのかね」。

九 そのことが同意されると、

「夏には涼しくて、冬には暖かい家を持てば、快適ではないかね」。

このことにも一同が賛同すると、

「南向きの家なら、太陽が冬には奥の部屋にまで射し込み、夏にはわれわれ自身や家の屋根の上を通過して陰を作ってくれる。したがって、もしそれらのことがそうなれば具合がいいとすれば、冬の太陽が遮られないように南向きの箇所を高めに建て、冷たい風が吹き込まないように北向きの箇所を低めに建てるべきである。[1] 一〇 手短に言えば、その中ではすべての季節にわたって自分も最も快適に安住でき、家財をも最も安全に保管できるような家、それが、当然ながら、最も快適で最も美しい住まいということになろう。絵画や彩色装飾は多大の心地よさを与えるよりもむしろ奪い取るものだ[2]」。

また、神殿とか祭壇に最も適した土地は、ソクラテスによれば、きわめて目立ちはするが人の往来が少ないようなところである。それを眺めながら祈りを捧げることは心地よいし、清浄な気持ちで参詣に出かけることも心地よいからである。

（1）ギリシアの家屋は一般に南側に入口をしつらえて、すべての部屋が中庭を取り囲むようにしてロの字型に建てられ、各部屋は中庭に面していた。「南向きの箇所」とは家屋の北側の部分（部屋）、「北向きの箇所」とは南側の部分（部屋）のことである。

（2）「絵画」とした *γραφαί* や「彩色装飾」とした *ποικιλίαι* については大同小異ながら、さまざまに解釈されている。フレスコ壁画、織物や刺繍の壁掛け、装飾品一般などが考えられるが、要するに余計な室内装飾物は自然の好条件を制約、阻害するものだ、というのであろう。

第九章

一　またの折のこと、勇気とは教え込まれるものかそれとも生まれつきのものかと問われたとき、「思うに」とソクラテスは言った、「ある身体は他の身体よりも労苦に対してより頑健に生まれついているように、ある魂は他の魂よりも恐ろしいことに対して生まれつきより強くできているものだ。というのも、同じ法律と習慣の下で養育されている者たちでも、剛胆さにかけてお互いにははなはだしい差異があるのを見ているからね。二　とはいえ、どんな生まれつきの本性でも学びと修練によって勇気に向けて成長していくものとも、わたしは考える。というのは、スキュティア人やトラキア人[1]があえて大楯と長槍を手にしてラケダイモン人と対戦しようとはしないことは明らかであり、またラケダイモン人が小楯と短槍でトラキア人と戦ったり、弓でスキュティア人と戦ったりしようとしないことも明らかだからである。三　また他のすべての事柄についてもわたしの見るところ、同様に、人間たちはお互いに生まれつき差異があるが、努力精進によって大いに進歩しもするものである。これらのことから明らかなように、生まれつきすぐれた素質の者であれ魯鈍な者であれ、すべての人は、ある領域で言うに足る者たらんと望むのであれば、そのことを学びかつ修練しなければならないのである」。

四　彼は知と思慮分別とを峻別せず、美にして善なること［完璧な立派さ］に精通してそれを行使し、恥ずべきことを知りそれに注意を払う人を知者にして思慮分別ある者と判定していた。そして、何をなすべきかを心得ていながら、それと反対のことをしてしまう者たちを、知者であり自制心ある者と考えるかどうかという問いが付け加えられると、

「いや、彼らは」と彼は言った、「無知で自制心を欠いた者たち同然だ。なぜなら、誰しもがありうべきものごとの中から、その人に有益であると思うものを選び取ってそれを実行に移している、と思うからである。したがって、正しくない行ないをしている者たちを知者だとも思慮分別ある者だともわたしは考えないのである」。

五　彼はまた、正義をはじめとして他にもあらゆる徳は知であると言った。なぜなら［彼によれば］、正しいものごとなど、徳性にかなった仕方でなされるものごとはすべて美にして善である［完璧に立派である］からで、美にして善なるものを知る者はそれに代わる別のものを選び取ることはけっしてせず、またそれに精通していない者は実行することができないし、もし実行しようとしても誤ってしまうのである。それゆえに、美にして善なるものごとは知者のなすところであり、知者ならぬ者には実行することができず、もし実行しようとしても誤ってしまう。したがって、正しいものごとをはじめとして他にも美にして善なるものごとはすべて徳性にかなった仕方でなされるからには、正義をはじめとして他にもあらゆる徳性は知である、とい

(1) スキュティア人、トラキア人はともに北方の民族で、小楯と短槍あるいは弓矢の軽装で馬に乗って闘うことを得意としていた。ラケダイモン（スパルタ）人は大楯と長槍の重装備で集団を組んで戦った。それぞれ修練によって使い慣れた装備によって、はじめて勇気が発揮されることを示唆している。

うのである。

六　また狂気は知と反対のものだと彼は言ったが、しかし知識のなさを狂気とは見なしてはいなかった。とはいえ、自己を知らざることや、知らないことを知っているかに思いなしたり思い込んだりすることはきわめて狂気に近いと考えていた。ただし、多くの人たちは、大多数の者が知らないようなことならそれについてすっかり誤りを犯してしまっている者でも、狂っているとは言わず、多くの人たちが知っていることについてすっかり誤りを犯してしまっている者を狂っていると呼ぶのだと、彼は言った。七　たとえば、ある人が自分を非常に長身だと思い込んで、身をかがめて城壁の門を通り抜けたり、非常に力持ちだと思い込んで、家を持ち上げようとしたり、他にも何かできないことが誰の目にも明らかなものごとに手を出そうとしたりすることがあれば、そういう者を狂っていると呼ぶのであり、些細なことで誤りを犯しても、多くの人たちは狂っているとは思わず、ちょうど強烈な欲望を愛欲（エロース）と呼ぶように、途方もない迷妄を彼らは狂気と呼ぶ、というわけである。

八　妬みとは何かを考察して、彼はそれがある種の苦痛であることに気がついたが、しかしそれは友人の不運や敵対者の幸運によって起こるのではなく、友人の順調さに心さいなまれている人たちのみが妬むのだと言った。誰か好きな相手が順調であることに苦痛を覚えるというのは不可解だとした人たちに、彼は、多くの人たちの対人関係というのはそんなもので、人が不遇であるときには素知らぬ顔をすることができずに、不運な人たちに援助の手をさしのべるのだが、幸運に恵まれた人たちには苦痛を覚えるものだということを思い起こさせた。もっとも、そういうことは思慮分別のある人には起こらないが、愚かな者たちはたえずその情態に陥るものだ、[とも言っている]。

九　閑暇とは何かを考察していて、大多数の人たちは何らかのことをしているものだということに気がついた、と彼は言った。将棋（ペッティアー）(1)をしている人や道化者でさえ何かをしているからであるが、しかしこうした人たちはすべて暇《ひま》に過ごしているのだと彼は言った。彼らは、それらよりもっとまともなことをしに行く余地があるからだ。しかし、よりまともなことからつまらないことをしに行く暇というのは誰にもないのであって、もしそれをしに行く者がいるとすれば、その者には暇はないのに、間違ってそういうことをしているのだ、と彼は言った。

一〇　王や支配者たちとは、王杖を持てる者のことでもなく、不特定の人たちによって選ばれた者のことでもなく、籤に当たった者のことでもなく、暴力を行使した者のことでもなく、詐術を弄した者のことでもなく、支配するすべを心得た者のことである、と彼は言った。一一　すなわち、ある人が、支配する者の務めは何をなすべきかを命ずることであり、支配される者の務めはそれに服従することであるという意見に同意したときのこと、彼は次のように指摘したのだった。——船にあっては操船の心得のある者が支配し、船主も、その他乗船している者たちのすべてがその心得のある者に従うのであり、また農耕においては畑地の所有者が、病気にかかったときには病人が、身体訓練にさいしては身体訓練する者が、そしてその他にも何

(1)「ペッティアー πεττεία」はマス目のある盤上に小石を並べて争うゲームで、将棋ないし碁に類したものだが、詳細は不明。

らかの配慮を要しているすべての者たちが、もし彼ら自身が配慮するすべを心得ていると思えば自分でそうするし、さもない場合は、心得のある者たちがその場にいれば彼らに従うだけでなく、そう言う者たちがいなければ呼びにやってでも彼らに従ってなすべきことをなすようにするのである。また毛糸紡ぎ作業では、女性が男性に指図することになるのは、彼女らはどのように毛糸紡ぎの仕事を行なうべきかを知っているのに、男のほうはそれを知らないからである、と彼は指摘したのだった。

一二　もし誰かが、この指摘に対して、独裁僭主であれば正しい意見を語る者にも従わないでいられるのではないかと言うことがあれば、

「いや、どうして」と彼は言った、「従わずにいられようか。もしもしかるべきことを語っている者に従わないとすれば、罰が降りかかってくるというのに。人が事をなすにあたって、しかるべきことを語っている者に従わなければ、誤りを犯すことになろうし、誤りを犯せば罰を受ける羽目になるだろうからである」。

一三　またもし誰かが、独裁僭主であれば正しい考えをする者を殺すこともできる、と言うことがあれば、「同じ陣営の者たちのうちで」と彼は言った、「最もすぐれた人たちを殺しておいて、罰を受けずにいられると思うかね、それともいつか罰を受けることになると思うのかね。こんなことをする者が、そのためにたちまち身を滅ぼすよりも、むしろ安泰でいられると思うのかね」。

一四　ある人が彼に、人間にとって務めるべき最善のあり方は何であるとあなたは思うかと訊ねると、彼は「行為の順調さ（エウプラークシアー）」と答えた。さらに、幸運もやはり務めるべきあり方であると考えるのかと訊ねると、

西洋古典叢書

月報 84

第Ⅳ期＊第21回配本

エレア

【「バラの門」（前四世紀半ば）と旧門（前六世紀末）の基壇部】

目次

2011年3月
京都大学学術出版会

クセノポンとスパルタ史

桜井万里子

クセノポンがペルシア王アルタクセルクセスの弟であるキュロスの傭兵徴募に応じて小アジアに向けてアテナイを出立したのは、前四〇一年のことであった。その三年前、アテナイはペロポンネソス戦争で大敗している。敗戦後間もなく、アテナイではスパルタの将軍リュサンドロスの介入によって「三十人」の寡頭政権が成立したが、その打倒を目指して亡命先から帰国した民主派と寡頭派のあいだで内戦が勃発した。数ヵ月の後には、民主派が辛うじて勝利して内戦が終結した。民主政の復活は前四〇三年秋であった。クセノポンの小アジアへの出立はそれから約二年後、内戦の記憶がまだ生々しく残っている時だった。彼はキュロスの許に赴くためにアテナイを去るにあたって、いずれの日かの帰国を念頭においていたであろう。しかし、彼は、帰国することなく一生を終えた、あるいは、帰国したとしても最晩年になってからだった、と考えられている。

では、彼はいつ帰国を断念したのだろうか。多数の著作を今日に残してくれたクセノポンであるが、その生涯については不明な点が少なくない。いささかのヒントになると思われるのは、『ギリシア史』第三巻第一章四節の記述である。前三九九年に小アジアへと派遣されたスパルタの将軍ティブロンの要請に応じて、敗戦以来スパルタの同盟国になっていたアテナイは、かつて三十人政権の騎兵であった者たちの一部を派遣したが、それは、彼らが国外に出て、死んでしまえば好都合と考えたからだった、という記述である。三十人政権の時代、騎兵は同政権を支える軍事力の中心であったから、民主政が回復すると、彼らが市民たちにとって疎ましい存在となったのも当然だった。ただし、三十人政権時代の行為を不問に付すとする大赦令(アムネースティアー)のおかげで、彼ら騎兵は告発を免れていた。

アテナイの騎兵制度については、アリストテレス『アテナイ人の国制』第四十九章に、評議会が騎兵とその馬を厳しく審査する制度が明記されている。この騎兵制度は、G. R. Bugh, *The Horsemen of Athens*, Princeton, 1988 によれば、前四四七年ごろに創設され、当初は三〇〇名、それが前四四〇年代か四三〇年代に一〇〇〇名に増員された。馬を飼育、訓練する必要から騎兵は土地所有者に限られ、富裕者であっても土地を所有していない者は騎兵からはずされた。したがって、騎兵となるのは市民のなかでも比較的上層の名門出身者が多く、そのため、騎兵たちのあいだには独特の意識が醸成されたらしい。寡頭政権下で軍事力の主力であったこともうなずける。

大赦令で守られたとは言え、寡頭政側で戦った騎兵たちが、民主政の下で居心地の悪さを感じていたことは想像に難くない。そして、クセノポン自身がこの騎兵たちの一人だったのではないかと推測されている。彼の著作である『馬術について』および『騎兵隊長について』が伝えるように、クセノポンには馬術の心得と騎兵隊の職務についての際立った知識があったことからそれは十分にあり得ることで、前四〇一年にキュロスの傭兵となるためにアテナイを去ったのも、国内で生活しにくい雰囲気があったからであろう。

祖国を離れて小アジアに渡ってから間もなくキュロスがクナクサで戦死したため、雇い主を失った傭兵たちの退却行が始まった。苦難の末ビザンティオンに到達したクセノポンは、トラキア王セウテスの傭兵に、次いで、小アジアのギリシア諸ポリスをペルシア支配から解放するという名目で遠征してきたスパルタ軍の傭兵となる。スパルタからやって来たアゲシラオス王と出会ったのは、その時だった。それは、アゲシラオスが王位について一年後の前三九九年、当時アゲシラオスは四五歳前後、クセノポンは三〇歳になったばかりだった。アテナイはその少し前に、スパルタ遠征軍を指揮するティブロンのもとに騎兵たちを送り込んでいたが、それは、前述したように、彼らが国外で死んでくれたらという思惑からだったということを、クセノポンが何時知ったのかは不明である。しかし、小アジアに到着した騎兵たち自身から、祖国における厳しい雰囲気については聞いていたであろう。

前三九九年の敬愛する師ソクラテスの処刑とかつての騎兵仲間の小アジア送りは、国外にいるクセノポンの失意をいっそう強めたであろう。騎兵に対する反感が一朝一夕に消えなかったのは、確かである。それは、マンティテオスなる若者が、「三十人」時代の騎兵だったという理由で評議会議員資格を疑われたときに、当時は未成年であったと述べて必死にその疑惑を否定している弁明(リュシアス第十六番弁論「マンティテオスの弁明」)から明らかである。この「マンティテオスの弁明」の成立年代は前三九四年から前三八八年のあいだとみられている。前三九四年は、クセノポンがアゲシラオスに従って小アジアからギリシア本土に戻り、コロネイアでアテナイ軍と矛を交えたために、祖国に不在のまま追放刑を宣告された年である。クセノポンはすでに前三九四年以前に帰国の可能性を断念していたのであろう。

かつて騎兵であった自分のアテナイにおける立場を悟ったクセノポンにとって、アゲシラオス王は、行き詰った自分の人生を打開するための手掛かりを提供してくれる人物だった。しかも、アゲシラオスは心から信頼できる、英明な王であった。あるいは、少なくともクセノポンにはそう思われた。その思いは、古代ギリシアで最初の伝記といわれている『アゲシラオス』に看取できる。王の近くにいて戦闘に携わった体験が、彼に王としてのアゲシラオスの器量を確信させたのだろうが、祖国を離れ、傭兵稼業に数年を過ごしていたクセノポンにとって、王との邂逅は人生の転機となり得る事件だったに違いない。プルタルコス『アゲシラオス伝』とではアゲシラオス評価に相違があるのは、そのような理由からだろう。

クセノポンにとってアゲシラオスとの邂逅は僥倖だったが、二人の出会いは我々にとっても幸いであった。スパルタに関する現存史料は、アテナイのそれに比して圧倒的に少ない。そのなかで、クセノポンがスパルタに関して書き残した記述が貴重な史料であることは、最近ますます明らかになってきている。確かに、クセノポンの記述はスパルタ賞賛に傾きがちであると指摘されており、それは否定しがたい。しかし、近年のスパルタ史研究の深化は、プルタルコスの『リュクルゴス伝』が多分に神話化されたリュクルゴス制度を描いていることを明らかにし、古典期のスパルタについては同時代の著作であるヘロドトスやトゥキュディデス、アリストパネス、そしてクセノポンらによるスパルタ関連の記述のほうが、史料としての価値が高いことを示したからである。そして、クセノポンがスパルタに関する作品を残すことができたのは、アゲシラオスとの出会いがあったからに他ならない。二人の出会いが我々にとって幸いだったと述べたのは、そのような理由による。

クセノポンのスパルタ関係の著作とは、『ヘレニカ』、『アゲシラオス』、『ラケダイモン人の国制』の三作であるが、なかでも、『ラケダイモン人の国制』(以下、『国制』)は、実際にスパルタを訪れた経験のあるクセノポンによる一種のレポートであるので、いっそうその史料的価値は高い。もちろん、アゲシラオスから得た知識もそこには含まれていたであろう。作品の成立年代は前三九四年から前三七一年までの間と推定されており、これ以上に年代を特定することは困難である。それでも、前三六二年のマンティネイアでの敗戦以前のスパルタは、前五世紀以来の盛期の政治体制を維持していたと考えられるので、『国制』の記述は、そのようなスパルタの盛期の体制を示してくれていると考えてよい。

その『国制』の第十四章は、他の章と比べ、スパルタの社会に対して批判的である。スパルタ贔屓を隠そうともしないクセノポンが批判を明確にしていることから、この第十四章は他者による記述であるという説さえ出されている。実際はどうだろうか。同章二—三節でクセノポンは、「ラケダイモン人は、かつては自国でほどほどの財産を所有して、ともに暮らすことを選んだが、いまでは他国においてハルモスタイ(同盟国駐留監督官)の役に当たる際に追従・諂いを受けて躓いてしまう者もいるし、かつては金を所有しているのを見られないようにしたが、いまでは所有を自慢する者らがいる」、と述べる。これはしばしば解されているような、ペロポンネソス戦争後にスパルタ社会が堕落したと批判しているのではなく、対外進出を図ったためかつてと同様の生活姿勢を保てなくなった、という指摘と読むべきだろう。むしろスパルタ社会に内在していた社会システムの問題点を指摘していると解釈できるのである。クセノポンのスパルタ関連の三作を照合させるならば、スパルタ贔屓のために彼の目が曇ることはなかったと言うべきであるようだ(cf. N. Humble, The Author, date and purpose of chapter 14 of the *LAKEDAIMONION POLITEIA*, in C. Tuplin (ed.), *Xenophon and his World: Papers from a conference held in Liverpool in July 1999*, Stuttgart, 2004, 215-228)。

(古代ギリシア史・東京大学名誉教授)

連載

西洋古典ミニ事典 (38)

ギリシアの神話 (4)

トロイア戦争ですぐに連想されるのは「トロイの木馬」の物語であろう。一〇年にわたるギリシア軍とトロイア軍の戦争は、木馬の奸計によって城市トロイアが陥落することで終結する。この木馬はエペイオスによって建造された。これはオデュッセウスの助言によるとも、女神アテナの導きによるとも言われるが、前六七〇年頃の作とされているミコノス島で出土したアンポラ(写真)と呼ばれる両把手付きの壺を見ると、胴部にのぞき窓、足下に車輪のついた木馬が描かれている。物語によると木馬には、「ギリシア軍帰還に感謝して、アテナに捧げる」と記されていたという。トロイア人たちは、ギリシア軍が逃走したのだと信じて、木馬を城門の中に入れようとした。これを見たプリアモス王の娘カッサンドラは、「兵士が潜んでいる」と叫び、神官ラオコオンも同様に、城内に引き入れることに反対したが、トロイア人らは彼らの言葉を信じず、ギリシア軍に勝利したと思い、木馬を城市の中に引き入れ祝宴をはった。ここまでの話は、「叙事詩の環」と通称される作品群のうち、ミテュレネ出身のレスケスによる『小イリアス』という作品に描かれていた。その続きは、同様の作品であるミレトス出身アルクティノスの『イリウ・ペルシス』で語られる。これらの作品はともに現存しないが、プロクロスの梗概によってその内容が知られる。

話を続けると、ここで意見が三つに分かれる。木馬を崖から突き落とせというもの、火で焼き払えというもの(ホメロスの『オデュッセイア』では、刃で切り裂けとある)、奉納品としてアテナに献納せよというものであるが、結局、第三の意見に従うことで決着がついた。民衆が祝宴に浮かれていたとき、海から二匹の巨大な蛇が出現し、ラオコオンとその息子を絞め殺してしまう。この前兆を目にすると、アイネイアスらは恐れを抱き、トロイアを去ってしまう。そのうちに、わざと投降していたギリシア人のシノンが、夜陰にまぎれて合図を送りギリシア軍を呼び戻すと、木馬の中の兵士たちも外に出てトロイア人を急襲し、城市を陥落させた。

仔細は別として、これは誰でもご存知のトロイア陥落の物語である。木馬はギリシア兵を内に隠したというだけに巨大なものであったと予想されるが、はたして何人のギリシア軍兵士が中に潜んでいたのだろうか。『小イリアス』の断片は三〇〇〇人という数字を挙げているが、これはありそうもないだろう。偽アポロドロスの『摘要』のほうは五〇人、クイントス・スミュルナイオス『ホメロス後日譚』も三〇人あるいはそれ以上と妥当な数字を挙げている。十二世紀にビザンティンで活躍したツェツェースという詩人、文法学者がいるが、彼は『ポストホメリカ』という書物の中で、二三という数字を挙げ、その全員の名前を書き記している。ネオプトレモスから始まり、知将オデュッセウスで終わっているが、些末なことにこだわるビザンティン学者の熱意と執念に頭が下がるものの、これが何を根拠に言われているのかはわからない。

ミコノス島出土のアンポラ

（文／國方栄二）

●月報表紙写真 —— ピュタゴラス派の影響下に前五世紀初頭、パルメニデスによって創建されたエレア派は、初期自然学の展開に決定的な転機をもたらす。その地はポンペイの辺りから海岸沿いに一〇〇キロメートルほど南下したところ、今日ヴェリアと呼ばれる小邑附近に多くの興味深い遺構をとどめている。当時は海に突き出た岬だった高地がアクロポリスで、その先端にはアテナ神殿跡がある。写真は、市域を囲繞する道路の要衝地点に前四世紀半ばに造られたアーチ式の「バラの門」（空洞部の高さ五・三六メートル）で、その手前にはまさにパルメニデスの時代の旧門の基壇が確認できる。彼の哲学詩に語られている「真理の道」に通じる石の門にイメージを重ねたくなりそうだ。写真の左側につづく高台一帯がアクロポリスである。（一九九四年九月撮影　高野義郎氏提供）

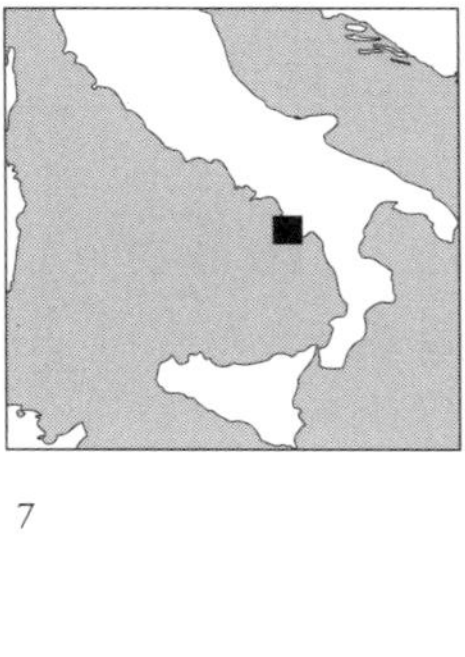

西洋古典叢書

［第Ⅳ期］全25冊

★印既刊

●ギリシア古典篇

アキレウス・タティオス　レウキッペとクレイトポン★　中谷彩一郎 訳

アラトス他　ギリシア教訓叙事詩集★　伊藤照夫 訳

アリストクセノス他　古代音楽論集★　山本建郎 訳

アリストテレス　トピカ★　池田康男 訳

アルビノス他　プラトン哲学入門★　中畑正志 編

ガレノス　ヒッポクラテスとプラトンの学説 2　内山勝利・木原志乃 訳

クイントス・スミュルナイオス　ホメロス後日譚　森岡紀子 訳

クセノポン　ソクラテス言行録 1★　内山勝利 訳

セクストス・エンペイリコス　学者たちへの論駁 3★　金山弥平・金山万里子 訳

テオプラストス　植物誌 1★　小川洋子 訳

デモステネス　弁論集 2★　木曽明子 訳

ピロストラトス　エクプラシス集　羽田康一 訳

ピロストラトス　テュアナのアポロニオス伝 1★　秦　剛平 訳

ピロストラトス　テュアナのアポロニオス伝 2　秦　剛平 訳

プラトン　饗宴／パイドン★　朴　一功 訳

プルタルコス　英雄伝 1★　柳沼重剛 訳

プルタルコス　英雄伝 2★　柳沼重剛 訳

プルタルコス　モラリア 1★　瀬口昌久 訳

プルタルコス　モラリア 5★　丸橋　裕 訳

プルタルコス　モラリア 7★　田中龍山 訳

ポリュビオス　歴史 2★　城江良和 訳

●ラテン古典篇

クインティリアヌス　弁論家の教育 2★　森谷宇一他 訳

スパルティアヌス他　ローマ皇帝群像 3★　桑山由文・井上文則 訳

リウィウス　ローマ建国以来の歴史 1★　岩谷　智 訳

リウィウス　ローマ建国以来の歴史 3★　毛利　晶 訳

「いや、偶運と行為とはまったく正反対のものだとわたしは思っている。なぜなら、求めずして何かしかるべきものにうまく行き当たることが幸運だと思うのに対して、学びかつ修練を積んだ上で何か事をうまくなすことが行為の順調さだと考えているのでね。そして、それを務めとしている人たちが事をうまく運ぶ［幸いに恵まれる］のだとわたしには思われる」。

一五　そして最もすぐれた人たち、最も神々に愛される人たちとは、農耕においては農作業をうまく運ぶ者たちであり、医療においては医療行為をうまく運ぶ者たちであり、国政においては国家公共のことをうまく運ぶ者たちのことである、と彼は言った。何一つうまく事を運べない者は、何の役にも立たず、神々に愛されもしない、とも彼は言った。

第十章

一　さらにまた、諸技能を身につけ、仕事としてそれらを行使している人たちと対話を交わす機会があれば、ソクラテスはこうした人たちにも裨益するところ大であった。いつか画家のパラシオス(1)のところへ出かけて行き、彼と対話を交わしたときのこと、

(1) 古典期最大の画家の一人。エペソス出身で父エウエノルも画家だった。生没年は不詳だが、のちにアテナイに定住し、ペロポネソス戦争期に活躍したとも伝えられている（しかし、以下の対話では彼はいまだ若年であることを示唆してい→

「どうかね」とソクラテスは言った、「パラシオスよ、絵画とは目に見えるものの似像作成のことだね。ともかくも君たちは、いろんな身体を、その窪んだところや盛り上がったところ、陰になったところや光に照らされたところ、固いところや柔らかいところ、ごつごつしたところやなめらかなところ、あるいは若い身体や年老いた身体を、絵の具を使って写し取っているわけだ」。

「あなたのおっしゃるとおりです」と彼は言った。

二 「そこでしかし、美しい姿を描こうとすると、すべてを完全無欠に備えている一人の人間に出会うことは容易ではないので、多くの人たちから個々別々に最も美しい部位を寄せ集めて、全体としての身体が美しく見えるようにするのだ」。

三 「実際われわれは」と彼は言った、「そうしていますとも」。

「ではどうかね」とソクラテスは言った、「きわめて強力に人を得心させ、きわめて大きな悦びを与え、きわめて豊かな友愛の情に富み、きわめて強い憧憬の念を引き起こし、きわめて激しい愛を呼び覚ますような、魂の性格は描けるだろうか。それともそれは描写しようのないものだろうか」。

「いったいどのようにして」と彼は言った、「ソクラテスさん、大きさの割合もなければ色もなく、さきほどあなたが言われたような要因を何一つ持たず、総じてまったく目に見えないものが、描写できるでしょうか」。

四 「しかし」とソクラテスは言った、「人間には好意的な気持ちで人を見やることもあれば、敵対心をもって見やることもあるね」。

「わたしにはそう思えます」と彼は言った。

「ではそのさまは目つきとして描写できるのではないか」。

「まったくそのとおりです」と彼は言った。

「友人たちに慶事があったときと凶事があったときとでは、その人を思いやる者たちとそうでない者たちとが同じような顔つきをすると君には思われるかね」(1)。

「ゼウスにかけて、きっとそうではないでしょう」と彼は言った、「慶事には明るい顔つきに、凶事には暗い顔つきになりますから」。

「すると」とソクラテスは言った、「それらもまた似せて描くことができるのではないか」。

「まったくそのとおりです」と彼は言った。
五　「さらにまた、度量の大きさや自由精神、卑賤さや自由精神の欠如、思慮分別や思慮、横暴さや粗暴さといったものも、人間が静止していようと動いていようと、その顔つきや姿勢にはっきり現われるもの

↙る)。同時代の画家にゼウクシスがいて、互いに覇を競ったことを伝える逸話が多い。両者ともに当時盛行しつつあったリアルな画風で英雄像などを描いて名を成したが、作品は何も伝存しない。
(1)「その人を思いやる者とそうでない者とが」は文脈上ほとんど意味をなさない。Hartman に従って、後代の手によるものとして削除するべきか。

だ」。

「あなたのおっしゃるとおりです」と彼は言った。

「すると、それらもまた描写できるのではないか」。

「まったくそのとおりです」と彼は言った。

「では」とソクラテスは言った、「立派で、すぐれていて、敬愛すべき性格が体現されている人間を見るのと、醜くて、愚劣で、厭わしい性格が体現されている人間を見るのとでは、どちらが心地よいと君は思うのかね」。

「ゼウスにかけて、まるで大きな」と彼は言った、「違いがありますよ、ソクラテスさん」。
六　またいつか彫像製作家のクレイトン(1)のところへ出かけて行き、彼と対話を交わしたときのこと、
「クレイトンよ」とソクラテスは言った、「君が製作する走者やレスリング競技者や拳闘家やパンクラティオン競技者が見事なことは、見て知っている。しかし、視覚を通じて人間たちの心をとりわけ惹きつけるところのもの、つまり生き生きとしたさまのことだが、君はそれをどのようにして彫像に造り込むのかね」。
七　クレイトンが当惑してすぐには答えられずにいると、
「それは」とソクラテスは言った、「君の作品を生ける者の形姿に似せて造ることによって、彫像をより生き生きとしたものに見えるようにする、ということかね」。

「まったくそのとおりです」と彼は言った。

「では、姿勢の具合で身体の各部位が下に引き下ろされたり、上に引き上げられたり、押し縮められたり、

引き伸ばされたり、緊張したり、弛緩したりしているさまを、なるべく本物どおりに似せて造り、なるべくもっともらしく見えるようにするのかね」。

「むろんそのとおりです」と彼は言った。

八 「しかし、何らかのことをしている身体に生じているいろんな情動をも写し取れば、見るものに特別の愉悦を与えるのではないだろうか」。

「当然のことでしょう」と彼は言った。

「すると、闘っている者たちの威圧的な目つきや、勝者たちの歓びあふれた表情をも写し取らなければならないのかね」。

「断じてそのとおりです」と彼は言った。

「では、彫像製作家たる者は、魂の活動をも形姿として似せて表わさなければならないのだ」。

九 また胴鎧製作者のピスティアス(2)のところへ出かけたときのこと、彼がソクラテスに見事に造られた胴鎧を見せると、

「女神ヘラにかけて(3)」とソクラテスは言った、「ピスティアスよ、人間の防護すべき箇所を胴鎧で防護し、両手を使うには妨げにならないとは、実にすばらしい発明だ。一〇 しかしながら」とソクラテスは言った、

(1) ここにしか言及されていない不詳の人物。
(2) ここにしか言及されていない不詳の人物。
(3) 五一頁の註(2)参照。

「どうか言ってくれないかね、ピスティアスよ、君の胴鎧は他の製作者のものに較べてより頑丈でもなければ、より費用がかかっているわけでもないのに、君はどうしてより高い値で売っているのかね」。

「それは」と彼は言った、「ソクラテスさん、わたしの造るものは釣り合いがよりよくとれているからです」。

「その釣り合いというのを」とソクラテスは言った、「寸法か重さか、そのどちらで表示して、より高い値をつけているのかね。もしぴったり合うように造るのならば、君はすべての鎧を同じように等しい大きさで造りはしないと思うからだが」。

「いや、ゼウスにかけて」と彼は言った、「ぴったり合うように造りますとも。そうでなければ、胴鎧は何の役にも立ちませんから」。

一一 「ところで」とソクラテスは言った、「人間の身体は人により釣り合いのとれているのもあれば、釣り合いのとれていないのもあるのではないか」。

「むろんそのとおりです」と彼は言った。

「では」とソクラテスは言った、「胴鎧を釣り合いのとれていない身体にぴったり合わせながら、どのようにしてそれを釣り合いのとれたものにするのかね」。

「まさにぴったり合ったのを造るのですよ」と彼は言った、「ぴったり合ったものがよく釣り合いのとれたものなのですから」。

一二 「思うに君は」とソクラテスは言った、「よく釣り合いがとれているというのは、鎧そのもののことで言っているのではなく、それを身につける者との関係で言っているのだね。ちょうど楯がある者にぴったり合えば、それはその者とうまく釣り合いがとれていると言うような具合であり、軍用短外衣その他のものも、君の言い方をすれば同様であるというわけだ。一三　そしてどうやらぴったり合っているということには、もう一つ些細ならざる利点がありそうだ」。

「教えてくださいよ」と彼は言った、「ソクラテスさん、もし何かご存じでしたら」。

「ぴったり合った胴鎧は」とソクラテスは言った、「うまく合っていないのに較べると、同じ重量でもかかる重さが少なくてすむ。なぜなら、うまく合っていないほうは全体が肩から吊り下がるか、あるいは身体のどこか他の部位を強く圧迫するかして、纏いにくく厄介なものになるからだ。しかしぴったり合っているほうはその重さを、一部は鎖骨や肩骨に、一部は肩に、一部は胸に、一部は背中に、一部は腹部に分散させて、ほとんど装着物というよりも付加物のようなものになるのである」。

一四　「あなたがおっしゃってくれたことは」と彼は言った、「このわたしが自分の製作物にきわめて高い価値があると考えている理由にほかなりません。ところが、一部の人たちは派手な装飾を施したり金張りにした胴鎧のほうを、むしろ買い求めるのです」。

「しかし」とソクラテスは言った、「そんなことのためにぴったり合ってはいない胴鎧を買うとすれば、そういう連中は、派手な装飾を施したり金張りにしてはあっても不良品を買うことになるとわたしには思われるね。一五　ところで」とソクラテスは言った、「身体はじっとしてはいずに、ときには曲がり、ときには真っ直ぐになるからには、どうしてきっちりした胴鎧がぴったり合っていることになるのだろうか」。

「けっしてそうではありません」と彼は言った。

「君が」とソクラテスは言った、「ぴったり合っていると言うのは、きっちりしたもののことではなくて、装着していて苦痛を与えないもののことだね」。

「あなた自らが」と彼は言った、「そうおっしゃっているのですが、ソクラテスさん、まったく正しく理解してくれています」。

第十一章

一　いつかこのアテナイの国に美しい女性がいて、その名はテオドテ(1)、そして話がつけば誰とでもいっしょに付き合うような女性だったが、ソクラテスのそばに居合わせた者たちの誰かが彼女のことを口にして、この女性の美しさたるや言葉に絶するものがあると言い、また画家たちが彼女のもとを訪れて絵に描こうとすると、彼女は彼らに対して自分のありったけ美しい姿をさらしてみせる、と述べると、「出かけて言ってこの目で見なければなるまい」とソクラテスは言った、「言葉を絶したものとあっては、話に聞いても分かりはしないからね」。

二　すると、その話をした男が「ぐずぐずしないで、ついておいでなさい」と言った。そういう次第で、一同がテオドテの家に赴くと、ちょうど彼女がある画家にポーズをとっているところに出くわし、彼らはそれを眺めた。

画家が描くのをやめたところで、
「皆さん方」とソクラテスは言った、「彼女の美しさをわれわれに見せてくれたことで、われわれがテオドテに対して感謝するべきだろうか、それともわれわれが彼女を見に来たことで彼女がわれわれに感謝するべきだろうか。もし見せることが彼女にとってより有益であれば、彼女がわれわれに感謝しなければならないし、その見物がわれわれにとってより有益であれば、われわれが彼女に感謝しなければならない」。

三　ある者がソクラテスの言っていることは正しいと言うと、
「どうかね」とソクラテスは言った、「彼女はすでにわれわれの賞賛という利益を得ている上に、われわれが多くの人たちに言い広めるとなれば、いっそう益を得ることになろう。しかしわれわれのほうは、目にしたものにすぐにも触れたいという欲望を感じていて、気持ちをうずかせながらこの場を立ち去るだろうし、離れてのちは思い焦がれることになろう。こうしたことからすると、どうやらわれわれは仕え崇める側で、彼女は仕え崇められる側ということらしい」。

するとテオドテが「ゼウスにかけて」と言った、「ではもしそのとおりでしたら、見ていただいたことで、わたしはあなたがたに感謝しなければならないようです」。

（1）テオドテは高級娼婦 *ἑταίρα* の一人。アルキビアデスの愛人として有名で、一説によれば彼がプリュギアの地で刺客に殺されたときもいっしょにいて、彼の遺骸を自分の衣装に包んで葬ったと伝えられている（コルネリウス・ネポスによる。ただし、プルタルコス『アルキビアデス伝』三九は、その女性をティマンドラとしている）。

四　そのあとでソクラテスは、彼女が豪華に着飾り、彼女の傍らにいた母親もあり合わせのものならぬ衣装や飾り付けに身を包んでいるのを見て、また多数の容姿すぐれた侍女たちがいて、彼女らもよく気づかいがされているさまや、そのほかにも家屋全体が惜しげもなく調《ととの》えられているさまを見ると、
「どうか言ってくれないかな」と言った、「テオドテよ、あなたには畑地でもあるかね」。

「いいえ、わたしには」と彼女は言った。

「しかし、では収益の上がる家屋があるのかね」。

「家屋もありません」と彼女は言った。

「しかし、何人かの手職人はかかえていないのかね」。

「いいえ、手職人たちもおりません」と彼女は言った。

「では、どこから」とソクラテスは言った、「生活の糧を得ているのかな」。

「どなたかが」と彼女は言った、「わたしを好きになって、親切にしてやろうと思ってくだされば、その方《かた》がわたしの生計の道なのです」。
五　「女神ヘラにかけて」とソクラテスは言った、「テオドテよ、それはすばらしい資産だ。羊や山羊や牛の群れを所有しているよりも、友達の群れを所有しているほうが、ずっとまさっている。ところで」と彼は言った、「誰かあなたを好いてくれる友達が、まるでハエのように飛んでくるかどうかは偶然に任せているのか、それともあなた自身でも何か工夫をしているのかね」。
六　「しかし、どうすれば」と彼女は言った、「そのための工夫など見つけられるのでしょうか」。

「ゼウスにかけて」とソクラテスは言った、「あなたならむしろ毒グモなどよりもずっとうまくやれるよ。ご承知のとおり、クモは生きるために獲物を捕らえているのでね。つまり、薄いクモの巣を張りめぐらして、そこに飛び込んでくるものを餌にしているのだよ」。

七 「それで、わたしにも」と彼女は言った、「捕捉用の仕掛けでも張りめぐらすことを勧めようというのですか」。

「いや、そうではない。さほど手もなく最高に値打ちのある獲物たる友達連中を獲得できるだろうと思ってはいけない。わずかな値打ちしかない兎を狩るのにも、多くの策を弄することを、あなたは知らないのかな。八 というのも、兎は夜中に草を食むので、夜間行動用の犬を確保して、それらを使って兎を狩るのだよ。そして夜が明けると兎は逃げていくから、また別の犬を手に入れておくと、それらの犬が草地から巣穴まで跡を辿って行き、臭いで感知して兎を見つけ出す。しかし兎は脚が速いから、おおっぴらに走って逃げていくので、さらに別の俊足の犬を準備しておいて、それらが脚で追いかけて捉まえるようにする。それでもいくらかの兎はそれらの犬をも振り切って逃げて行くから、その逃げ道に網を仕掛けておいて、それに引っかかって脚がからむようにするのだよ」。

九 「しかし、その手のどんなやり方で」と彼女は言った、「友達を捉まえればいいのでしょうか」。

「ゼウスにかけて」とソクラテスは言った、「犬のかわりに、誰かあなたのために跡を辿って美人好きで裕福な友達連中を見つけようとしてくれる者を、そして見つけたら、彼らをあなたの網の中へ追い込むように手を打ってくれる者を獲得すればいいのさ」。

一〇 「しかし、どんな網を」と彼女は言った、「わたしは持っているのかしら」。
「一つだけだが」とソクラテスは言った、「きっととてもよく絡みつくのを持っているとも。あなたの身体だ。そして身体内には魂をも持っていて、その魂によってあなたはどんな風に見つめれば人を悦ばせるか、どんなことを言えば人を楽しませられるかを知り、また目をかけてくれる人なら喜んで迎え入れるが、気まぐれな人は締め出しを食らわせねばならないことや、友達が病にかかったら心のこもった態度で見舞いに行き、何か立派なことをなし遂げたときにはいっしょに大喜びしなければならないこと、そしてとびきりあなたのことを気にかけてくれる友達には、魂のすべてを捧げて相手の意を迎えなければならないことを知るのだ。人を愛するにはなよなよしてばかりいないで、真心をもってすることをあなたはよく心得ているのが、わたしにはよく分かっている。そして、あなたは友達連中が好きだということを、わたしには分かるのだが、言葉の上ではなく実を示して得心させている」。
「しかし、ゼウスにかけて」とテオドテは言った、「わたしはそんなことの何一つも策を弄したりしてはいませんよ」。
一一 「とはいっても」とソクラテスは言った、「自然に、しかも正しい仕方で人に近づいて行くことが、大きな差を生むのだよ。事実、無理やりに友達を捕まえたり押しとどめたりしておくことはできないが、好意的ふるまいと快楽をもってすれば、この獲物は捕まえやすいし、そばにとどめておきやすいものだ」。
「あなたのおっしゃるとおりです」と彼女は言った。
一二 「それでは」とソクラテスは言った、「まず第一に、あなたのことを気にかけてくれる者たちに、彼らのごくわずかな手間にしかならないようなことをしてくれるように頼んでみることだ。次はあなたが同じようにしてその好意にお返しをしなくてはいけない。このようにすれば、彼らは心底から友達になって、ずっと長いあいだ友達でいられるし、最大の親切を尽くしてくれるだろうからね。一三　あなたの側からの贈り物は相手に求められてからすれば、とりわけ悦ばれるものだ。なぜなら、あなたもお分かりのように、最も美味しい食べ物でも欲しくなる前に出されればうとましく見え、満腹であれば吐き気さえもよおすことになる。しかし、空腹にさせておいてから差し出せば、もっと粗末なものであってもとても美味しそうに見えるものだ」。

一四「では、わたしは」とテオドテは言った、「どのようにすれば、わたしのところへ来ている人たちの誰かを空腹にさせることができるのでしょうか」。

「ゼウスにかけて」とソクラテスは言った、「まずは満腹状態の者たちには、飽満感がやまってふたたび欲求が起こるまでは、あなたのほうから差し出さず、誘いをかけることもしないでおくことだ。そうしてから、欲求が起こった者たちには、できるかぎりつつましやかな接し方と、相手の意を迎えたいという気持ちを顕わにせずに、逃げるそぶりを見せつつ誘いをかけて、彼らの欲求が最高度に達するのを待つのだね。同じ贈り物でも、こういうときにすれば、欲望が起きる前とは大きな差があるからだよ」。

一五　するとテオドテが「ではどうしてあなたが」と言った、「ソクラテスさん、わたしの友達狩りの仲間になってくださらないのですか」。

「いや、ゼウスにかけて、もしも」とソクラテスは言った、「あなたがわたしを説き伏せられればね」。

「では、どのようにすれば」と彼女は言った、「あなたを説き伏せられるのでしょうか」。

「それは自分で探して」とソクラテスは言った、「策を講じてみるのだね、もしもわたしを必要とすることがあるのならば」。

「では、足繁くわたしのところへ来てくださいよ」。

一六　するとソクラテスは、自分が安閑としていることを冗談めかしながら、「しかし、テオドテよ」と言った、「暇を見つけるのはわたしにはさほど容易ではないのだ。私的な用務も、また公的な用務も多くて、それらがわたしを多忙の身にさせているからね。しかもわたしには何人もの愛人たち[1]がいて、彼女らは昼と言わず夜と言わずわたしを自分たちから離そうとせずに、わたしから秘薬や呪文を学んでいるのだ」。

一七　「なるほど、あなたは」と彼女は言った、「そんなことまでご存じなんですね、ソクラテスさん」。

「さもなければ、どうして」とソクラテスは言った、「ここにいるアポロドロス[2]やアンティステネスが、いつまでもわたしのもとを去らずにいると思うのかね。また、どうしてケベスやシミアスがテバイからやって来るのかね。いいかね、そうしたことはたくさんの秘薬や呪文や魔法の輪（ユンクス）[3]なくしてはありえないのだよ」。

一八　「それなら、わたしに」と彼女は言った、「その魔法の輪を貸してくださいよ。それを廻して、まずはじめにあなたを引き寄せますから」。

「しかし、ゼウスにかけて」とソクラテスは言った、「わたしのほうがあなたに引き寄せられたくはないね。むしろあなたがわたしのところへやって来てもらいたい」。

「では参りますとも」と彼女は言った、「ぜひ歓待してくださいよ」。

「ええ、あなたを歓待しましょう」とソクラテスは言った、「ただし、もしもあなた以上に気に入りの女性(4)が家にいなければ、の話だがね」。

第十二章

一　エピゲネス(5)という親しい仲間の一人が、年若いのに貧弱な身体つきをしているのを見て、「何とも素人っぽい」とソクラテスは言った、「身体つきをしているのだね、エピゲネスよ」。

---

(1) 女性形で言われているが、ソクラテスの「仲間」の若者たちのこと。
(2) 最も熱心なソクラテスの「仲間」の一人。ソクラテスを崇拝し、また激しやすい性格だったことが、プラトンの『饗宴』や『パイドン』からも知られる。クセノポン『ソクラテスの弁明』二八にも登場。
(3)「ユンクス ἴυγξ」は元来は鳥の名で、アリスイ（iynx torquilla）のこと。キツツキ科に属し大きさはモズ程度。ユーラシア大陸に広く分布する渡り鳥で、日本にも飛来する。興奮すると首を大きく動かす癖があり、これを車輪状のものに繋ぎ止めて回転させる仕掛けを、恋人の心を引き寄せるための呪《まじな》いの具とした（ピンダロス『ピュティア祝勝歌』第四歌二一三―二一七行参照）。のちには人の手で輪を廻しながら呪文を唱えるようになり、その輪をも同じ名で呼んだ。
(4) やはり、ソクラテスの「仲間」の若者たちのこと。
(5) エピゲネスはソクラテスの「仲間」の一人で、ソクラテスの裁判および最期の日に居合わせた人たちの中にも彼の名が見える（プラトン『ソクラテスの弁明』三三E、『パイドン』五九B）。

するると、彼は「わたしは」と言った、「素人なのですから、ソクラテスさん」。

「しかし」とソクラテスは言った、オリュンピアの競技に出て闘おうと思っている者たちと、事は何ら変わりはしないさ。それとも君は、命懸けで敵と戦う闘争を、一旦事あればアテナイ人は始める意気込みでいるのだが、そんなものは些細なことだ、と思っているのかね。二　しかしともかく、少なからぬ人たちが身体虚弱のために戦の危険の中で死んでいったり、恥ずかしい生き残り方をしたりしている。また多くの人たちが、まさにそのために生きながら捕えられて捕虜となり、残る生涯を、もしそういうめぐり合せであれば、奴隷として、過酷さをきわめた隷従状態に置かれるか、さもなければ悲惨の限りの責め苦に遭い、また場合によっては自分の財産よりも多額の身代金を支払う羽目となり、残る生涯を必要最低限のものにも事欠いて悲惨な境遇の中で生きながらえることになる。あるいはまた多くの人たちが身体の非力のために、びくびくしていると思われ、恥ずべき評判を立てられもするのである。三　それとも君はこうした身体虚弱の報いを軽んじて、その類のことに容易に耐えられるとでも思っているのかね。それに、身体の強健さに心がける者が耐え忍ばなければならないものごとのほうが、今言ったような目に遭うよりも、はるかにたやすく、はるかに楽しいとわたしは思う。それとも君は強健さよりも虚弱さのほうが健康によく、さらに他にもいいことがあるとでも考えるのか。あるいは、強健さのゆえにもたらされる事柄を、君は軽んじているのかね。四　ともかくも、身体が強健である者は、貧弱な者に比してすべてまったく正反対の結果になる。身体が強健な者は健康であり、体力があるからだ。そして、多くの人たちがそのおかげで戦における闘争に堂々と生き残り、あらゆる危険を切り抜ける。また多くの人たちが友人たちを援護し、祖国に貢献して、それゆえに感謝されてしかるべきとものとされるとともに、大きな名声と最高の名誉を獲得し、［そのために］(1) 残りの生涯をより楽しく、より立派に全うして、しかもその子供たちにも生涯にわたるより立派な財を残しもするのである。

五　なるほど国家は戦争に備えるべき事柄を公的に訓練させはしないが、(2) それだからと言って個々人がそれをなおざりにしてはならず、むしろなおさらのこと熱心に努めなければならない。いいかね、その他のいかなる闘争においても、またいかなることを行なうにあたっても、身体よりすぐれたものに鍛えておいてかえって不利になるようなことは、けっしてないだろう。なぜなら、人間の行なうすべてのものごとに対して、身体は有用だからである。そして身体を行使するどんな場合であれ、できるだけすぐれた身体を持っていることが、大きな強みとなるのである。六　最も身体を行使しないと君が思う場合、つまりものを考える場合でさえ、身体が健康でないために、多くの人たちがその場合にも大きな誤りを犯すことを、知らない人がいるだろうか。忘却とか無気力とか不機嫌とか狂気とかが、身体虚弱が原因となって、しばしば多くの人たちの思考の中に入り込んできて、知識さえ追い出してしまうのだ。七　他方、身体が強健な者はきわめて堅実

(1) Bessario のラテン語版（1521, Rome）に従い、Sauppe はこの διὰ ταῦτα を後代の手によるものとしている。

(2) ラケダイモン（スパルタ）における激しい軍事教練との相違がほのめかされている。また、オリュンピアの競技会に出場する運動選手については、アテナイでも公的な養成が行なわれていたこととのアイロニカルな対比も込められているだろう。

で、身体の虚弱さのせいでその類のことをこうむる危険はまったくないばかりか、どうやら身体虚弱のせいで起こるのとは正反対の事態のために、その強健さは役立つもののようである。まったくの話、今しがた語られたのと正反対のあり方を目指すためとあらば、心ある人が耐え忍ぼうとしないことなどありえようか。

八　また、怠慢のせいで自分自身が身体的にどれほどの美しさをきわめ、どれほどの力強さをきわめるかを見ることなく、年老いてしまうのは恥ずべきことである。しかし怠慢な者はそれを見ることができない。それは独りでに達成されるものではないからである」。

第十三章

一　いつか誰かが、ある人に挨拶の言葉をかけたのに返答してくれなかったと言って腹を立てていると、「おかしなことだね」とソクラテスは言った、「誰か身体の具合のよくない者と出会っても腹を立てはしないのに、魂が粗野な状態にある者とたまたまであったからというので、君が苦痛を感ずるとはね」。

二　別の人が、食事がうとましいと言うと、

「アクウメノスが(1)」とソクラテスは言った、「それによく効く薬を教えてくれるよ」。

「どんな薬ですか」と訊ねると、

「食事をやめることだ」とソクラテスは言った、「やめれば、より快適に、より安上がりに、より健康に過ごせるだろう」。

三　また別の人が、自分の家の飲み水は生温《なまあたた》かで、と言うと、「では」とソクラテスは言った、「温かい水で入浴しようと思うときには、準備ができていることになろう」。
「いや、しかし」と彼は言った、「入浴するのには冷たいのです」。

「では、しかし」とソクラテスは言った、「君の使用人たちもそれを飲んだり、それで入浴したりするときに不満を漏らすのかね」。

「いいえ、ゼウスにかけて」と彼は言った、「それどころか、しばしば驚かされるのですが、彼らはそのいずれにもいかにも心地よさそうに用いています」。

「しかし」とソクラテスは言った、「君の家の水はアスクレピオスの神域(2)の水と較べて、飲むとどちらがよ

(1)アクウメノスはアテナイの有名な医師で、ソクラテスの友人（プラトン『パイドロス』二二七A、二六八A参照）。プラトン『饗宴』に登場するエリュクシマコスは彼の息子で、やはりすぐれた医師だった。
(2)アスクレピオスは、（異説も多いが）一般にアポロンの子でケンタウロスの賢者ケイロンに育てられたとされる医神。ギリシア全域で崇拝され、コス島、クニドス島をはじめ各地にアスクレピオス神殿が建立されて、所属の医師団（アスクレーピアダイ）が治療に当たっていた。古典期に最も栄えたのはエピダウロスのアスクレピオス神殿で、ここでソクラテスが言っているのもそれのことか。しかし、前五世紀終わり近くにはアテナイのアクロポリスの南斜面にもアスクレピオスの神域が設営されたので、むしろこちらを指していると考えるべきかもしれない。「水」とは、次に「病弱の者たち」が言及されているように、治療のために飲んだり、（次のアンピアラオスの神域の場合は）水浴したりする聖水のこと。

り生温かいのかね」。

「アスクレピオスの神域の水のほうです」と彼は言った。

「では、君の家の水とアンピアラオスの神域の水とでは、入浴するとどちらがより冷たいのかね」。

「アンピアラオスの神域の水のほうです」と彼は言った。

「では、よく肝に銘ずることだ」とソクラテスは言った、「きみはどうやら使用人たちや病弱の者たちよりも不平不満が多いらしい」。

四 ある人が従僕を激しく叱りつけていると、ソクラテスは、どうして召使に腹を立てているのかと訊ねた。

「そのわけは」と彼は言った、「こいつが、ひどく料理に贅沢なくせに何ともののろまで、金銭に貪欲なくせに大の怠け者だからさ」。

「だとすれば、君とその召使とでは、どちらがより多く殴られる必要があるのか、これまで一度でも考えたことがおありかな」。

五 ある人がオリュンピアへの旅を怖がっていると、

「どうして」とソクラテスは言った、「旅行が怖いのかね。君が家にいても、ほとんど一日中歩きまわっているのではないか。かの地まで旅行すると言っても、散歩して朝食をとり、また散歩して夕食をとり、休息するのだろう。君が五日か六日のうちに散歩する、その散歩の分を継ぎ足していけば、簡単にアテナイからオリュンピアまで到着できることを君は知らないのかね。そして、一日でも出発を早めることは遅らせるよりも安楽だ。旅程をちょうど適度なもの以上に延ばさなければならないのはきびしいが、一日余計に旅行するのはごく気楽なことだからね」。

六　また別の人が、長い道のりを旅行して疲れ果てたと言うと、ソクラテスは、荷物は自分がかついだのか、と彼に訊ねた。

「いや、ゼウスにかけて、自分では」と彼は言った、「かつがずに、上衣（ヒーマティオン）を持っただけさ」。

「君一人で旅行したのかね」とソクラテスは言った、「それとも従者が君について歩いたのかね」。

「ついて歩いたさ」と彼は言った。

「従者は手ぶらでかね」とソクラテスは言った、「それとも何かを持ってかね」。

「ゼウスにかけて、持っていたとも」と彼は言った、「寝具用敷物その他の装備品をね」。

「それで」とソクラテスは言った、「旅を終えて、彼はどんなだったのかね」。

---

(1) アンピアラオスは神話伝説上のアルゴスの英雄で予言能力に長じていた。アルゴスがポリュネイケスのテバイ攻めを支援したとき、その結果を予知した彼は出陣を拒むが、奸計にかかり参戦を余儀なくされ、敵に討たれそうになったとき、ゼウスの力で不死を約束されて地下に呑み込まれる。のちにその地点（テバイとポトニアイの中間）に神殿が建てられ、聖域内で神託と病気治療が行なわれた。ただし、やはり前五世紀終わり近くに、アッティカとボイオティアの国境付近（パルネス山北側の海岸沿い）の町オロポスにその分社のようなものが設営されているので、ソクラテスはむしろこちらのほうを指していると考えるべきかもしれない。

「わたしが見るところでは」と彼は言った、「わたしより良好だったね」。

「ではどうだろう」とソクラテスは言った、「もしも彼の荷物を君がかつがなければならなかったとしたら、君はどんなことになっただろうと思うかね」。

「ゼウスにかけて、ひどいことになっていただろう」と彼は言った、「いやそれ以上に、持ち運ぶこともできなかったことだろう」。

「労苦に耐える能力がそれほどにも君の召使に劣るなんて、どんな修練を積んできた男の有様だと君は思うのかね」。

第十四章

一　会食の集まり(1)のさい、ある者たちは少しの料理(2)を、またある者たちはたくさんの料理を持参すると、いつもソクラテスは召使に命じて少量のものを全員用のものに入れ込むか、少しずつ各人に配分するか、させていた。すると、たくさんの料理を持参した者たちは、全員用のに入れ込まれたものを共有しないのも、また自分たちのものを代わりに差し出さないのも気まずく感じた。それで、彼らも自分たちのものを全員用のものに入れ込むのだった。その結果、彼らも少しのものを持ってくる者たち以上に多くの料理に与らないことになったために、料理に高い経費を使うことをやめたのだった。
二　またあるとき、ソクラテスは、会食仲間の一人がパンの類(3)を食べずにもっぱら料理ばかりを食べているのに気がついたが、ちょうどそのときの議論が名前をめぐるもので、それぞれの名前はどんな行為にあてはまるかということだったので、

「どうだろう」と彼は言った、「皆さん、いったいどんな行為について人間は料理道楽〔料理食らい〕と呼ばれるのか言えるかね。というのは、たしかに誰でもその場に料理があれば、パンに添えてそれを食べるが、しかしそれではまだ料理道楽〔料理食らい〕とは呼ばれないと思われる」。

「むろん、そうは呼ばれません」と、その場の誰かが言った。

三 「ではどうかね」とソクラテスは言った、「もしも誰かがパンなしに料理ばかりを、それも鍛錬のためではなく快感のために食するならば、その人は料理道楽〔料理食らい〕だと思うかね、それともそうは思わないかね」。

「およその他には」と彼は言った、「料理道楽〔料理食らい〕はいないでしょう」。

---

(1) 当時、市民同士の社交の場として、酒宴（シュンポシオン）や、ここに言われている会食の集まり（エラノスと言われる小パーティのようなものに当たる）がかなり頻繁に行なわれた。そのさい、全員に用意された料理のほかに、各自が好みのものを持ち寄ることも一般に行なわれていた。

(2)「料理 ὄψον」は、食卓に出されるもののうち、パンや穀類以外のものすべてに該当するが、主として魚（および若干の肉類）を調理したものやスープ類がそれである。

(3)「パンの類」とした σῖτος は、穀類およびその加工食品一般を含む。軍事行動などにおける σῖτος（糧秣）には雑多なものが含まれるが、通例の食卓に出されるのはもっぱらパンと考えてよい（したがって、以下の訳文では単に「パン」とした）。

するとその場にいた別の者が「少量のパンに」と言った、「たくさんの料理をいっしょに食する人はどうですか」。

「わたしには」とソクラテスは言った、「そういう者も料理道楽〔料理食らい〕と呼ばれてしかるべきものと思われる。そして、他の人たちが穀物の豊作を神々に祈念するときにも、彼はきっと料理の多からんことを祈るのだろう」。

四　ソクラテスがこのように言うと、その若者は今論じられたことは自分に対して言われていたのだと気がついて、料理を食べることはやめなかったが、それにパンを添えた。するとソクラテスはそれに気がついて、

「そういう者の近くにいる人たちは注意して見張りなさいよ」とソクラテスは言った、「彼がパンを料理にしているか、料理をパンにしているか、そのどちらなのかを」。

五　またあるとき、会食仲間の別の一人がパンを一口食べるたびにあれこれとたくさんの料理を賞味しているのを見て、「はたして」とソクラテスは言った、「料理されたものを一度に大量に食し、しかもありとあらゆる美味なるものを一度に口に放り込んでしまうことほど、高くつく料理、いやむしろ料理を台無しにしてしまうやり方があるものだろうか。その者は、料理人たちが取り合わせた以上に取り混ぜることで、さらに高価なものにしているとともに、うまく合わないからというので料理人たちがいっしょに取り混ぜないでいるものを、取り混ぜてしまうのは、料理人たちが正しく調理しているかぎりは、誤りを犯して、彼らの技能をだめにしているのである。六　ともかくも、最上の技量を備えた料理人たちをそろえておいて、自分は

その技能に張り合うことができはしないのに、その料理人たちがこしらえたものを変えてしまうとは、どうして嗤うべきことでなかろうか。そして、一度にたくさんのものを食することが習いとなっている者には、今ひとつ別の問題が付け加わる。というのは、たくさんの料理がない場合には、いつもどおりのものを欲しがって、物足りなさを感ずるだろうからである。しかし、パン一口に料理一つを添えて食事を進めるのを習いとしていれば、たくさんのものがなくとも、苦もなくその一品ですませられるのである」。

七　彼はまた、「ご馳走に与る［よい食事をする］」という言葉[1]は、アテナイ人の語法では、単に「食事をする」ことを言う、と語っていた。「よい」という語は、彼によれば、魂にも身体にも苦痛を与えず、しかも見つけにくいようなこともないものを食べるという意味で、そこに付加されているのである。そういう次第で、「ご馳走に与る」という言葉を、彼はつつましい食事をしている人たちにも用いたのである。

（1）*εὐωχεῖσθαι* は *εὐ*（よい）＋ *ωχεῖσθαι*（< *ἔχεσθαι* か?）の合成語。その同属名詞 *εὐωχία* は宴会やもてなしのご馳走を意味する。

第四巻

第一章

一　ソクラテスは、あらゆる事柄においてあらゆる意味でためになる人であったから、ほどほどの察知力で考えてみても、明らかに、ソクラテスと共に過ごし、どこであれ、またどんな事柄にさいしてであれ、彼とともに談論して過ごす以上にためになることは何もありえなかった。彼と共に過ごすのを常とし、彼の言うことを受け止めた人たちには、彼がその場にいなくても、ただ彼のことを思い起こすだけでも、大いにためになったほどである。なにしろ、彼が冗談を言っているときでも、真剣になっているときに少しも劣らず、共に談論して過ごす者たちを裨益したのである。

二　たとえば、ソクラテスは誰それを愛していると言うことがよくあったが、しかし明らかに彼が思いをつのらせたのは、身体が若盛りを迎えようとしている者たちではなく、魂が徳性に向かおうとする生まれつきのよさを持った者たちであった。彼はそうしたすぐれた素質を、その者が目を向けた事柄を素早く学ぶかどうか、学んだ事柄を記憶しているかどうか、そして家を立派に管理し国家を治めるために学ぶべき事柄、つまりは人間および人間界のものごとにうまく対処していくために学ぶべき事柄のすべてに意欲を燃やしているかどうかにもとづいて判断していた。こういう者たちが教育を受ければ、彼ら自身が幸福に生き、彼ら自身の家を立派に管理するだけにとどまらず、他の人たちや国家をも幸福にすることができるものと、彼は考えたからである。

三　しかし、すべての者に同じ仕方で接したわけではなく、生まれつきすぐれた素質を備えているが学ぶことを軽んじているようにと思われた者たちには、素質が最善であると思われる場合にこそ最も多くの教育が必要であることを、教え込んだ。そのさい彼は、馬の中で素質のいいものは気位が高く精悍な気性なので、子馬のときから調教されればきわめて有用で最高の名馬となるが、調教されぬままでいればまったく手に負えない最悪の馬になり下がるし、また犬の中で素質のいいものは労苦を厭わず獲物を攻撃する気構え十分で、うまく躾けられれば狩猟に絶好の、きわめて有用なものとなるが、躾けを受けぬままでいれば、役立たずの、凶暴で聞き分けのないものになってしまうことを例に引いた。四　同様に［彼の言うに］、人間の中でも生まれつききわめてすぐれた素質を備え、きわめて強大な魂の持ち主で、何を手がけても最後まで完全になし遂げるような人たちは、教育を受け、なすべきものごとを学んだ場合には、きわめてすぐれた、きわめて有用な存在になる。彼らはきわめて多くのきわめて大いなる善をなし遂げるからである。しかし、教育を欠いたままで何も学ばずにいた場合には、彼らは極悪にして害悪の限りをもたらす者となってしまう。彼らは、何をなすべきかの判断がまるでできず、幾度となく悪辣な行為に走り、しかも大きな力量と精悍さを備えているからこそ、手に負えず矯正しようのない存在だからであり、そのために、きわめて多くの巨悪をもたらす

のである。(1)

五　また、もっぱら富のことを気にかけ、教育などまったく必要と考えず、富さえあればそれで十分に何でも自分の望むものごとは実現でき、人びとの尊敬を集めることもできると思い込んでいる者たちには、彼は次のように言って諭していた。——もしも学ばずしてものごとの有用なものと有害なものとを判別できると思っている者があれば、その者は愚かであろうし、もしもそれらを判別しないままに、富さえあれば何でも自分の望むものごとを手にして、有益な事柄を行なうことができると思っている者があれば、その者は愚かであろう。また、もしも有益な事柄をなしえないでいて、事がうまく運ぶと思い、自分の生き方に立派で十分な備えができていると思っている者があれば、その者は阿呆であろうし、もしも富さえあれば何も知らずして自分が何かすぐれた人物であると思われるだろうとか、何もすぐれた人物でなくても名声は得られるであろうとか思っている者があれば、その者は阿呆であろう。

第二章

一　また、自分がもう最高の教育を身につけているものと考え、知にかけては大したものだとうぬぼれている者たちに対して、彼がどのようにふるまったかを、次に述べてみよう。

すなわち、彼は、麗し(2)のエウテュデモス(3)が高名をきわめた詩人たちや知者たち(4)の書物を多数手に入れ、それらの書物によって自分はもう知において同年配の者たちに抜きん出ていると考え、言行いずれにおいても万人に抜きん出た者たらんという大きな野望を持っていることに気づいたのだが、その最初の頃、彼がまだ年少のために公共広場（アゴラー）に入り込まず、何かしたいと思ったときには公共広場近くに並んでいる中のある鞍造りの店に座り込んでいるところを目にすると、ソクラテス本人と彼に同行していた者たちの何人かがそこに入っていった。

二　まず、中の一人が「テミストクレス[5]があのように国民の中に抜きん出た者となり、いざ重要人物が必要とされるときにはいつでも国中が彼のほうに目を注ぐようになったのは、知者たちの誰かとの交わりによってですか、それとも生まれつきによってですか」と訊ねると、ソクラテスはエウテュデモスに揺さぶりをかけようと思いながら、「さしたることのない技能でも熟達した教え手がいなければまともな者にはなれないというのに、国家の先頭に立つという、すべての仕事のうちでも最大のものが、ひとりでに人の身に備わるなどと思うのは、もの知らずというものだ」と言った。

三　またいつか、ふたたびエウテュデモスがそこに居合わせたときのこと、彼が話の輪の中に入ろうとせ

（1）すぐれた素質の持ち主は環境次第でかえって堕落させられやすく、それによってかえって巨悪の因をなすという考え方は、プラトン『国家』第六巻四九〇E―四九五Aにさらに強調的に語られている。

（2）ὁ καλός（麗しの）はアッティカ地方特有の美称で、必ずしも容貌の美しさについて言われているわけではない。

（3）二二三頁の註（1）参照。

（4）σοφιστῶν だが、いわゆる「ソフィストたち」よりも広義の「知者たち」一般のことであろう。九頁の註（2）参照。

（5）九九頁の註（5）参照。

ず、ソクラテスの知に驚嘆していると思われはしまいかと警戒しているのを見てとると、ソクラテスはこう言った。

「諸君、ここにいるこのエウテュデモスが成年に達したら、国家が何らかの事柄について議論を提起した場合には、建言(1)せずにはいないこと、彼の日頃の態度から明々白々だ。そして、彼が誰かから何かを学んでいると思われないよう警戒しながら、民会演説の立派な前置きを準備しているように、わたしには思われる。なぜなら、明らかに、彼は話の始めにこんな風な前置きをするだろうからね。

四 〈アテナイの方々よ、わたしはいまだかつて何一つ人から学んだこともなければ、また誰それが言行において長じているということを聞いて、その人たちに会ってみようと探し求めたこともないし、事に精通した人たちの誰かにわたしの先生になってもらおうと気を遣ったこともなく、まったくその反対である。すなわち、何かを誰かから学ぶことのみか、そう思われることさえ徹底して避け通してきたのだ。それでもなお、ひとりでにわたしに湧き出てくる考えを、あなたがたに建言しよう〉。

五 もっとも、こんな風に前置きをすることは、国家から医師の業務を得たいと思っている人たち(2)にも適切だろうよ。彼らにとって、話をこんなところから始めるのがふさわしいことだろう。

〈アテナイの方々よ、わたしはいまだかつて医療技術を人から学んだこともなければ、また医師たちの誰かに自分の先生になってもらおうと探し求めたこともない。すなわち、何かを医師たちから学ぶことのみか、その技術をすでに学んでいると思われることさえ徹底して避け通してきたのだ。それでもなお、医師の業務をわたしに与えてもらいたい。あなたがたを使って危ない橋を渡りながら学ぶよう努める所存だからである〉」。

そこで、その場に居合わせた全員がこの前置きに笑い声を立てた。

六　もうこのときにはエウテュデモスがソクラテスの言っていることに注意を向けていて、それでもなお自分から口を開くことをするまいと用心し、黙っていることで思慮深さの体裁を示そうとしているさまが明白になったところで、ソクラテスは彼にその態度をやめさせようと思い、

「どうも不可解だ」と言った、「竪琴を弾きたいとか、笛を吹きたいとか、馬に乗りたいとか、あるいは他にも何かその類のことに熟達したいと思えば、自分が有能になりたいと思っている事柄をできるだけどこまでもつづけてやっていくよう努め、それも自分だけでするのではなく、最高だと思われている人たちの許で、何でもやり何でも耐え忍んで、師と仰ぐ人たちの判断によらなければ何一つ行なわないことを目指し、そうしなければ言うに足るほどの者にはなれないとまで考えるのに、国家公共の事柄を論じたり実行したりすることに能力を発揮しようと思っている者たちの中には、準備も努力精進もしなくとも突如としてひとりでにそれらのことをなす能力を発揮できるようになるだろうと考えている者たちが一部にいるとはね。七　しかも実際には、これは先に挙げた諸技能とは違ってやり遂げることがきわめて困難で、それに取り組もうとする者は多いのだが、やり遂げられる者となるとごく少数にとどまってしまう。したがって、この方面を目指

（1）民会などの場で演説により自分の意見を披瀝すること。

（2）当時アテナイでは一定数の国選医師が民会において選任され、国から報酬を得て、主として貧困層の人たちの治療に当たっていた。

すにはあれらの諸技能の場合よりも多くの激しい努力精進が必要とされることは、明らかなのだ」。

八　はじめのうちソクラテスは、エウテュデモスが聞き耳を立てているそばで、このような話をしていた。やがて、彼がさらに乗り気になって対話しているそばにとどまり、いっそう熱心にそれに聞き入るようになったのを察知すると、ソクラテスは一人だけで鞍造りの店に出かけていった。エウテュデモスが彼のそばに坐ると、

「どうか言ってくれないか」とソクラテスは言った、「エウテュデモスよ、わたしが聞いているとおり、ほんとうに君は知者と言われている人たちの書物をたくさん集めたのかね」。

するとエウテュデモスは「はい、ゼウスにかけて」と言った、「そのとおりです、ソクラテスさん。そして今も集めていて、できるだけたくさんの書物を手に入れるまでそうします」。

九　「女神ヘラにかけて(1)」とソクラテスは言った、「知という宝物よりも金銀という宝物を所有するほうを選ばなかったとは、君はえらいものだ。金銀は人間たちを少しもすぐれた者にしはしないが、知者たちの識見はそれを所有する者たちを徳によって裕福にさせる、と君が考えていることは明白だからね」。

するとエウテュデモスはそれを聞いて、自分が知への道を正しく進んでいるとソクラテスに思ってもらえたものと考えて、喜んだ。一〇　ソクラテスは、彼がその賞賛に気をよくしているのを見て取ると、

「どんなことにすぐれた者になりたくて」と言った、「エウテュデモスよ、君は書物を集めているのかね」。

しかし、エウテュデモスがどう答えたものか考えながら黙り込んでいると、さらにソクラテスは、

「医師ではないのかな」と言った、「医師の書いた書物は多数あるからね」。

するとエウテュデモスは「ゼウスにかけて」と言った、「わたしとしてはそうではありません」。

「では、建築家になりたいのではないかな。それもまた物知りの人間でなければならないからね」。

「いいえ、わたしとしてはそうではありません」と彼は言った。

「では、君がなりたいのは」とソクラテスは言った、「テオドロス(2)のような、すぐれた幾何学者ではないのかな」。

「幾何学者でもありません」と彼は言った。

「では、天文学者に」とソクラテスは言った、「なりたいのではないかな」。

これも彼が否定すると、

「では、吟唱詩人(3)になりたいのではないかな」とソクラテスは言った、「君はホメロスの詩を全部所有しているそうだからね」。

「ゼウスにかけて、わたしとしてはそうではありません」と彼は言った、「吟唱詩人たちときたら、わたし

---

(1) 五一頁の註(2)参照。
(2) テオドロスはキュレネ出身の数学者。生没年は不明だが、プラトン『テアイテトス』の記述からすると、ソクラテスと同年くらいかやや年長であろう。エウデモス『幾何学史』(前四世紀後半)でも重要視されているすぐれた数学者で、特に『テアイテトス』のはじめの箇所で話題にされている、無理数の幾何学的取り扱いをしたことは、ギリシア数学史における先駆的業績に数えられよう。
(3) 吟唱詩人 *ῥαψῳδοί* は、詩人というよりも、ホメロスなどの作品を祭礼や宮廷などの場で朗唱することを職業として各地を渡り歩いていた人たちである。

も知っていますが、詩こそきちんと心得てはいても、彼らはまったくの阿呆なのですから」。

一一　するとソクラテスは言った。「ではきっと、エウテュデモスよ、君が希求している徳というのは、国家公共の事柄に携わっている人たちや家政管理を行なっている人たちが、それゆえにこそ支配の任に当たるに足るとともに、他の人たちやまた自分自身のために有益でありうるところのものではないのかな」。

するとエウテュデモスは「まさにそのとおりです」と彼は言った、「ソクラテスさん、わたしが追求しているのは、その徳性なのです」。

「ゼウスにかけて」とソクラテスは言った、「最も立派な徳性、最も大いなる技能を君は希求しているわけだ。それは国王たちのものであり、したがって国王的なるものと呼ばれているのだからね。ところで」とソクラテスは言った、「正しい者ではなくとも、そうしたことにすぐれた者たりうるかどうか、君はよく考えてみたことがあるかね」。

「はい、よくよく考えましたとも」と彼は言った、「そして正義を欠いてはむろんすぐれた国民とはなりえません」。

一二　「ではどうかね」とソクラテスは言った、「君はむろんそれをなし遂げているのだね」。

「はい、たしかに」と彼は言った、「ソクラテスさん、誰にも劣らず正しい人であることを示せるものと思っています」。

「それでは」とソクラテスは言った、「正しい人たちには、ちょうど建築家のなすべき仕事があるのと同じように、なすべき仕事があるのかね」。

「たしかにあります」と彼は言った。

「それでは」とソクラテスは言った、「ちょうど建築家たちが自分のなすべき仕事を明示できるのと同じやり方で、正しい人たちは自分のなすべきことを事細かに述べられるものかね」。

「よもや」とエウテュデモスは言った、「わたしが正義のなすべき仕事を述べ立てることができないとお思いではないでしょうね。さらには、ゼウスにかけて、わたしには不正のなす事柄を述べることもできますよ。毎日毎日その類のものごとは少なからず見たり聞いたりすることができるのですから」。

一三 「それでは、もしよければ」とソクラテスは言った、「ここに〈セ〉と書き、ここに〈フ〉と書くことにしようか。そして、われわれに正義のなすべき仕事と思われるものであれば、それを〈セ〉の側に配し、不正のなす事柄と思われるものなら、それを〈フ〉の側に配することにしようか」。

「もしあなたが」と彼は言った、「このうえ何かそんなことをする必要があると思うのでしたら、そうしてください」。

一四 そこでソクラテスは今言ったような仕方で書き終えると、

「では」と言った、「人間たちのあいだには、嘘をつくということがあるかね」。

「むろんありますとも」と彼は言った。

「どちら側に」とソクラテスは言った、「そのことは配そうか」。

「明らかに」と彼は言った、「不正の側です」。

「では」とソクラテスは言った、「人を欺くということもあるかね」。

「大いに」と彼は言った。

「そのことはどちら側に配そうか」。

「そのことも明らかに」と彼は言った、「不正の側です」。

「では、悪事を働くことはどうかね」。

「それも同じです」と彼は言った。

「人を奴隷に売り飛ばすことはどうかね」。

「それも同じです」。

「正義の側には、われわれの見るところ、それらのどれ一つとして入りそうにないね、エウテュデモスよ」。

「そうなったら、空恐ろしいことになるでしょうからね」と彼は言った。

一五 「ではどうかね。もしも誰かが軍事統率委員［将軍］に選ばれて、その人が敵側の不正な国をまるごと奴隷化させるようなことがあれば、われわれは彼が不正を犯していると言うだろうか」。

「きっとそんなことはないでしょう」と彼は言った。

「正しいことをしている、と言わないだろうか」。

「まさにそのとおりです」。

「ではどうかね。もしも彼らとの戦争のさなかに欺くことをするならば」。

「正しいことです」と彼は言った、「それもまた」。

「また、もしも彼ら敵国人のものを盗み取ったり、強奪したりするならば、それも正しいことをすることにならないのかね」。

「まさにそのとおりです」と彼は言った、「しかし、はじめわたしは、あなたが友に対する場合だけでそうしたことを訊ねているのだと受け取っていたのです」。

「それでは」とソクラテスは言った、「われわれが不正の側に配していた事柄は、いずれも正義の側にも配さなければならないようだね」。

「そうらしいです」と彼は言った。

一六 「では、もしよければ」とソクラテスは言った、「こんな具合にしてもう一度区別し直そうか。つまり敵に対してそうしたことをするのは正しいが、友に対してするのは不正であって、友に対してはできるかぎり単純率直でなければならない、というようにだが」。

「まったくそれで結構です」とエウテュデモスは言った。

一七 「ではどうかね」とソクラテスは言った、「もしもある軍事統率者が配下の軍の士気が衰えているのを見て、友軍がやって来るぞと嘘を言い、その嘘によって兵士たちの意気阻喪を食い止めるというような場合には、その欺きはどちら側に配そうか」。

「わたしの思うには」と彼は言った、「正義の側です」。

「また、もしも誰かが、自分の息子が薬物治療を必要としているのに薬を飲もうとしないときに、食べ物だと欺いて薬を与え、その嘘をつくことによって健康にさせたというような場合には、今度はこの欺きはどちらに配すべきかね」。

「わたしの思うには」と彼は言った、「それもまた同じ側にです」。

「ではどうかね。もしも誰かが、友人が無気力状態に陥ったときに、自殺しはしないかと恐れて、短刀とかその類のものを盗み取るなり強奪するなりした場合には、今度はそれをどちら側に配すべきかね」。

「それもまた、ゼウスにかけて」と彼は言った、「正義の側にです」。
一八　「君は」とソクラテスは言った、「友に対しても万事を単純率直にふるまうべきではない、と言っているのだね」。
「ゼウスにかけて、きっとそうするべきではないのでしょう」と彼は言った、「さきほど言ったことは撤回します、もしそうしてもいいのでしたら」。

「いや、それはもう」とソクラテスは言った、「正しくない仕方で配するくらいなら、さっさと撤回できるものとしなければいけない。一九　さてしかし、こういうことも考察せずにすまさないようにしたいのだが、友を害そうとして欺く者たちのうちでは、故意にそうする者と図らずもそうする者とでは、どちらがよりいっそう不正なのかね」。

「しかし、ソクラテスさん、わたしとしてはもはや自分の答えていることに自信がありません。なぜなら、さきほどからのことのすべてが、今ではあのとき自分が思っていたことと違っているように、わたしには思われるからです。とはいえ、故意に嘘をつく者は図らずも嘘をつく者よりも、よりいっそう不正である、というのがわたしの言い分だとしてください」。

二〇　「ところで、ちょうど文字についてと同じように、正しさについても学びや知識があると君は思うかね」。

「わたしはそう思います」。

「しかし、君はどちらがより文字の心得のある者だと判定するのかね、故意に正しく書いたり読んだりしない者のほうだろうか、それとも図らずもそうしない者のほうだろうか」。

「故意にそうしない者のほうです。その者は、そうしたいと思えばいつでもそれらを正しくやれるのですから」。

「すると故意に正しく書こうとしない者は文字の心得があり、図らずもそうしない者は文字の心得がないということになりそうだね」。

「むろんそうせす」。

「では正しさについては、故意に嘘をついたり欺いたりする者と図らずもそうする者とでは、どちらがそれをよく知っているのだろうか」。

「明らかに故意にそうする者のほうです」。

「ところで、君は文字を知っている者は知らない者よりもいっそう文字の心得があると言うのかね」。

「はい」。

「しかし、正しいものごとをよく知っている者はそれを知らない者よりもいっそう正しいのかね」。

「そうらしいですね。よく訳が分からないながらも、わたしは自分もやはりそう言うと思いますね」。

二一 「それではどうかね、ほんとうのことを言いたいと思いながら、同じ事柄について同じことを言ったためしがなく、同じ道を指し示すのにも、ときには東の方向を、ときには西の方向を示し、また同じ計算の答えを出すのにも、ときには大き目の数を、ときには小さ目の数を出すような、そんな人を君はどう思うかね」。

「ゼウスにかけて、明らかにその人は、知っていると思っていたものごとを実は知らないのです」。

二三「ある者たちが下僕同然の輩《やから》と言われているのを、知っているかね」。

「はい、わたしとしては」。

「それは知恵のゆえにかね、それとも無学のゆえにかね」。

「明らかに無学のゆえにです」。

「そういう輩は鍛冶屋仕事に無学であるがゆえに、その呼称をつけられているのかね」。

「そうではないでしょう」。

「では、家を建てることについての無学ゆえにかね」。

「そのゆえにでもありません」。

「皮革を扱う仕事に無学のゆえにかね」。

「そうしたことのどれ一つのゆえにでもなくて」と彼は言った、「むしろその反対です。つまり、その類のことに精通している者たちの大部分が、下僕同然の輩なのですから」。

「それでは、立派なものごと、善きものごと、正しいものごとを知らない者たちに、この呼称が当てはまるのかね」。

「わたしにはそう思われます」と彼は言った。

二三 「では、何としてでもがんばって、われわれが下僕になることを回避しなければならない」。

「しかし、神々にかけて」と彼は言った、「ソクラテスさん、わたしは大いに哲学という知を愛し求めてきたつもりで、それによって完璧な立派さを希求する人間に相応しい事柄の教育を積んだものと思っていたのです。しかし実のところは、これまで苦労して励んできた事柄をもってしても、人が最もよく知らなければならないことについて訊ねられているのに答えることができず、しかもこれ以外にはそれを辿ればよりすぐれた者になれるような道をまったく見いだせないでいるこの自分を見て、わたしがどんなに落胆していると思われますか」。

二四 するとソクラテスは「どうか言ってくれないか」と言った、「エウテュデモスよ、もうデルポイ(1)へは行ったことがあるかね」。

「もう二度も行きましたよ、ゼウスにかけて」と彼は言った。

「では、神殿のどこかに〈汝自身を知るべし〉と書かれているのに気がついたかね」。

「はい、わたしとしては」。

「では、君はその文句を何ら気にも止めなかったのかね、それともそれに注目して、君がいったい何者で

---

(1) ボイオティアの西方のポキスにある小邑の名だが、その地にあるアポロン神殿のこと。そこでピュティアという巫女によって降される神託は、全ギリシア中で最も権威あるものとされていた。

あるかを考究してみようとしたのかね」。

「ゼウスにかけて、まったくしませんでした」と彼は言った、「というのも、それはもうすっかり知っていると思い込んでいました。自分自身のことすら知らずしては、その他のことなどおよそ知りうるはずがないでしょうから」。

二五 「自分自身を知るというのはどちらのことだと君は思うのかね、つまり自分の名前を知っているだけの人のことなのか、それとも、ちょうど馬の値付けをする人が、よく言うことを聞く馬なのか聞き分けのない馬なのかということや、頑丈な馬なのかひ弱な馬なのかということや、俊敏な馬なのか鈍重な馬なのかということや、そのほかにも馬の役割に対する適不適の具合がどうなっているかをよく調べてみるまでは、知りたいと思っている馬のことを知っているとは思わないのと同じように、じっくりと自分が人間に与えられた役割に対してどのような者であるのか、自分自身をよく調べてみて、自分の能力を知った人のことなのだろうか」。

「それでしたら、わたしには」と彼は言った、「自分の能力を知らなければ、自分自身を知らないのだと思われます」。

二六 「また、あのことも明らかではないかね」とソクラテスは言った、「つまり、自分自身を知ることによって人間たちはきわめて多くの善き目に遭うが、自分自身を偽ることによってはきわめて多くの悪しき目に遭うということだが。というのも、自分自身を知っている者は、自分にふさわしいものごとを知り、自分にできることとできないことを見分けるからであり、精通しているものごとは実行に移して必要とするものを手に入れて、事をうまく運ぶが、精通していないものごとには手を出さないから、誤りを犯すことがなく、事が不具合に陥るのを避けるからである。またそれによって他の人たちをも査定することができ、他の人たちとの関わりの中でも善きものを手に入れ、悪しきものを寄せつけないのである。二七　他方、自分自身を知らず自分の能力を見誤っている者たちは、他の人たちやその他人間にまつわるさまざまなものごとに対しても同様の有様で、自分が何を必要としているのかも、何をしているのかも、また誰と関わり合っているのかも分からず、そうした事柄すべてに誤りを犯し、善きものごとを取り逃がし、悪しきものごとに巻き込まれてしまうのである。二八　そして自分のしていることが分かっている者たちは、行なっているものごとを過たずなし遂げて、名を成し栄誉を得る。さらに、彼らと相似た者たちは進んで彼らと手を携えるし、またなすべきものごとをやり損ねた者たちも、彼らが自分たちに対して助言を与え、自分たちを先導してくれるようにと要望し、彼らのうちに善きことへの期待を抱いて、こうした事柄すべてのゆえに、万人の中でもとりわけ彼らを敬愛するのである。二九　他方、自分のしていることが分かっていない者たちは、することを選び損ねるし、手出ししたものごとはやり損ねるしで、それらの失態そのもので損失をこうむり懲罰を受けるだけでなく、そうしたことゆえに評判を落とし、嘲笑されて、侮蔑と不名誉にまみれながら生きていくことになるのである。また国家にしても、君も見てのとおり、自国の能力を知らずにより強国に戦《いくさ》を仕掛けるような国々は、あるものは滅び、またあるものは自由国から隷属国になりさがるのである」。

三〇　するとエウテュデモスが「まことと大いに、わたしも」と言った、「ソクラテスさん、自分自身を知ることを尊重しなければならないと思っているものとご承知ください。そこで、自己自身の考究をどんなところから始めるべきかということについて、あなたがわたしに説明してくださるだろうかと、あなたを注視しているところです」。

三二　「ところで」とソクラテスは言った、「善きもの悪しきものがそれぞれどのようなものであるかを、おそらく君は重々知っているね」。

「はい、ゼウスにかけて」と彼は言った、「もしそれすら知らないとすれば、下僕よりも劣っていることになるでしょうから」。

「さあ、それでは」とソクラテスは言った、「それをわたしに説明してごらん」。

「何もむずかしいことではありません」と彼は言った、「まず第一に、健康はそれ自体で善きもの、病気は悪しきものだと思いますし、さらにはそれらのそれぞれの原因となるもの、つまり飲み物とか食べ物とか生活態度とかですが、健康に向かわせるものは善きもの、病気に向かわせるものは悪しきものです」。

三三　「では」とソクラテスは言った、「健康であることや病気になることも、何か善きものの原因となる場合には善きものであり、悪しきものの原因となる場合には悪しきものであるわけだ」。

「しかし、どんなときに」と彼は言った、「健康であることが悪しきことの原因となり、病気になることが善きことの原因となりうるでしょうか」。

「ゼウスにかけて」とソクラテスは言った、「屈辱的な軍事遠征とか壊滅的な航海とか、その他それに類した多くの事柄で、強壮であるがためにそれらに加わって生命を落とす者もあれば、病弱のために残留させられて生命拾いする者もある、といった場合がそうだ」。

「あなたのおっしゃるとおりです。しかし、お気づきのように」と彼は言った、「益になるものごとに、強壮であるがために与る者もあれば、病弱のために取り残される者もあるのです」。

「とすれば、そうしたことは」とソクラテスは言った、「ときには有益、ときには有害なものであってみれば、悪しきものである以上にむしろ善きものでありえようか」。

「いえ、ゼウスにかけて、今の議論に従えば、そうではなさそうです。三三 しかし少なくとも知は、ソクラテスさん、異論の余地なく善きものです。どんなものごとを、ある人が知者でありながら、無学な者よりも不首尾に運ぶのでしょうか」。

「ところが、どうして。(1) ダイダロス(2)の話を」とソクラテスは言った、「聞いたことがないかね。彼は知恵あ

(1) 知を「最大の善」とする立場はクセノポン的ソクラテスにおいても基本的に変わらない(本巻第五章六参照)。次節以下の「幸福」についての吟味と同様、議論が言葉(オノマ)の上だけの合意に終わることを回避するために、あるいは相手の表層的な思い込みを挑発的に批判するために、彼はこうしたアイロニカルな吟味を意図して提起しているのであろう。「『しかし、今の話のような事柄は』とソクラテスは言った、『君はおそらく性急に知っていると思い込んだために、よく考察してこなかったのだ』」という三六節の注意は、そのことを示唆していよう。

(2) クレタ島のラビュリントス(迷宮)を造ったとされる、伝説上の工匠。アテナイ最古の王族の一人で、発明の才に長じていたが、甥のペルディクスを殺害し、クレタのミノス王の許に逃れる。その地でミノタウロスの件に関わり、のちに自らが造ったラビュリントスに幽閉されるが、翼を作成して息子のイカロスとともに脱出、そのさいイカロスは高く上がりすぎたために翼の接着剤が溶解し、海に落下して死ぬ。ダイダロスは西方のシケリア島に到着、コカロス王の許に赴く(あるいは彼に捕らえられる)。その地でも、多くの発明の才を見せるとともに、後を追ってきたミノス王の殺害に至↙

ったがためにミノスに捉えられて彼の奴隷となることを強いられ、祖国と自由を共に奪われた。そして、息子とともに逃亡を図ったところ、その子供は生命を落とし、彼自身も助かることができず、異国人のところへ連れ去られて、その地でまたしても奴隷に落とされた、というのだ」。

「ゼウスにかけて、たしかに」と彼は言った、「そういう話がありますね」。

「また、パラメデス[1]が蒙った災難のことを君は聞いたことがないかね。誰もが口々に讃えているように、彼は、その持てる知ゆえに、オデュッセウスに妬まれて身を滅ぼしたのだよ」。

「なるほど、そういう話もありますね」と彼は言った。

「他にもどれほど多くの人たちが、その持てる知ゆえに、ペルシア王のもとへ引っ立てられて、そこで奴隷の身となっていると思うのかね[2]」。

三四　「おそらく」と彼は言った、「ソクラテスさん、幸福に恵まれることこそ最も異論の余地なく善きもののようです」。

「ただし、人がそれを」とソクラテスは言った、「エウテュデモスよ、異論の余地のない善きものから作り上げていればのことだ」。

「しかし」と彼は言った、「幸福をもたらすもののうちでどんなものに異論の余地がありうるのですか」。

「何もないさ」とソクラテスは言った、「もしも美しさとか強壮さとか裕福さとか名声とか、その他そうしたもののいずれをもそれに付け加えようとしなければだが」。

「しかし、ゼウスにかけて、それらを付け加えますよ」と彼は言った、「それらを欠いてどうして人は幸福に恵まれましょうか」。

三五　「とあれば、ゼウスにかけて」とソクラテスは言った、「付け加えるとしよう。ただし、それらからはたくさんの難題が人間たちに降りかかってくるのだがね。なぜなら、多くの者たちが美しいがために若盛りの少年らに狂乱する連中に堕落させられるし、多くの者たちが強壮なるがために力にあまる大仕事を手がけて、些細ならざる災いを蒙るし、多くの者たちが裕福なるがためにちやほやされ、悪事をめぐらされて身を滅ぼすし、また多くのものたちが名声と政治的な力のために大きな災いを蒙ることとなるのだからね」。

↙る奇怪なできごとがつづく。彼をめぐるこうした複雑な伝説は、ディオドロス『シケリア史』第四巻第七十七章、ウェルギリウス『アエネイス』第六歌一四行以下、オウィディウス『変身物語』第八歌一五九行以下などに伝えられていて、それぞれに異同が多いが、すべてのエピソードが「呪われた知」を暗示している。

(1) パラメデスはトロイヤ戦争に参加したギリシア軍の武将の一人。ダイダロスと同様に多くの発明があったと伝えられている（いくつかのギリシア文字、骰子やチェス、物差し、秤など）。ソクラテスがここで言っているのは、オデュッセウスがトロイヤ遠征を免れようとして狂気を装ったのを巧みに見破り、参加を余儀なくさせたという言い伝えのことである。そのためにパラメデスはオデュッセウスの怨みを買い、トロイヤ遠征中に彼の奸計にかかって殺される。その経緯について、最も広く知られているのはオウィディウス『変身物語』第十三巻三四行以下の伝えるヴァージョンで、それによれば、オデュッセウスはあらかじめパラメデスの寝台の下にトロイヤ王プリアモスの偽手紙と黄金を隠しておいて、彼が敵側に通じているという罪を着せ、投石刑に処したとされている。クセノポン『ソクラテスの弁明』二六では、不当な告発を受けたソクラテスの立場がパラメデスになぞらえられている。

(2) ペルシア王のもとには、強制徴用された専門技術者集団が実際に存在した。

三六　「さてしかし」と彼は言った、「幸福に恵まれることを賞賛してさえ、言っていることが正しくないとすれば、わたしには神々に何を祈念すべきかも分からないと認めるほかありません」。
「しかし、今の話のような事柄は」とソクラテスは言った、「君はおそらく性急に知っていると思い込んだために、よく考察してこなかったのだ。しかし君は民衆が支配権を握っている国家を主導する心構えでいるからには、民主政体とは何であるかということなら明らかに知っているわけだ」。

「何はともあれ、そのつもりです」と彼は言った。
三七　「しかし、民衆を知らずして民主政体を知ることができると君は思うかね」。
「ゼウスにかけて、わたしはそうは思いません」。

「では民衆とは何であるかについても知っているね」。

「わたしとしてはそう思います」。

「で、民衆とは何であると思っているのかね」。

「国民のうち貧者たちだとわたしは思っています」。

「では貧者たちをも知っているのだね」。

「もちろんです」。

「では富裕者たちをも知っているのかね」。

「はい、貧者たちと同じように知っています」。

「君はどのような者たちを貧者と呼び、どのような者たちを富裕者と呼ぶのかね」。

「思うに、必要な出費に足るだけのものを持っていない者たちが貧者であり、十分なもの以上に持っている者たちが富裕者たちです」。

三八 「しかし、君は気づいているだろうか、ある者たちはわずかなものしか持っていないのに、それで事足りるばかりか、その中から蓄えまでしているのに、ある者たちはずっと多くのものを持ちながら、それでも十分には足りない、ということがあるのだが」。

「まことに、ゼウスにかけて」とエウテュデモスは言った、「わたしにしかるべく思い出させてくれました。何人かの独裁僭主たちでさえ、まるで最も困窮している者たちのように、不足欠乏から不正を犯さざるをえなくされていることを知っています」。

三九 「それでは」とソクラテスは言った、「もし事がそんな具合だとしたら、われわれは独裁僭主たちを民衆の側に組み入れ、わずかにしか持たざる者たちでも、家政管理に長けている場合には、富裕者の側に組み入れることにしよう」。

するとエウテュデモスは言った、「そのことにも、わたしは同意せざるをえません。わたしの愚かさ加減は明らかです(1)。ですから、案ずるに、口を閉ざすのがわたしには一番いいのではないでしょうか。どうやら、

(1) 何をもって自分が「愚か」だと言っているのか。字義どおりには（そして諸訳も）ソクラテスに同意せざるをえなくさせられたことについてのように解されるが、実際には、むしろそうせざるをえなくさせた、彼の従前の考えのなさについて言っているのではないか。

単純明快、わたしは何も知らないようですから」。

そして彼はすっかり落ち込んで、自分を卑下し、文字どおり下僕になったような気持ちで、その場を立ち去った。

四〇　さて、こんな具合にソクラテスにあしらわれた者たちの多くは、もはや二度と彼に近寄らなかったが、そういう者たちを彼はいっそう愚かだと考えていた。しかしエウテュデモスは、できるだけソクラテスの仲間に入るようにしなければ、ひとかどの人間になることはできないと考えた。そして、何か必要やむをえないことがないかぎり、もはやソクラテスのそばを離れようとしなかったし、また彼の生活態度のいくらかを真似することもした。ソクラテスは、彼のそんな様子に気づくと、困惑させるようなことはなるべく控え、知っていなければならないと思う事柄や務めるべき最善の事柄と思うところを、きわめて端的に、きわめて明瞭に説いてやったのである(1)。

第三章

一　彼はまた、親しい仲間たちを言論に秀でた者や実践に長じた者や工夫考案にすぐれた者になることを急がせず(2)、まずはそれ以前に彼らが思慮分別を身につけるべきだと思っていた。思慮分別を欠いたままにそうしたことに長けた者たちは、かえって不正を犯しがちで、悪事を働くことに長けるものだと考えたからである。

二　そこで彼は、親しい仲間たちをまずは神々に関して思慮分別ある者とさせるよう努めた。他の人たちも、彼が別の人たちに対してそういう話を親しく語った折に居合わせて、それを詳しく述べているが、わたしが居合わせたのは、エウテュデモスを相手に次のような対話を交わしたときのことだった。

三「さあ、言ってくれないか」とソクラテスは言った、「エウテュデモスよ、君はかつてこれまでに、神々がどれほど周到な配慮のもとに人間の必要とするものを十分に整えているか、深く考えてみたことがあるかね」。

すると彼は「ゼウスにかけて」と言った、「わたしにはありません」。

「しかし、君も知ってのとおり」とソクラテスは言った、「まず第一にわれわれは光を必要とするのだが、それをわれわれに与えてくれるのは神々なのだよ」。

「はい、ゼウスにかけて」と彼は言った、「もしそれがなければ、われわれの目のことに限っても、盲人同然ということになるでしょう」。

「さらにまた、われわれは休息を必要としているのだが、そのために最もすばらしい休息の場として夜を

(1) 本章の議論全体が、ソフィスト的なパラドクスやソクラテス特有のエイローネイアー（空とぼけ）を駆使して、すぐれた若者（エウテュデモス）を「困惑させる」ことで、さらなる考察へと促すための「試問的（ペイラスティコス）」議論であった。プラトンの「対話篇」におけるエレンコス（吟味論駁）的位相に対応しようが、両者の内実にはかなりの相違がある。

(2) これら事柄の習得とそれにまつわる注意点については、本章五から七に順次論じられている。

与えてくれてもいる」。

「まったく」と彼は言った、「それもまた感謝してしかるべきです」。

四 「そしてまた、太陽は光を放つことで、われわれに昼間の時刻その他すべてのものを明瞭に見えさせ、夜は闇のせいで不明瞭になるのだが、夜間には多数の星を昇らせて、それらがわれわれに夜間の時刻を明示してくれるとともに、それによってわれわれは、なさねばならない多くのものごとを行なっているのではないかね」。

「そのとおりです」と彼は言った。

「さらにまた、月は夜の時間区分のみならず毎月の区分[1]をも、われわれに明瞭ならしめてくれる」。

「むろんそのとおりです」と彼は言った。

五 「他方また、われわれは養いの糧を必要としているのだが、それを大地からもたらし、そのために折々の季節がうまく整うようにさせ、それらの季節が単にわれわれの必要とするもののみならず歓びをも与えてくれるような、ありとあらゆるものをふんだんにわれわれに供給してくれる、ということについてはどうかね」。

「まったく」と彼は言った、「それもまた人間への好意の賜物《たまもの》です」。

六 「他方また、水というきわめて貴重なものをわれわれにもたらし、それが大地や折々の季節と協働してわれわれに有用なすべてのものを芽生えさせ、成長させるとともに、われわれ人間自身をも養い育み、またわれわれを養うすべてのものに混じり込んで、それらをより消化しやすいもの、より有用なもの、そしてより美味なるものにしてくれるのであるが、しかもわれわれがその水をきわめて大量に必要とするというので、惜しげもなくわれわれに与えてくれる、ということについてはどうかね」。

「それもまた」と彼は言った、「神慮の賜物です」。

七 「そしてまた、火という、われわれを寒さから保護し、暗闇から保護するとともに、あらゆる技術と協働し、人間が有益性を図って整えるすべてのものの製作に助けとなるものを手に入れてくれた(2)ことについてはどうかね。手短に言って、火なくしては、人間は生きていくのに有用なもので言うに足るほどのものは何一つ整えることができないのだからね」。

「それもまた」と彼は言った、「人間への好意としてとりわけ顕著なものです」。

八 「そしてまた太陽は、冬に方向転換すると(3)、近づいてきてあるものは成熟させ、季節が終わったものは枯れしぼませるが、それをやり終えるともはやそれ以上には近づいては来ず、われわれが必要とする以上に温暖化させて何か害を与えることのないように注意を払いつつ、向きを転じて、そしてふたたび離れ去って、もうそれ以上に遠く離れすぎるとわれわれが寒さのために凍えてしまうことが明らかな位置まで達する

---

(1) 月齢によって各暦月が「上旬」「中旬」「下旬」に区分されて、各日にちはそれぞれの第何日目として定められた。

(2) 火については「手に入れてくれた πορίσαι」と言われ、端的な神（自然）の恵みとは一線を画するものであることが示唆されている。ギリシア神話では、プロメテウスがゼウスの許から盗み出して人間にもたらしたものである。

(3) 冬至における太陽回帰のこと。次に言われているように、夏至には逆方向への太陽回帰が起こる。

と、またふたたび向きを転じてこちらに向かうというようにして、天空にあってわれわれに最大限に益を与えうるようなところを行き来している、ということについてはどうかね」。

「ゼウスにかけて」と彼は言った、「それもまたまったくのところ人間のためにそうなっているようです」。

九　「そしてまた、暑さにせよ寒さにせよ、もし突如として到来したら、われわれがそれに耐えられないことは明白であるが、そこで太陽は徐々に近づき、徐々に離れて行くために、われわれはその両極端の状態におかれても気づかずにいるくらいだが、これについてはどうかね」。

「わたしは」とエウテュデモスは言った、「すでにもう、神々のなすこととしては人間の世話をすること以外に何かあるのかしらと、考えかけているところです。唯一わたしにそれを妨げているのは、他の動物たちもその恵みに与っている、ということだけです」。

一〇　「いや、それも明らかではないかね」とソクラテスは言った、「つまり動物も人間のために生まれ育っていくのではないか。というのも、他のどの動物が、山羊や羊や牛や馬や驢馬やその他の動物から、人間が受けているほどの善きものを享受しているだろうか。それは植物からのものよりもさらに多大であるとわたしには思われるからである。事実、人間たちは動物によって糧を得、利益を得ていること、植物によるのにいささかも劣るところない。人間たちのうち多くの種族が大地から生い出たものを糧とせず、家畜からとれるミルクやチーズや肉を糧として生きているし、また万人が動物の中で有用なものを飼い馴らし調教して、戦争その他多方面にわたって仕事の手助けに使っているのである」。

「それについてもあなたと意見一致です」と彼は言った、「動物の中でわれわれよりずっと力強いものでも、すっかり手なづけられて、人間がしたいようにそれらを働かせているのをわたしも目にしていますから」。

一一 「そしてまた、すばらしいものごと、有益なものごとは数多く、しかもそれらは互いに多種多様であるのだが、それらのそれぞれに対応して諸感覚を人間たちにあてがってくれたおかげで、それらを通じてわれわれはすべての善きものを享受できるということ。さらには、理知をもわれわれに植え付けてくれたので、それによってわれわれは感覚したものを推計判断し記憶にとどめて、それぞれのものがどのように役立つかを学び知り、またさまざまに思案工夫を重ねて、それによって善きものを享受し、悪しきものを防除するということ。一二 さらにまた、説明伝達能力を与えてくれたおかげで、それによってわれわれは、お互いに教え合いながらすべての善きものを分かち合い、共同生活を営み、法律を制定し、国家を形成するということ。こうしたことについてはどうかね」。

「まったくのところ、ソクラテスさん、神々は大いに人間たちに配慮をめぐらせてくれているらしいですね」。

「そしてまた、われわれが未来の事柄について有益なことを予知できないとあれば、かの者たちがわれわれに手をさしのべて、占いを通じてそれを問う者に事の成り行きを告げ、いかにすれば最善の運びとなるかを教え示してくれるのだが、これについてはどうかね」。

「しかしあなたには」と彼は言った、「ソクラテスさん、他の人たちに対してより以上に好意的な扱いをしてくれるらしいですね、もしもあなたから問われもしないのに、何をなし何をなさざるべきかをあなたに予示してくれる(1)というのであれば」。

一三　「いや、わたしがほんとうのことを言っているということは、君が神々の姿を目の当たりにするまで待つことなく、神々のなせる業を見ることで安んじて神々を敬い尊崇すれば、君にも分かるだろう。また、神々自らがそういう仕方で示現していることに思い致すがいい。すなわち、他にも諸々の神々(2)がわれわれに善きものを施すときに、それらのどれ一つをも公然と姿を現わして施しはしないし、また世界秩序体「宇宙」を全体として秩序づけ、保持している一なる神、その宇宙にはすべての美しいもの、善きものが存するのだが、それらをわれわれが用いても常に磨損せず完全無傷にして不老なるものとして、心の思いよりも速やかに、過つことなくそれら神に仕える者たちを供与する(3)、その一なる神は、こよなく偉大な事業を行なっているさまは目に見えても、それらの事業を差配している者は、われわれにとって見えざる存在なのである。

一四　さらに思い致すがいい、万人の目に明らかなものに思われる太陽にしても、人間たちにその本体をくっきりと見ることは許さず、もし人あってそれを臆面もなく眺めようとするならば、その者の視力を奪ってしまうのである。また、神々に仕える者たちでさえ目に明らかならざる存在であることをも、君は見いだすであろう。つまり、たとえば雷電は、明らかに、天上から到来し、またそれに当たった者すべてを打ち倒すが、その襲来するところも、打つところも、退去していくところも目に見えないからである。また風はそのものとしては目に見えないが、それらのなす事柄はわれわれの目に明らかであり、それらがやって来るのをわれわれは感知できる。さらにまたわれわれ人間の魂、人の身に備わる何か他のものもさることながら、とりわけ神性に与るこの魂なるものは、われわれのうちに王として君臨していること明らかだが、しかしそれ自体としては目に見えないのである。こうしたことに思いを致せば、見えざるものを軽んじてはならず、さまざまなできごとから神々の力を感得して、神的存在を尊崇しなければならないのである」。

一五 「このわたしが、ソクラテスさん」とエウテュデモスは言った、「いささかなりと神的存在をなおざりにしないであろうことは、はっきり自覚しています。しかし懸念するのは、そうした神々の恩恵に対して、人間は誰一人として至当な感謝の意を返すことができないだろうとわたしには思われることです」。

一六 「いや、そんなことを懸念することはないさ」とソクラテスは言った、「エウテュデモスよ。なぜなら、ほら、かのデルポイに居ます神(4)は、ある人がいかにして神々に感謝の意を表わせばいいかと訊ねたとき、〈国家の法によるべし〉と答えられたのだよ。いずこの地でも法とされているのは、必ずや、持てる力にかなう限りの供物によって神々を悦ばせるべし、ということだ。神々ご自身の命ぜられるがままに事を執り行なう以上に、より立派でより敬虔な態度で神々を尊崇する仕方がありえようか。一七 ただし、けっして持てる力を下回ってはならない。そうしたふるまいをするときには、神々を尊崇していないことが必ず明らか

（1）ソクラテスに現われる「神霊的存在（ダイモニオン）の合図」のことを言っている。本書第一巻第一章二、四参照。

（2）「他の（神々）οἱ ἄλλοι」とは、比較的位階の低い神々や神的存在を指しているのであろう。神々の位階という観念は、プラトンやストア派にも窺われ、古代ギリシアに通有のものであった。次に言われる「神」（単数形）との対照に注意されたい。

（3）「（神に）仕えるものたち ὑπηρετοῦντα」は「われわれに対して奉仕する者たち」とも解されようが、Kühner や Smith に従った。次節の ὑπηρέτας をも参照されたい。

（4）アポロン神。デルポイについては、二一七頁の註（1）参照。

になるからである。したがって、神々を尊崇するに持てる力の限りを尽くさずにすますことはせず、心勇んで最大の善きことへの希望を持つべきである。最大の益をもたらす力のある存在をさしおいて、他により大きな希望を抱く者は思慮分別に欠けるであろうし、神々に嘉される以外の仕方で希望を抱く者も同様だからである。そして、できうるかぎり神々に服従することのほかに、神々に嘉されるどんな方途がありえようか」。

一八　ソクラテスはこうしたことを語り、自らもそのような行ないをすることによって、親しい仲間たちをさらに敬虔な者に、さらに思慮分別ある者にさせていたのである。

第四章

一　さらにまた、正しさについても、彼は持てる見解を隠すことなく、実際の場でそれを示した。すなわち、私的には誰とでも法にかない、人の役に立つような仕方で付き合い、また公的には、法の定めた事柄について、国民生活の場でも軍事行動にあっても、支配の任にある者たちに服従し、規律ある者として他に立ちまさっていたし、二　また民会において議長になったときには、民衆が違法な仕方で投票を行なうことを許さず、他のどんな人間でも持ちこたえられないと思われるような民衆の激しい勢いにも、法を守って反対を押し通した。(1)三　また三十人独裁政権が彼に法に反したことを命じたときにも、それに従おうとしなかった。すなわち、若者たちと対話を交わすなと彼らが布令を出したときにもそうだったし、(2)また彼と他にも何人かに市民のうちのある者を処刑するために連行してくるよう彼らが命じたときにも、彼に対する命令が法に反しているという理由で、彼だけがそれに従わなかったのである。(3) 四　またメレトスによる告発の被告に立たされたときにも、(4) 他の者たちは法廷において、法に反した仕方で裁判委員たちの温情を狙った話し方をしたり、媚びへつらったり、哀願したりするのが常習的で、そうしたやり口によって多数の者がしばしば裁判委員から無罪放免されているのだが、かのソクラテスは、法廷において法に反した、それらの常習行為を何一つ行おうとしなかった。もしほどほどになりとそうしたことを何かしておけば、裁判委員から容易に無罪放免されていたであろうに、彼は法に反して生きることよりも、むしろ法を順守して死ぬことを選んだのである。(5)

（1）アルギヌウサイ海戦後の軍事統率委員たちに対する不法措置と、それに対するソクラテスの対応については、本書第一巻第一章一八および一三頁の註（2）参照。

（2）本書第一巻第二章三四参照。

（3）ソクラテスたちには、サラミス（アテナイの北西沖にある島）のレオンという人物の逮捕連行が命じられた。ソクラテスはその命令を拒否したが、結局他の人たちによってレオンは捕らえられ処刑される（クセノポン『ギリシア史』第二巻第三章三九）。三十人独裁政権の命令に背くことは、むろん生命の危険を招く行為であった。なお、プラトン『ソクラテスの弁明』三二Cにもこの件への言及がある。

（4）法廷におけるソクラテスの態度については、本巻第八章、クセノポンおよびプラトンの『ソクラテスの弁明』をも参照されたい。メレトスについては五頁の註（1）参照。

（5）本章冒頭からここまでの記述は、本書第一巻などと重複する内容で、擬作を疑われることもあるが、Marchant［Loeb］(p. xviii) のように、むしろこの第四巻は第三巻までとは相対的に独立した論考と見なすことで、重複の説明がつくかもしれない。いずれにせよ、本書全体は、長期にわたって書き継がれたものの集積であろう。

五　彼はこうした話をほかの人たちともしばしばしていて、わたしが知っているのは、いつかエリスのヒッピアスと正しさについて次のような対話を交わしたときのことである。久しぶりにヒッピアスがアテナイにやってきて、ソクラテスが何人かの人たちを相手に話をしているところに顔を出した。そのときソクラテスは、人が誰かに靴屋の仕事を習わせようと思ったり、建築家や鍛冶屋や乗馬を習わせようと思う場合には、その者をどこへやればそれを達成できるのかに困ることはないのに、「また、馬や牛を正しいものにしたいと思う場合にも教え込もうという人たちはあり余っている、と言っている人たちもいるのに、」いざ誰かが正しさというものを、当人が学びたいと思ったり、息子や召使に習わせようと思ったりする場合には、どこへ行けばそれを達成できるのか分からないのは不可解なことだ、というように話していた。
(1)(2)

六　すると、ヒッピアスがそれを聞きつけて、まるで彼を嘲笑するように、

「あなたは今でもなお」と言った、「ソクラテスよ、わたしが以前いつだったかあなたから聞いたのと同じことを言っているのだね」。

するとソクラテスは「いや、それよりもっと仰天するようなことに」と言った、「ヒッピアスよ、いつでも同じことばかり言っているだけでなく、いつでも同じ事柄について話をしているのだよ。あなたのほうは、おそらく博識のせいだろうが、同じ事柄について二度と同じことを言いはしないのだね」。

「たしかに」と彼は言った、「わたしはいつも何か新しいことを言おうと心がけている」。

七　「どうなのかね」とソクラテスは言った、「あなたのよく知っていること、たとえば文字の綴りのことで誰かがあなたに、〈ソクラテス〉という言葉にはいくつのどんな文字があるのかと訊ねるような場合には、

以前と今とでは別のことを言おうとするのかね。あるいは数のことで、五の二倍は一〇かどうかと訊ねる者に対しても、以前と今とでは同じ答えはしないのかね」。

「そうしたことについては」と彼は言った、「ソクラテスよ、あなたと同様にわたしもいつも同じことを言うことになる。ところが正しさについてということになれば、あなたでも他の者でも誰一人として反論できないようなことを、今ここで言えると大いに思うのだが」。

八 「女神ヘラにかけて[3]」とソクラテスは言った、「あなたの言うのは、大したすばらしい発見だ、もし裁判委員たちが二つに割れた投票をするのをやめ、国民が正しさをめぐって異議を唱えたり、訴訟を起こしたり、党派争いすることをやめ、また諸国家が正しさをめぐって紛糾したり、戦《いくさ》をするのをやめるとするのならね。断じてわたしは、そんなにもすばらしい発見のことを聞くまでは、あなたのそばから離れるつもりはない」。

(1) ヒッピアスはエリス出身のソフィスト。彼についての実質的な情報源はプラトンの対話篇(『ヒッピアス(大)』『ヒッピアス(小)』『プロタゴラス』)のみと言っていい。生没年ははっきりしないが、プラトンの記述からすると、前五世紀初頭に生まれたプロタゴラスより一世代若く、ほぼソクラテスと同年ないし彼よりやや年長であろう。生国の政治・外交使節として活躍するとともに、ギリシア各地でソフィスト的教育活動を行ない、高い名声と膨大な収入を得た。数学、天文学から文法学、詩学、歴史学、さらにはさまざまな技術・工芸に至るまで、百般の知識と技能を身につけた「博識」を標榜していた。なお、クセノポンは『酒宴』第四章六二でも彼に言及している(記憶術の教師として)。

(2) 底本は Valckenaer に従い、[ ]に入れている。

(3) 五一頁の註(2)を参照。

九 「しかし、ゼウスにかけて」と彼は言った、「あなた自身が正しさとは何であると考えているのかを明言するまでは、聞かせられないね。あなたがあらゆる人に問いかけ吟味論駁しながら、しかし自分ではいかなることについてもまったく説を立てようとも、意見を述べようともしないで、他人を笑いものにしているのには、もううんざりだ」。

一〇 「何ですと。ヒッピアスよ」とソクラテスは言った、「あなたは気づいていないのかね、わたしは自分に正しいことだと思われるものごとを明示してやむことがないというのに」。

「で、あなたの」と彼は言った、「その説というのは、どんなものなのかね」。

「言論ではなくても」とソクラテスは言った、「行ないでそれを明示しているのだ。それともあなたには言論よりも行ないのほうがより有力な証拠だとは思われないのかね」。

「ゼウスにかけて、大いにそう思うとも」と彼は言った、「多くの者たちが正しさを論じながら不正なことをしているが、正しい行ないをしている者には一人として不正な者はいないだろうからね」。

一一 「では、いついかなるときにせよ、わたしが偽証をしたり、不当告発をしたり、友人や国家を内乱に巻き込んだり、その他何か不正なことをしているところを見たことがあるかね」。

「いや、わたしとしてはない」と彼は言った。

「しかるに、不正なことに手出ししないのを、正しいことだとは考えないのかね」。

「明らかにあなたは」と彼は言った、「ソクラテスよ、今も正しさとは何であると考えるのかについての意見を明示しようとするのを避けている。なぜなら、あなたが言っているのは、正しい人たちが何を行なっているかではなく、何を行なわないか、なのだから」。

一二 「しかし、わたしとしては」とソクラテスは言った、「不正を犯そうとしないことは正義の十分な証左だと思っていたのだよ。しかし、もしあなたがそれをよしとしないのなら、こう言えばあなたにもっと満足が行くかどうか、考えてくれたまえ。すなわち、法にかなったことが正しいことであるとわたしは言おう」。

「ではあなたは、ソクラテスよ、法にかなっていることと正しいこととは同じだと言うのだね」。

「わたしとしては、そういうことだ」とソクラテスは言った。

一三 「しかし、あなたがどのようなものを法にかなっていると言わんとし、どのようなものを正しいと言わんとしているのか、わたしには分からないのでね」。

「国家の法というのは」とソクラテスは言った、「知っているね」。

「わたしとしては知っている」と彼は言った。

「では、それらは何だと考えるのかね」。

「国民が」と彼は言った、「なすべきことと手出しすべきでないことを申し合わせた事項を明文化したもののことだ」。

「では」とソクラテスは言った、「それらに従って国民生活を送る者が法にかなっており、それらを踏み破る者が法に反しているのだ」。

「むろんそのとおりだ」と彼は言った。

「では、それらに従う者は正しいことを行なっているが、それらに従わない者は不正をなしているのではないか」。

「むろんそのとおりだ」。

「では、正しいことを行なっているのは正しい者であり、不正をなしているのは不正な者ではないか」。

「むろんそのとおりだ」。

「したがって、法にかなっている者は正しく、法に反している者は不正であるわけだ」。
一四　するとヒッピアスが「しかし法というものは」と言った、「ソクラテスよ、どうしてさほど重大事だと考えられようか。あるいはそれらに服従することにしてもそうで、法を定めた当人が撤廃して改変することもしばしばあるくらいだ」。
「またしかし、戦争を」とソクラテスは言った、「引き起こした国家がふたたび和平を結ぶことも、しばしばあるのだからね」。

「よくあることだ」と彼は言った。

「では」とソクラテスは言った、「法は廃止されることもありうるからといって、法に服従する者たちを貶《おとし》めるのは、いずれ平和になるだろうからといって、戦《いくさ》において規律ある行動をとる者たちを非難する場合とどこか違いがあるとあなたは思うかね。それともあなたは、戦において懸命に祖国を守ろうとする者たちをけなそうというのかね」。

「いや、ゼウスにかけて、わたしはそんなことはしないさ」。

一五　「ラケダイモン人のリュクウルゴスにしても(1)」とソクラテスは言った、「あなたは分かっているだろうか、もし彼が法への服従ということをその国に徹底的に醸成しなかったとしたら、スパルタを他の国々に抜きん出たものとすることはできなかっただろう。また諸国の支配者たちの中で最もすぐれているのは、その国民が法に服従することに最も大きな原動力となる者たちであり、また国家にしても、国民が最もよく法に服従する国家が、平和時には最善の生活を送り、戦時には無敵の強さを誇るものであることを、あなたは知らないのか。一六　さらにまた、人心一致（ホモノイア）こそは国家にとって最大の善であると思われ、国家にあっては幾度となく長老会議や最優秀の人たちが国民に人心一致を要請し、またギリシア中のいたるところに国民は人心一致を誓うべしとの法があり、いたるところでこの宣誓を誓っている。しかしわたしの思うには、こうしたことが行なわれているのは、その国の人びとが同じ合唱舞踏隊をよしと判定するようにとか、同じ笛吹きたちを賞賛するようにとか、同じ詩人たちを選び出すようにとか、同じものごとを楽しいと思うようにとかのためではなく、法に服従するようにということを意図してのことである。国民がそれを堅

(1) リュクウルゴスはスパルタの法を定めたとされる立法家。一般に前九世紀頃の人と考えられているが諸説も多く、むしろ伝説上の存在と見なすべきであろう。プルタルコス『リュクウルゴス伝』のほか、ヘロドトス、アリストテレス、ストラボンらの伝えるところによれば、彼はスパルタの王族の生まれだが、王位を甥に譲り、クレタ島、イオニア地方、さらにエジプトやインドなどの世界各地を遍歴し、その途次に得た知識をもとに、スパルタ独特の厳格な法と規律を定め、祖国発展の礎を築いたと伝えられている。その後、自分が戻るまでは法を改変しないことを国民に誓わせてデルポイに赴き、その地で生命を断ったとのことである。またクセノポン『ラケダイモン人の国制』をも参照されたい。

持するとき、国家は最も強力で、最も幸福に恵まれたものとなるからである。人心一致なくしては、国家もよく治められないだろうし、家も立派に保たれないであろう。一七　また個人としても、法に服従すること以上に、国家から罰を受けること少なく、栄誉を受けること多くする方途がありえようか。法廷において敗訴すること少なく、勝訴すること多くする方途がありえようか。また、誰をより篤く信用して財産や息子や娘を託するだろうか。国家全体としても、法を尊《たっと》ぶ者をおいて、誰をよりいっそう信ずるに足ると考えるであろうか。あるいはまた、両親であれ、身内であれ、使用人であれ、友人であれ、同国民であれ、外国人であれ、他の誰からよりいっそう正当な対応をしてもらえようか。敵側にしても、休戦や条約や和平の締結にあたって、他の誰をよりいっそう信頼するだろうか。法を尊ぶ者をおいて、誰とよりいっそう同盟者になりたいと思うだろうか。同盟者たちは他の誰によりいっそう軍の統率や守備隊の指揮、あるいは国家のことで信頼をおくだろうか。法を尊ぶ者をおいて、誰に恩恵を与えたときに、人は感謝を報いられるものと考えることができようか。あるいは、感謝を受け取ることができそうだと思う相手以外の誰に、人はよりいっそう恩恵を与えようとするだろうか。また、このような者をおいて、誰と人はよりいっそう友になりたいと思い、またなるべく敵になりたくないと思うだろうか。そして人がなるべく敵対しないように、できるだけ友であるようにと思い、さらにきわめて多くの者たちが友でありたい、同盟者でありたい思い、極力敵対者や争いの相手にしたくないと思うような者以上に、よりいっそう争いを避けたい相手があるだろうか。一八　さて、これでわたしは、ヒッピアスよ、法にかなうことと正しいことが同じであることを明示しているのだ。あなたにもし反対意見があるのなら、それを教えてくれ」。

するとヒッピアスは「いや、ゼウスにかけて」と言った、「ソクラテスよ、正しさについてあなたの言ったことで、わたしに反対意見があるとは思わない」。

一九 「ところで、何か不文の法とかいうものをあなたは知っているかね」とソクラテスは言った、「ヒッピアスよ」。

「それはあらゆる土地で」と彼は言った、「同じようにして認められている法のことだ」。

「では、それは」とソクラテスは言った、「人間が制定したものと言えるだろうか」。

「いや、どうしてそう言えようか」と彼は言った、「何しろ、すべての人びとが寄り集まることもできないだろうし、同じ言葉を話しているわけでもないのだから」。

「では、誰が」とソクラテスは言った、「その法を制定したのだとあなたは考えるのかね」。

「わたしとしては」と彼は言った、「その法を人間のために制定したのは神々だと思う。実際、すべての人間たちの許で最初に認められたのは、神々を敬うべしということなのだから」。

二〇 「しかし、親を尊崇すべしということも、いたるところで認められているのではないかね」。

「それもそうだ」と彼は言った。

「さらにまた、親は子と、子は親と交わるべからずということもそうではないかね」。

「いや、もはやわたしには」と彼は言った、「ソクラテスよ、それは神の法だとは思われないのだが」。

「いったい、どうしてかね」とソクラテスは言った。

「なぜなら」と彼は言った、「その法を踏み破る者たちがいるのを見聞きするからだ」。

二一「いや、他の多くのことでも」とソクラテスは言った、「人びとは法を犯しているのだからね。しかし神々によって定められた法を踏み破る者は、必ずや罰を受け、人間はいかなる仕方でもそれを免れることができない。人間によって定められた法であれば、一部の者たちはそれを踏み破っても、気づかれないようにしたり、力に訴えたりすることによって、罰を受けることを免れてしまうこともあるのだが、そんな風には行かないのだ」。

二二「しかし、どのような」と彼は言った、「罰を、ソクラテスよ、親が子と、子が親と交わると、免れられないのかね」。

「ゼウスにかけて、まさに最大の罰を、だよ」とソクラテスは言った、「人間たちが子供をもうけるとき、悪しき仕方で子供をもうけること以上に、どんなより大きな罰をこうむることがありえようか」。

二三「しかし、どうして」と彼は言った、「そういう者たちが悪しき仕方で子供をもうけることになるのかね。本人がすぐれた人物であってすぐれた者から子供をもうけることに、何の差し障りもないというのに」。

「それは、ゼウスにかけて」とソクラテスは言った、「子供をもうけようとする双方の者がすぐれているというだけでなく、身体的に壮年期にあることが必要だからだ。それとも君は、壮年期にある者の子種といまだ壮年に至らぬ者や壮年期を過ぎた者の子種とが同じようなものだと思うのかね」。

「いや、ゼウスにかけて」と彼は言った、「当然同じようではあるまい」。

「では、どちらの子種が」とソクラテスは言った、「よりすぐれているのかね」。

「明らかに」と彼は言った、「壮年期にある者の子種のほうだ」。

「とすれば、壮年期にない者の子種は優良ではないのだね」。

「ゼウスにかけて、当然そうではないだろう」と彼は言った。

「では、そういうときには子供をもうけるべきではないのだね」。

「なるほど、そのとおりだ」と彼は言った。

「では、そういうときに子供をもうける者は、なすべきでない仕方で子供をもうけているのではないかね」。

「わたしにはそう思われる」と彼は言った。

「では、他にどんな者たちが」とソクラテスは言った、「悪しき仕方で子供をもうけることになるのだろうか、もしそういう者たちがそうでないとしたら」。

「それについても」と彼は言った、「あなたと同意見だ」。

二四 「ではどうかね。好意的にふるまってくれる人たちにはその恩恵に報いるべしというのも、いたるところで法として認められているのではないかね」。

「法として認められている」と彼は言った、「ただし、それも踏み破られているのだが」。

「しかし、これを踏み破る者たちは、よき友人たちから孤立無援となり、自分を嫌っている人たちのあとを追いかけざるをえなくなる、という罰を受けるのではないかね。つまり、自分と付き合ってくれる相手に好意的にふるまう人たちはよき友人であるのだが、そういう人たちの恩恵に報いようとしない者たちは、感謝の念に欠けるというので彼らから嫌われ、しかし当人は彼らとの付き合いが大きな得になるというので、しきりに彼らのあとを追いかけ回すのではないかね」。

「ゼウスにかけて、ソクラテスよ」と彼は言った、「それらはすべて神々に似つかわしい[1]。法そのものがそれを踏み破る者に対する制裁を備え持っているというのは、人間界の立法者よりもすぐれた者の定めたものにほかならない、とわたしには思われるからだ」。

二五 「ところで、ヒッピアスよ、あなたは神々が正しい事柄を法として定めると思っているのかね、それとも正しい事柄以外のことを定めると思っているのかね」。

「ゼウスにかけて、正しい事柄以外ではありえない」と彼は言った、「神でなくして、他に誰か正しい事柄を法として定められる者など、およそありないだろうからね」。

「では、神々もまた、ヒッピアスよ、正しいことと法にかなったこととが同じであることを嘉《よみ》しているのだ」。

ソクラテスは、こうしたことを語りかつ実行することによって、彼の身近の者たちをより正しい人間にしていたのである。

第五章

一 また彼は、彼自身の親しい仲間たちを実際面でもより有能な者たらしめていたことを、ここで改めて述べるとしよう[2]。すなわち彼は、何か立派なことを実行しようと思っている者には自制心を持つことが大事だという考えから、まず第一に彼自身が万人の中でもとりわけ自己修練に努めているところを親しい仲間たちに示し、次いで対話を交わすことによって、自制心の涵養を何にも増して強く親しい仲間たちに説き勧めていた。二　そして、徳のために有益な事柄を彼自身が思い起こすとともに、親しい仲間たち全員にそれを喚起しながらいつも時を過ごした。いつか彼がエウテュデモスを相手に、自制心についてこんな対話を交わしていた折のことを、わたしは知っている。

「どうか言ってくれないか」とソクラテスは言った、「エウテュデモスよ、自由とは、個人にとっても国家にとっても、立派で偉大な所有物だと君は思っているかね」。

「はい、あらんかぎりに」と彼は言った。

三　「ところで、身体的な快楽に支配され、それらのせいで最善のものごとをなしえない者がいたら、君はそのような者を自由人だと思うかね」。

「およそそうは考えません」と彼は言った。

「おそらく、最善のものごとをなすことが自由人らしい態度だと君には思われ、そこでそうしたことをなすのを妨げるものを持っていることが自由の欠如だと思うからかね」。

（1）底本（＝諸写本）に従い θεοῖς を読む。Marchant［Loeb］は θείοις（神々のなせることに）。Hude は θείους を提案している（「それらはすべて神的な法のごとくである」）。

（2）底本の πρακτικωτέρους が諸写本の読みだが、Hude は εὐτακτωτέρους（より規律正しい者）を採る。

「まったくそのとおりです」と彼は言った。

四 「では、自制心のない者たちはまったく自由を欠いていると君には思われるのだね」。

「ゼウスにかけて、当然のことです」。

「しかし、自制心のない者たちは、君に思われるところでは、単に最も立派なものごとをなすのを妨げられているのかね、それとも最も見苦しいものごとをなさざるをえなくされているのかね」。

「わたしに思われるところでは」と彼は言った、「あれらのことを妨げられているに劣らず、それらのことをなさざるをえなくさせられているのです」。

五 「最善のものごとを妨げ、最悪のものごとを強要する主人たちというのは、どのような者だと考えるのかね」。

「ゼウスにかけて、あらんかぎり」と彼は言った、「最悪の主人たちです」。

「奴隷状態としては、いかなるものが最悪だと君は考えるのかね」。

「わたしとしては」と彼は言った、「最悪の主人のもとでの奴隷状態だと考えます」。

「では、自制心のない者たちは、最悪の奴隷状態におかれているわけだ」。

「わたしにはそう思われます」と彼は言った。

六 「知という最大の善を、自制心のなさは人間から排除し、知とは正反対の方向に人間を追いやるものだと、君には思われないかね。あるいは、有益なものごとに注意を向け、それらを学びとろうとするのを妨げ、快いものごとへと誘い込み、しばしば善悪の見分けを混乱させることによってより善いもののかわりにより悪しきものを選ぶようにさせるものだと、君には思われないかね」。

「そういう具合です」と彼は言った。

七 「で、思慮分別以上に、エウテュデモスよ、自制心のない者に似つかわしくないものは何だと言えばいいだろうか。思慮分別のなすところと自制心のなさのなすところは、まさに正反対なのだからね」。

「その点についても賛同します」と彼は言った。

「なすにふさわしいものごとに熱心に取り組むことに対して、自制心のなさよりももっと妨げになるものが何かあると思うかね」。

「わたしとしては、ないと思います」と彼は言った。

「有益なものごとのかわりに有害なものごとを選び取らせるようにさせ、後者に熱心になり、前者をなおざりにするよう説き伏せて、思慮分別のある者たちとは正反対のことをなすように強要するもの以上に、人間にとって、より悪しきものがあると思うかね」。

「何もありません」と彼は言った。

八 「では、自制心は、人間にとって自制心のなさとは正反対のものごとの原因となっているようではないかね」。

「むろんそのとおりです」と彼は言った。

「では、この正反対のものごとの原因となっているものこそ、最善のもののようではないかね」。

「そのようです」と彼は言った。

「するとどうやら」とソクラテスは言った、「エウテュデモスよ、自制心は人間にとって最善のもののようだね」。

「なるほど、当然そのようです」と彼は言った、「ソクラテスさん」。

九 「ところで、ああいうことに、エウテュデモスよ、いつかこれまでに心をとめたことがあるかね」。

「どんなことでしょうか」と彼は言った。

「つまり、自制心のなさは人間をもっぱら快いものごとへと導いていくものと思われているが、それには快いものごとへと導くことはできず、実は自制心こそが何にも増して最も快感をもたらすということなのだが」。

「それはどうしてでしょうか」と彼は言った。

「それはこういうことだ。つまり自制心のなさは、飢えでも渇きでも、性愛への欲望でも、不眠状態でも、それをじっと我慢することをさせないが、実はそうすることによってのみ、快く食らい、快く飲み、愛欲行為を楽しみ、心地よく休息し、眠ることができる、すなわちそれらができるだけ快感の極みに達するまで待ち、じっと耐えることによってこそであるからには、自制心のなさは、きわめて強い必然性と持続性を持ったそれらの快楽を言うに足る仕方で楽しむことを、かえって妨げるものである。それに対して自制心は、それのみが今言ったような事柄をじっと我慢させ、それのみが今言ったような事柄で、銘記するに足る仕方で快楽を味わわせるのである」。

「まったく」と彼は言った、「あなたのおっしゃるとおりです」。

一〇　「さらにまた、立派にして善きことを学び、そうしたものごとのいずれかに熱心に励むこと、それによって自分の身体を立派に律し、自分の家を立派に管理し、友人や国家に対しては益をもたらし、敵に打ち勝つとともに、またそこからさまざまな益のみならず最大の快楽までもが生じてくるところのものごとを学び励むことをも、自制心ある者たちは楽しみとして享受しつつ実行するが、自制心のない者たちはその楽しみに何一つ与ることがない。というのも、すぐ目の前の快楽をひたすら追いかけることに心奪われて、それらのことを行なうことがまるでできない者以上に、こうした事柄に適してない者を誰か挙げることができるだろうか」。

一一　するとエウテュデモスが「あなたは、わたしの思うに」と言った、「ソクラテスさん、身体的な快楽に負けている人間にはいかなる徳もまったく適していない、とおっしゃっているらしい」。

「というのも」とソクラテスは言った、「エウテュデモスよ、自制心のない人間は最も無知な動物とどこが違うのかね。つまり、最もすぐれたものごとを考究せず、あらゆる手立てを尽くして最も快いものごとを行なおうとする者が、最も愚かな家畜とどこが違うのかね。ただし、自制心ある者たちのみに、さまざまなものごとのうちで最もすぐれたものを考究し、言論および実際のものごとの両面において類型に従って峻別し（ディアレゲイン）ながら、善きものを選び取り、悪しきものを遠ざけることができるのである」。

一二　そして、このようにして人びとは最もすぐれた、最も幸福に恵まれた者となり、また対話すること（ディアレゲスタイ）に最も長じた者となるのだ、と彼は言った。さらに彼の言うところによれば、この「対話すること（ディアレゲスタイ）」という言葉は、寄り集まった者たちが、ものごとを類型に従って峻別し

（ディアレゲイン）ながら、いっしょに熟考することに由来するのであり、したがって、できるかぎり自分自身がこれに習熟することに心がけ、これに大いに熱を入れて取り組むようにしなければならない。これによってこそ、人びとは最もすぐれた者、最も指導力に秀でた者、そして最も対話的考察に長じた者（ディアレクティコータトイ）になるからだ、というのだった。

第六章

一　また彼は、親しい仲間たちをなるべく対話的考察に長じた者たらしめていたのだが、そのことをも述べるとしよう。すなわち、ソクラテスは在るもののそれぞれが何であるかを知っている者は、他の者たちにも説明することができると考えていた。他方、知らない者たちは自分自身が誤りを犯すとともに他人をも誤らせることに何の不思議もない、と彼は言っていた。そのために、彼は親しい仲間たちとともに、在るもののそれぞれが何であるかを考究してやめることがなかった。彼がどのようにしてものごとを規定したかについてのすべてを逐一辿ることは、大仕事になるであろう。ここでは、ただその考究の仕方を明らかにしようと思う範囲に限って、語ることにしよう。

二　まず敬虔ということについて、彼はほぼこんな風に考察を進めていた。

「どうか言ってくれないか」とソクラテスは言った、「エウテュデモスよ、敬虔とはどのようなものであると君は考えるのかね」。

するると彼は「ゼウスにかけて、きわめて立派なことです」と言った。

「では、敬虔な人とはどのような者であるか言えるかね」。

「わたしの思うには」と彼は言った、「神々を尊崇する者のことです」。

「で、誰でもしたいと思うとおりの仕方で神々を尊崇しても構わないのかね」。

「いいえ、それには決まり事があって、それに則って神々を尊崇しなければなりません」。

三 「すると、そうした決まり事を知っている者は、どのようにして神々を尊崇するべきかを知っていることになるのだね」。

「はい、わたしとしてはそう思います」と彼は言った。

「では、どのようにして神々を尊崇するべきかを知っている者は、自分が知っているのとは違う仕方でそれをするべきではないと思っているのだね」。

「たしかにそう思っています」と彼は言った。

「しかし、そうするべきだと思っているのとは違った仕方で、神々を尊崇する者がいるだろうか」。

「いいえ、いないと思います」と彼は言った。

四 「では、神々に関わりのある決まりを知っている者は、決まりに則って神々を尊崇するのだろうか」。

「むろんそうです」。

「では、決まりに則って神々を尊崇する者は、なすべき仕方で尊崇しているのだね」。

「むろんそのとおりです」。

「そして、なすべき仕方で尊崇している者は敬虔な人なのかね」。

「むろんそうです」と彼は言った。

「では、神々に関わりのある決まりを知っている者が敬虔な人である、とわれわれは規定して正しいのだろうね」。

「少なくともわたしには」と彼は言った、「そう思われます」。

五 「では、人間たちとは誰でもそうしたいと思うとおりの仕方で関わり合いをして構わないのだろうか」。

「いいえ、人間たちに関しても、お互いそれに則って関わり合うべき決まりがあって、それを知っている者が法にかなっていることになるでしょう(1)」。

「では、その決まりに則ってお互いに関わり合いをする者たちは、なすべき仕方で関わり合っているのだね」。

「むろんそうです」。

「では、なすべき仕方で関わり合っている者たちは、立派に関わり合っているのだね」。

「まったくそのとおりです」と彼は言った。

「では、人間たちと立派に関わり合っている者たちは、人間界のものごとを立派に行なっているのだね」。

「どうやらそのようです」と彼は言った。

「では、法に従っている者たちは、正しいことをしているのだね」。

「まったくそのとおりです」と彼は言った。

六 「で、その正しいこととは」とソクラテスは言った、「どのようなことと言われているのか、知っているかね」。

「法が命じている事柄です」と彼は言った。

「では、法が命じている事柄をなしている人たちは、正しいことをなし、なすべきことをなしているのだね」。

「むろんそのとおりです」。

「正しいことをなしている人たちは、正しい人たちではないかね」。

「わたしとしてはそう思います」と彼は言った。

「ところで、法が命じている事柄を知らずして、法に従っている人たちがいると君は思うかね」。

「いいえ、わたしはそう思いません」と彼は言った。

「また、なすべきことを知りながら、それらのことをしてはならないと思う人たちがいると君は思うかね」。

「いいえ、そうは思いません」と彼は言った。

（1）この一文にはテクスト上いくつかの修正案がある。訳文は Hude に従って写本どおりを読んだが、底本（Marchant [OCT]）は Hirschig に従い、後半の「それを知っている者が法にかなっていることになるでしょう」に対応する原文を後代の手になるものとして［ ］に入れている。また Marchant [Loeb] は「お互いにそれに則って関わり合うべき（決まり）」をも削除して、より簡明に「いいえ、人間たちに関しても決まりがあります」だけを残している。たしかにここで「法にかなっている νόμιμος」ということが言われるのは唐突であることは否めない。

「では、なすべきだと思う事柄以外のことをする人たちを、君は知っているかね」。

「いいえ、わたしとしては知りません」と彼は言った。

「すると、人間たちに関わる決まりを知っている者たちは、正しいことをなしているのだね」。

「まったくそのとおりです」と彼は言った。

「正しいことをなしている者たちは、正しい人たちではないかね」。

「他の何者でしょうか」と彼は言った。

「では、人間に関わる決まりを知っている人たちが正しい者たちであると規定すれば、われわれは正しく規定したことになるだろうか」。

「わたしにはそう思われます」と彼は言った。
七　「また、知とは何であると言えばいいだろうか。どうか言ってくれないかね、君に思われるところでは、知者たちは自分が知識を持っている事柄について知者であるのか、それとも自分が知識を持っていないような事柄について知者である人たちもいるのだろうか」。
「明らかに、自分が知識を持っている事柄についてです」と彼は言った、「というのも、どうして知識を持ってもいない事柄について知者でありうるでしょうか」。

「すると、知者たちは知識によって知者なのだね」。

「はい、なぜなら」と彼は言った、「知識によってでないとしたら、他の何によって人は知者たりうるでしょうか」。

「で、知とは知者がそれによって知者たるところのもの以外の何かだと君は思うかね」。

「いいえ、わたしとしてはそうは思いません」。

「では、知識がすなわち知なのだね」。

「わたしにはそう思われます」。

「ところで、人間は在るもののすべてについて知識を持つことができると君は思うかね」。

「いいえ、ゼウスにかけて、わたしの思うには、それらのほんの一部にすぎません」。

「では、万物について知者たることは人間にはできないのだね」。

「ゼウスにかけて、まずできないでしょう」と彼は言った。

「では、それぞれの人が知識を持っている事柄、それについてその人は知者でもあるのかね」。

「わたしにはそう思われます」。
八　「ところで、エウテュデモスよ、善もまたこういう風にして探究しなければならないね」。
「どのようにしてでしょうか」と彼は言った。

「同じ一つのものが万人に有益だと君には思われるかね」。

「いいえ、わたしにはそうは思われません」。

「ではどうかね。ある人に有益なものが別の人には有害だということもときにはある、と君には思われないかね」。

「大いにそう思われます」と彼は言った。

「有益さと善いということとは別だと君は言うだろうか」。

「いいえ、わたしとしてはそうは言いません」と彼は言った。

「すると、有益なものは、それが有益である人にとっては善くもあるのだね」。

「わたしにはそう思われます」と彼は言った。

九 「また、美についてもそれとは別の何らかの仕方で言うことができるだろうか、それとも君は、身体であれ、容器であれ、その他何であれ君が知っているもので、それがすべてのものごとに対して美しいものとして、何か美しいものを名指してくれるかね(1)」。

「ゼウスにかけて、わたしにはできません」と彼は言った。

「すると、それぞれのものが何かに対して有用である場合に、それぞれのものは、それに対して用いることで美しいあり方をするのかね」。

「まったくそのとおりです」と彼は言った。

「それぞれのものは、特定の何かに対して用いることで美しいあり方をするのだが、それ以外の何かに対しては美しいのかね」。

「いいえ、それ以外の何に対してもそうではありません」と彼は言った。

「とすれば、有用なものが美しいのは、それが何かに対して有用であるときの、その特定の何かとの関係においてなのかね」。

「わたしにはそう思われます」と彼は言った。

一〇「また、勇気は、エウテュデモスよ、立派な［美しい］ものの一つだと考えるかね」。

「わたしとしては、ともかく最も立派なものだと考えます」と彼は言った。

「では、勇気はごく些細なことに対して有用だとは考えないね」。

「いいえ、ゼウスにかけて」と彼は言った、「それは最重要事に対してこそ有用です」。

「ところで、恐るべき差し迫った危険に気がつかないでいることは、それらに対して有用だと君には思われるかね」。

「およそ思われません」と彼は言った。

「では、どんな事態であるのか知らないでいるがために、そうしたことを恐れずにいる者は、勇敢ではありえないね」。

「ゼウスにかけて、違います」と彼は言った、「そうだとしたら、狂気に陥った者や臆病者の多くまでもが勇敢だということになってしまうでしょうから」。

「では、恐れるべきでないことをも恐れている者たちはどうかね」。

「ゼウスにかけて、なおさら」と彼は言った、「そうではありません」。

「すると君は、すぐれた人たちは恐るべき差し迫った危険に対して勇敢であるが、劣悪な者たちは臆病だ

(1)「それとも」以下は、諸写本の読み（底本＝Marchant [OCT]）から εἰ ἔστιν を削除（Dindorf による）した Marchant [Loeb] に従った。

と考えるのかね」。

「まったくそのとおりです」と彼は言った。

一一「そうした事態に対してすぐれた人たちというのは、立派にそれらに対処しうる者たち以外の何者かだと君は考えるのかね」。

「いいえ、そうした人たちにほかなりません」と彼は言った。

「ええ、他の何者でもありえません」と彼は言った。

「では、それらにまずい対処の仕方をするような者たちは、劣悪なのだね」。

「ところで、それぞれの人たちは、それぞれにかくなすべしと思う仕方で事を処しているのだね」。

「ええ、それ以外の仕方ではありえません」と彼は言った。

「では、立派に事を処すことができない者たちは、いかに事を処すべきかを知っているのかね」。

「いいえ、きっと知らないのです」と彼は言った。

「では、いかに事を処すべきかを知っている者たちは、それをなすことのできる者でもあるのだね」。

「ええ、彼らだけができるのです」と彼は言った。

「ではどうかね、事を誤らない者たちというのは、そうした事柄にまずい対処の仕方をしているのかね」。

「いいえ、そうは思いません」と彼は言った。

「では、まずい対処の仕方をしている者たちは、誤りを犯してばかりいるのだね」。

「きっとそうでしょう」と彼は言った。

「では、恐るべき差し迫った危険に対して立派に対処するすべを心得ている人たちは勇敢であり、それについて誤りを犯している者たちは臆病であるのだね」。

「わたしにはそう思われます」と彼は言った。

一二　彼はまた、王制と僭主独裁制の双方をいずれも支配体制だとは考えていたが、それらは相互に違うものだとも見なしていた。すなわち、人びとの自発的意思により、しかも法に従って国家を支配するのが王制であり、人びとの意に反して、しかも法によらず、支配者の意のままに支配するのが僭主独裁制である、と彼は考えたのである。そして、法的な決まり事を満たしている人たちから支配体制が形成される場合には、これを最優秀者制［貴族制］の国制と見なし、財産評価額にもとづく場合には富裕者制、万人からの場合には民主制と見なした(1)。

一三　また、誰かが彼に何かについて異を唱えて、彼には何一つ明確に論ずることができず、証明なしにただ彼自身の言っている人のほうがより知者であるとか、より政治に長けているとか、より勇敢であるとか、その他それに類したことを主張しているだけだ、と言ったときには、彼は議論全体を基本前提（ヒュポテシ

---

(1) 国家の支配権が一人の手にゆだねられる場合（王制／僭主独裁制）、少数者にゆだねられる場合（最優秀者制／富裕者制）、多数者にゆだねられる場合（民主制）という三区分五政体は、名称にやや違いがあるが、プラトンの『国家』『政治家（ポリティコス）』『法律』を通じて踏まえられている考え方と基本的に一致している。

ス）にまで引き戻すのが常であった。たとえばこんな風にである。

一四「君が言うには、わたしの賞賛している人よりも君の賞賛している人のほうが、よりすぐれた国民だというわけだね」。

「いかにも、わたしはそう言っている」。

「ではまずあの点を考察してはどうかね。つまり、すぐれた国民の果たすべき役割は何か、ということだが」。

「そうしよう」。

「で、財政の管理ということでは、国家を財政的により豊かならしめる者がまさっているのだろうね」。

「まったくそのとおり」と彼は言った。

「戦争にさいしては、対戦相手よりも自国を優勢ならしめる者だね」。

「むろんそうだ」。

「外交使節の場合には、敵を味方にしてしまうような者だね」。

「そうなりそうだ」。

「民会演説にさいしては、内紛をやめさせ人心一致を醸成させる者ではないかね」。

「わたしにはそう思われる」。

こんな風に議論が基本に引き戻されてみると、異を唱えていた者にも真実が明らかになるのだった。一五

また、彼が自ら議論を展開する場合には、とりわけよく合意が成立している事柄を介してそれを進めていっ

た。そうするのが議論を躓きのないものにすると考えたからである。そういう次第で、彼が論ずるときには、わたしの知る限り誰にも増してとりわけ顕著に、聞く者たちに賛同をもたらした。彼によれば、ホメロスがオデュッセウスに「躓きのない弁論家［よどみのない弁舌］」(1)という言葉を奉じているのは、この男が人びとに思いなされている事柄を介して議論を導いていくことに長じていると考えてのことであった。

第七章

一　さて、ソクラテスが彼と親しく交わる者たちに自分の考えを分かりやすく表明していたことは、以上に述べられたことから明らかだとわたしには思われる。彼はまた、彼らが行なうにふさわしいものごとには自足できるようにと配慮をめぐらせてもいたのだが、ここではそのことについて語ろう。彼は、わたしの知る限りの誰にも増して熱心に、彼の親しい仲間たちの誰がどんなものごとに精通しているかを知ることに心がけていた。そして完璧に立派な人士たちが知るにふさわしい事柄については、彼自身が知っていることであれば、誰よりも熱心にそれを教えた。また彼自身が知らないことについては、それに精通した人たちのところへ彼らを連れて行った。

二　彼はまた、正しい教育を身につけた者が、それぞれの事柄にどのくらいまで習熟するべきかについて

(1) ホメロス『オデュッセイア』第八歌一七一行。

も教えた。たとえば幾何学(1)については、必要な場合に土地を正しく測量して取得したり、譲渡したり、分割したり、あるいは測量結果を検証するの(2)に十分なところまで学ぶべきだ［と言っていた］。そして、その程度に学ぶのは容易であるから、測量に関心を寄せる者は、土地がどれだけの大きさであるかを知るとともに、測量がどのように行なわれるのかにも精通したところで切り上げることだ、と言っていた。三　しかし、難解な図形問題のところまで幾何学を学ぶことは、よしとしなかった。それらが何の役に立つのか分からないからだ、と彼は言っていた。とはいえ、彼はそれらについてもけっして手がけなかったというわけではないが。そしてまた、それらは人の一生を費やしても足りないほどのことであり、したがって他の多くの有益な学び事を妨げることになる、とも彼は言っていた。

四　彼はまた、天文学にも習熟するよう督励していたが、ただしこれについても、旅行や航海や警備などのために、夜間の時刻や月間の日にちや年間の時節を識《し》ることができ、あるいはその他にも夜間や、ある月、ある年に行なわれるものごとがあれば、それらのために、今言ったような時間や日や時節を見定めるのに、多くの徴《しるし》となるもの(3)を用いることができるところまでにとどめるように、とのことだった。そして、その程度に学ぶことは、夜間に猟をする者や船の舵取り人やその他にもそうしたことを知るように心がけている多くの者たちから容易にできることだ、と言っていた。五　しかし、同一の周転の仕方をしない天体、すなわち迷える星々や安定しない星々(4)のことを知ろうとしたり、大地からそれらまでの距離やその運行軌道、あるいはそれらの原因を探究して時間を費やすところまで天文学を学ぶことは、彼は強く却けた。それらには何の有用性も見いだせないからだ、と彼は言っていた。とはいえ、彼はそれらについてもけっして聴講していなかったというわけではないが。そしてまた、それらは人の一生を費やしても足りないほどのことであり、したがって他の多くの有益なものごとを妨げることになる、とも彼は言っていた。

六　総じて天界の事柄について、彼は、神がそれらそれぞれをどのように仕組んでいるのかを詮索するような者となることは却けた。それらのことは人間には発見不可能だと彼は考え、また明るみに出すことを神々が望まないような事柄を探究する者を、神々は嘉しないと常々思っていたからである。そうした事柄に頭を悩ませる者は、アナクサゴラス(5)が常軌を逸して、神々のこしらえた仕組みを解き明かすことに大きな自

(1) 当該語の *γεωμετρία* は「土地測量術」が原義で、ここでは数学としての幾何学がなおそれと連続一体的に考えられている。

(2) 「測量結果を検証する」と訳した *ἔργον ἀποδείξασθαι* は不明確で、特に *ἔργον* は「測量結果」としたが、「農耕地」「収穫量」(Marchant [Loeb])、あるいは「測量作業(を説明する)」(Kühner)、「仕事(を割り当てる)」(Bonnette)などの提案がある。

(3) 天文観測の結果や日時計の指針など。本巻第三章四参照。

(4) 「さ迷える星々 *πλάνηται* = planets」は惑星(当時発見されていた五惑星のほか、太陽・月を含む)、「安定しない星々」は彗星のこと。彗星はアポロニアのディオゲネス(前五世紀半ば)によって明確に星の一種であるとされていた(「断片」第六十四章A一五(DK))。

(5) アナクサゴラス(前五〇〇頃—四二八年頃)はイオニア地方のクラゾメナイ出身の自然学者。比較的早くからアテナイに定住し、この地にイオニア自然学を根付かせるとともに、大政治家のペリクレスらと親交を深めた。前五世紀半ばの自然学思想として、当然ながら、エレア派の批判を意識しつつ「万物の種子」というきわめて精妙な基礎的実在を想定し、さらに自然界のシステムを動かす要因として「知性(ヌウス)」を導入した。晩年、不敬神のかどでアテナイを逐われ、ランプサコスに移った。ソクラテスとの直接的関わりは明らかではないが、プラトン『パイドン』九七C以下によれば、彼はあるときアナクサゴラスの書物に接してその宇宙論に大きな期待を抱いたが、早々に「途方もない希望から転落させられた」と言われている。

負心を持っていたことに少しも劣らず、常軌を逸してしまう恐れがある、と彼は言っていた。七　すなわち、かのアナクサゴラスは、火と太陽は同じものだと言ったのだが、火は人間が容易に見つめられるのに、太陽を凝視することはできないこと、太陽に照らされれば肌が黒くなるのに、火に照らされてもそうはならないことには気づいていなかったし、また大地から生い出るものは、太陽がなければ何一つまともに生長することができないのに、火で熱されればすべてが枯死してしまうことにも気づいていなかった。彼はまた、太陽は灼熱せる岩石であると主張したのだが(1)、岩石は火中にあっても光を発しないし、長時間その状態に耐えられもしないのに、太陽は全時間にわたって万物中最も明るく輝きつづけていることにも気づいていなかったのである。

八　彼はまた、算術を学ぶようにも督励したが、これについても他のものごとと同じように、無駄な取り組み方をしないよう注意するべしと戒めるとともに、有用な範囲では彼自身も親しい仲間たちといっしょに、すべての問題を共に考究し、共に解いて行ったのである。

九　彼はまた、親しい仲間たちに健康に気づかうよう大いに奨励し、知っている人から何でもできるかぎり学ぶとともに、各人が生涯にわたって自分自身に注意を払い、どんな食物やどんな飲み物が、あるいはどんな労苦がその人に有益であるか、そしてそれらをどのように用いれば最も健康に暮らせるかに留意するよう説いた。このように自分自身に注意を払う人以上に、その当人の健康に有益なものを判別できる医師を見つけるのは大仕事なのだから、と彼は言っていた。

一〇　また、もし人の身に備わる知にはかなえられないような、それを越えた恵みを受けることを望むような者があれば、その者には占いに熱心になるよう忠言した。(2) 何によって神々がさまざまな事柄について人間たちに徴《しるし》を示すかを知っている者は、どんなときでも神々の忠告に事欠くことはないからだ、と彼は言っていた。

第八章

一　ところで、ソクラテスは神霊的存在（ダイモニオン）(3)が彼自身になすべきこと、なさざるべきことを告げ知らせてくれると自ら言っていたのに、裁判員たちから死刑判決を下されたのだから、彼は神霊的存在について嘘をついていることが暴露されたと思う者がいるとすれば、まず第一に、彼はそのときすでに相当の高齢に達していて、たとえそのとき死ななかったとしても、さほど遅からず生涯を終えただろう、ということを考えるべきだ。(4) それからまた、彼は生涯のうちで最も厭わしい時期(5)と誰しもが思考力に減退をきたす時

（1）ディオゲネス・ラエルティオス『ギリシア哲学者列伝』第二巻八（「断片」第五十九章Ａ一（DK））、アエティオス（「断片」第五十九章Ａ七二（DK））参照。

（2）ソクラテスの占いに対する考え方については、本書第一巻第一章二―四、第四巻第三章一二、第七章一〇などを参照されたい。

（3）本書第一巻第一章二および五頁の註（5）参照。

（4）以下の裁判事件におけるソクラテスの言行については、ヘルモゲネスから聞いた話も含めて、クセノポン『ソクラテスの弁明』に同趣旨の記述（部分的に重複）があり、ともにクセノポン特有の理解の仕方を示している。

（5）老齢の時期。

期におさらばして、そのかわりに、万人に抜きん出て最高度の真実と自由精神と正義にあふれた法廷弁論を行ない、かつは死刑判決をこのうえなく従容として雄々しい態度で耐えることで、魂の力強さを発揮して、声望をさらに大いなるものとした、ということをも考えるべきだ。二　事実、記憶に残る人たちのうちでそれ以上に立派に死を耐え忍んだ者は誰もいないということで、世の意見は一致している。というのも、その時期がちょうどデリア祭[1]の月に当たっていて、祭礼使節団がデロス島から戻ってくるまでは何びとをも公に処刑することを法が禁じていたために、彼はその判決後三〇日間生き延びなければならない事態となったのだが、その期間も彼がそれ以前と何ら変わることなく生を送っていたことは、彼と親しいすべての人たちの目に明らかだった。しかも、それ以前の日々には、彼は、およそ万人にまさって快活で満足しきった生き方で、大いに賞賛の的となっていたのである。三　となれば、どうして人はこれ以上に立派に死にゆくことができようか。また、どんな死が最も立派に死にゆく死以上に立派でありえようか。どんな死が最も立派な死以上に幸福でありえようか。あるいはまた、いかなる死が最も幸福なる死以上に神々に嘉されるであろうか[2]。

四　またヒッポニコスの息子のヘルモゲネス[3]からソクラテスについて聞いたことをも述べておきたい。すなわち彼はこう言った。――メレトス[4]がすでにソクラテスに対する公訴状を提出してのちも、ヘルモゲネスはソクラテスがあらゆる事柄について対話するのを直に聞いていたが、ただし訴訟のことにはおよそ触れなかったので、どんな弁明をするのか考えるべきではないかと彼に言ったところ、ソクラテスがまず言ったのは、「いや、わたしは終生そのことの修練をしながら生きてきたというようには、君には思われないかね」ということだった。そこで「それはどういう意味ですか」と訊ねると、「自分が生涯やってきたことは正しいことと不正なことについて考察を重ねることと、正しいことを行ない不正なことをしりぞけること以外には何もないのであり、それこそが最も立派な弁明の修練だと考えている」と彼は言ったとのことである。

五　そこでヘルモゲネスがさらに「ソクラテスさん、あなたはアテナイの裁判員たちがこれまでも何ら不正を犯していない多くの人たちを、弁論にたぶらかされて死刑に処し、不正を犯した多くの者たちを無罪放免したのを目にしていないのですか」と言うと、

（1）エーゲ海域の南端部中央に位置する、アポロンとアルテミスの聖地デロス島において行なわれた祭礼で、前四二六年にアテナイが再興してから大きな行事となった。アテナイは、伝説上の英雄テセウスがクレタ島のミノタウロスを退治して人身御供の朝貢義務から解放されたことに感謝して、四年ごとの大祭のみならず、毎年の例祭にも祭礼使節団を送っていた。クセノポンは大祭への使節団を考えているようだが、前三九九年に行なわれたのは、（小規模な）例祭のほうである。その派遣船が出発してから帰還するまでのほぼ一ヵ月間（ソクラテスが「判決後三〇日間生き延び」たということは、クセノポンのこの箇所での記述によってのみ知られる）、国内は穢れから清浄に保たれなければならない決まりになっていた。ソクラテス裁判が使節団出発の前日に開かれたのは単なる偶然なのか（プラトン『パイドン』五八Ｂ参照）、告発者たちの恣意によるものか、あるいは神慮によるものか。デリア祭の開催時期については、デロス暦のヒエロス月（＝アンテステーリオーン月、今日の二月後半から三月前半に相当）、あるいはタルゲリオーン月（今日の五月後半から六月前半に相当）の二説がある。出土碑文は前者を示唆しているようだが、その時期のエーゲ海渡航はきわめて困難であり、後者と考える研究者も多い。

（2）この節全体を Sauppe は後代の偽筆とする。

（3）ヘルモゲネスについては三一頁の註（1）参照。なお、以下のヘルモゲネスから聞いたとされる話のうち八節までの部分は、クセノポン『ソクラテスの弁明』二から七までと字句的にも重複している箇所が多い。

（4）五頁の註（1）参照。

「いや、ゼウスにかけて」と彼は言ったとのことである、「ヘルモゲネスよ、すでにわたしも裁判員たちに対する弁明について思案してはみたのだが、あの神霊的存在（ダイモニオン）がそれに反対したのだよ」。

そこで彼が「不可解なことをおっしゃいますね」と言うと、

六　ソクラテスは「不可解に思うかね」と言ったとのことである、「わたしはもう生を終えるほうがいいと神が思われるのを。いいかね、今日このときに至るまでわたしは、いかなる人間に対しても自分以上によりよき生、より快い生を送ってきたと譲歩する気がないのだよ。できるかぎり最善の者たらんとして最善の精進努力をする者が最善の生を送り、そしてより善い者になっているという自覚を最高度に持てる者が最も快い生を送っているとわたしは思っているのだからね。七　わたしは今日このときに至るまでまさに自分がそういう具合であることを自覚してきたし、また他の人たちと出会って彼らと自分自身を引き較べても、ずっと一貫して自分自身についてそのように認識してきたのである。またわたし自身のみならずわたしの友人たちも、わたしについてずっと同じような見解を持ちつづけている。しかしそれは彼らがわたしを愛してくれているからではない。他にも彼らが愛している人たちがいるのだから、彼ら自身の友人たちに対してもそういう具合になったはずだからで、その理由は、わたしと仲間になることで彼ら自身が最善の者になれると思っているからなのだ。八　しかし、わたしはこれ以上長く生きていても、おそらくは老いの貢ぎ物を納めなければならなくなり、目も耳も衰え、思考力は鈍くなり、物覚えは悪く忘れっぽさはつのるばかりで、また以前は自分のほうがすぐれていた相手にも劣るようなことになるのは必定だ。ともあれ、そうしたことに気がつかなくとも、生は生きる甲斐のないものとなろうし、気づいたとあれば、必ずやいっそうみすぼらしく、いっそう不快な生となるほかないではないか。

九　しかしまた、もしわたしが不当に死ぬことになれば、わたしを不当に殺した者たちには、それは恥ずべきこととなるだろう。というのも、不当な行為が恥ずべきであれば、何事にせよ不当な仕方で行なうことがどうして恥ずべきでないというのか。しかし、わたしにとっては、他人がわたしに関して正当な事柄を判断することも実行することもできないとしても、それが何の恥ずべきことであるものか。一〇　わたしはまた、往古の人たちについて後代の人たちのあいだに残されている評判が、不正を働いた場合と不正をこうむった場合とではけっして同様ではないのを見ている。わたしには分かっているのだ、たとえわたしが今死んでも、わたしを殺した者たちとは同様ならざる顧慮を人びとからしてもらえるだろうということが。というのも、わたしがいついかなるときにも、いかなる人に対しても不正を働いたこともなければ、悪化させたこともなく、わたしの親しい仲間たちをいつもよりすぐれた者にするよう努めてきたと、いつでもわたしの側に立って証言してもらえるだろうということが分かっているからだ」。

一一　こうしたことを、彼はヘルモゲネスにも語り、その他の人たちにも語ったのだった。ソクラテスの人となりを知る人たちのうち、今もなお徳に志しているすべての者たちは、万人中の誰に対するよりもかの人への思慕の念を抱きつづけ、徳への努力精進のためにきわめて裨益するところ多かったことに思いを致している。わたしにとっては、彼はまさにこれまでわたし自身が述べてきたとおりの人であり、神々の意によらずには何事もなさないまでに敬虔の念篤く、誰に対してもほんのわずかな害も及ぼさず、彼と親交を持つ者たちには無上の益をもたらすまでに正義の人であり、一度たりともより善きものに代えてより快適なものを選び取ることがないまでに自制心に富み、より善きものとより悪しきものとの判別に誤ることがないまでに、しかも他に何も要さず、自足自存してそれらの判断をなしうるまでに思慮分別豊かであり、かつまたそうした事柄を言葉にして人に語りはっきり示すことにも、他の人たちを検証して、過誤に堕している者があれば反駁することにも、さらには彼らを徳と完璧な立派さへと向かわせることにも十分な力量を発揮したのであり、彼こそは、まさに最も善き人、最も幸福に恵まれた人であったとわたしには思われたのだった。もし誰かこれに満足のいかない者があれば、これらの諸点に関して他の人たちの品性と比較対照し、こうした判定をしてみることだ。

解説

『ソクラテス言行録』（二分冊）には、クセノポンのSocratica、すなわちソクラテス関連の全四著作（『ソクラテス言行録』、『家政管理論』、『酒宴』、『ソクラテスの弁明』）を収める。第一分冊に収められた『ソクラテス言行録』は、従来『ソクラテスの思い出』という邦題で親しまれてきたものである。伝統的なギリシア語タイトルの「アポムネーモネウマタ Ἀπομνημονεύματα」は、それに最も正確に対応するラテン語Commentariiと同じく、「思い出す事柄、それを書きとめたもの（備忘録・追懐録）」といった意味の語であり、「思い出」もそれに従ったものであろうが、師の生前の言行を記録として纏めた著作は、のちにこの名称で一定の文学ジャンルとして確定されていく（キリストの福音書もその主要な一環である）こともあり、その内実をより端的に表わした表題として「言行録」を用いることにした。後二世紀のアウルス・ゲリウスによる「ソクラテスの言行の記録を集成した書物（libri quos dictorum atque factorum Socratis commentarios composuit）」という言い方に準拠したものと言ってもいいかもしれない。[1] なお、ラテン語タイトルとして一般に流布している「メモラビリア Memorabilia（記憶・記録に留められるべき事柄）」は、十六世紀末（一五九六年）に刊行された有名なラテン語訳のタイトルとして、訳者ヨハネス・レオンクラヴィウス（ヨハン・レンカウ）が付したことに始まるものである。

＊

クセノポンは、彼の著作の中での自己言及も多く（あるいは、もっぱらそれによって）、その生涯や人物像を最も鮮明に知ることのできる古代の著作家の一人である。ディオゲネス・ラエルティオス『ギリシア哲学者列伝』（第二巻四八―五九）には、ソクラテス派の中でも最重要の三人の一人として、プラトン、アンティステネスと併称されるとともに、まず最初に論じられていて[2]、その記述は比較的コンパクトだが、ディオゲネスとしてはほとんど例外的にすっきりした人物伝に纏められている。同書からも知られるように、彼には『アナバシス』、『キュロスの教育』、『ギリシア史』、『ソクラテス言行録』をはじめ、一、二の擬作を含めて一四篇の著作（ディオゲネスの数え方では四〇巻余、現行の刊本では三七巻）があり、それらはすべて今日まで伝存している。彼の生涯については、すでにこの『西洋古典叢書』から刊行された、他のクセノポン著作の「解説」においても、かなり詳細に述べられているので[3]、ここでは主要なできごとを項目的に一覧するにとどめたい。

（1）アウルス・ゲリウス『アッティカの夜』第十四巻第三章。

詳しい。

（2）ただし、あとの二人はそれぞれ独立の巻立て（プラトン）、独自の学派の祖（アンティステネス）として扱われている。

（3）特に『ギリシア史』２の「解説」（根本英世氏による）に

▽前四三〇ないし四二五年頃、アテナイに生まれる。エルキア区の所属で、父はグリュロス、母はディオドラ、比較的富裕の家柄であったと推測される。〔前四三一―四〇四年、ペロポネソス戦争〕

▽前四〇一年、テバイの友人プロクセノスに誘われて、小アジアのサルデイスにペルシアの貴人キュロスを訪問。

▽同年、キュロスがペルシア王位を狙い兄のアルタクセルクセス王に対する叛乱を起こし、クセノポンは傭兵としてそれに参加。キュロスは敗死し、クセノポンたち一万人のギリシア人傭兵は敵中を横断して退却、トラキアに迎えられたのち、前三九九年にペルガモンに到着。彼らはその地で対ペルシア戦を遂行中のスパルタ軍の傭兵となり、アゲシラオス王の知遇を得る。〔前三九九年、ソクラテス裁判と刑死〕

▽前三九四年、スパルタに帰還するアゲシラオスに同行してギリシア本土に戻るが、その途次、ボイオティアのコロネイアでアテナイを含むギリシア諸国連合軍とスパルタ軍の戦闘があり、クセノポンは祖国と戦うことになる。彼がアテナイを追放されたのは、主としてそのためと思われる。〔この頃、プラトン『ソクラテスの弁明』、ポリュクラテス『ソクラテスの告発』が書かれた〕

▽その結果、スパルタに迎えられ、やがて（前三八〇年代初めか）オリュンピア付近の小邑スキルウスに定住し、農事や狩猟の傍ら著作に勤しむ。妻ピレシアとのあいだにグリュロスとディオドロスの二児をもうける。

▽前三七一年、レウクトラの戦いで、スパルタがエパメイノンダス麾下のテバイに敗れると、エリス勢

がスキルウスに侵攻したために、クセノポン一家は同じエリス領内の町レプレオンを経てコリントスに移住。

▽前三七〇年頃、アテナイとスパルタがテバイに対抗するために手を結び、その結果クセノポンに対するアテナイの制裁が緩和されたものと思われる。のちにアテナイへ戻ったとする伝承もあるが、おそらくは終生コリントスに留まったとする説が有力である。これ以降も生活の柱は著作活動にあった。

▽前三六二年、テバイに対するマンティネイア付近の戦いに、二人の息子がアテナイ軍の騎兵として参加し、グリュロスは果敢な戦闘の末に斃れる。

▽没年は、ディオゲネス・ラエルティオスでは前三六〇年とされているが、彼自身の著作における記述内容から、前三五五年以降と考えられる。

*

このように、彼の生涯のアウトラインはきわめて明確であるが、同時に、しかし、これ以上詳細に立ち入ろうとすると不明な事柄が少なくない。彼の生年についても、古来意見が分かれているが、この点は、特にソクラテス関連の著作について、たえず比較対照されるプラトン（前四二七年生まれ）との関係を考える上でかなり重要な意味を持っている。ディオゲネス・ラエルティオスは（年代誌家のアポロドロスに依拠して）彼の盛年（アクメー、四〇歳）を前四〇一年としているが（第二巻五五）、これは他に情報が得られないときの常道で、彼の小アジア行という目立ったできごとのあった年をそれとして暫定的に充てたものであろう。[1] これに従えば、彼が生まれたのは前四四〇年頃ということになる。さらにディオゲネスは、クセノポンの盛年を第八十九オリュンピア祭期（前四二四―四二一年）とする見解があったことも伝えている（同巻五九）。[2] しかし『アナバシス』において、彼がギリシア人傭兵部隊の指揮をゆだねられた場面の記述（第三巻第一章二五）からすると、そのときクセノポンは二五歳から三〇歳のあいだであったとするのが妥当であると考えられる。とすれば、彼の生年は前四三〇年から四二五年頃に下げられることになり、プラトンとはほぼ同年齢と見なしてよかろう。したがって、両者ともにソクラテスとの直接的接触はほぼ彼の晩年に限られることになる。特にクセノポンについては、前四〇三年に三十人独裁政権が崩壊してから四〇一年までのわずかなあいだだった可能性も高い。

クセノポンの Socratica にとってより大きな問題は、彼とソクラテスが実際にどれほど近しい関係にあったのか、彼はソクラテスからどのような直接的影響を受けたのかということである。両者の実質的な接触期間は、直前に述べたように、さほど長いものではありえなかった。二〇代半ば（前四〇一年）にサルデイスに赴いたクセノポンは、それ以前にしかソクラテスとの直接的出会いの機会はなかった。彼の裁判や刑死の時期には、小アジアの各地で傭兵として転戦の日々を送っていたし、その後もスパルタの庇護下にペロポネソス半島内で過ごし、おそらく二度とアテナイの地を踏むことがなかった。

ディオゲネスは、すでに述べたように、彼を「ソクラテスの仲間」の筆頭に置いているが、実のところ彼がそうしたサークルの一員であった証左はきわめて希薄である。『ソクラテス言行録』の記述においても、クセノポンはしばしばその場に居合わせているものとされながら、「ソクラテスの仲間」として彼らの対話や行動の中で何らかの役割を演ずる機会は皆無に等しく、むしろ傍観者として、彼らとは一定の距離をおいているような語り方である。少なくともクセノポン自身が自らを「ソクラテスの仲間」としてはっきり表明している箇所はどこにもない。もっとも、プラトンの「対話篇」と同様に、記述されている事柄は前四二〇年代から四一〇年代（ときにはそれ以前）に比定されるべき場合がほとんどであり、クセノポン自身は（そしてプラトンも）いまだ幼少年期にあったことからすれば、それも当然のことかもしれない。その意味では、（後述するように）むしろそこに微妙なフィクションとアナクロニズムが随所に紛れ込まされていることのほうに十分注意を払うべきであろう。

　前四〇四年、ペロポネソス戦争が終結したとき、クセノポンは二〇歳をやや越えていたと思われる。しかし戦争末期や戦後の激しい内紛と党派抗争の中にあって彼がどのような立場や行動をとったのかも含めて、前四〇一年にアテナイを離れるまでの彼について知られるところは不思議なほど少ない。ソクラテスとの接触についても、相応の事実を反映していると思われるのは、彼がサルデイスへ出かけるに当たって、その一

（1）以下に言及した『アナバシス』第三巻第一章二五にある ἀκμάζειν という語（「アクメー ἀκμή」の同属語）に引かれたのかもしれない。

（2）クセノポン『酒宴』はこの年代（前四二一年）に舞台設定されているので、それにクセノポン自身も参列したというフィクションを事実と混同して、それに盛年を当てたものであろう。

件についてソクラテスに相談したという『アナバシス』中に記されたできごとのみである（第三巻第一章）。そのときソクラテスはデルポイに行って神託伺いをするよう勧めたのだが、彼はサルデイスに行くべきか否かを伺うことはせずに、ただその旅行がよきものとなるためにはいずれの神々に犠牲を捧げて祈るべきかということのみを訊ねたのだった。むろんソクラテスは肝心のことについて問わなかったことを責めたが、すでに神託は降ったのだからそれに従わなければならない、と言うほかなかった。他の理由からも明らかにソクラテスはこの旅行に消極的だったにもかかわらず、ほとんどそれを無視するようにしてクセノポンはそれを断行しているのである。その経緯を見ると、両者はそれ以前から多少の交流はあったらしいこととともに、少なくともいまだこのときには、およそ彼が忠実なソクラテスの徒ではなかったことをも読み取ることができるであろう。

プラトンとの関係については、相互にライバル意識があったことが古来伝えられている。事実、プラトンの著作中では彼に一度も言及されていないし、クセノポンも「グラウコンの兄弟」としてただ一度名前を挙げているだけである（本書第三巻第六章一）。しかし、それは相互の意識的な「黙殺」というよりも、むしろ実際のところいまだ若年期のあいだ二人が相知る機会のないままに終わったことは十分考えられるし[1]、またプラトンの「対話篇」にせよ、クセノポンのSocraticaにせよ、そこに描かれているのはもっぱら前五世紀後半のアテナイ世界であってみれば、それぞれの作品中に相互言及が見当たらないことも、何ら不自然ではないはずである。後年には相互にその著作を目にすることがあったかもしれないが、そのこともまた、必ずしも両者のライバル意識を醸成することにはならなかったのではないか。当時、生前のソクラテスを主題とした著作は、「対話篇」形式のものを含めて、彼ら二人だけが手がけたわけではなく、ソクラテス周辺の多くの人たちによって、いわば「ソクラテス文学」とも言うべきジャンルが形成されていたのである。最初に「ソクラテス的対話篇」を著わしたのは、おそらくキュニコス派の祖アンティステネスだと思われる。またディオゲネス・ラエルティオスによれば、アイスキネスには「ソクラテスの性格を描こうとしている著作七篇」があり（『ギリシア哲学者列伝』第二巻六一）、メガラのエウクレイデスも六篇の（ソクラテス的）「対話篇」を著わしたとのことである（同巻一〇八）。その他、パイドン、スティルポンらの著作にもそれと思われるものが含まれており、さらには、むろん後代の擬作であろうが、グラウコンやクリトンの手になるものまであったとも伝えられている（同巻の当該章）。こうした状況の中では、ことさらプラトンとクセノポンのみが相互に強く意識し合うことはなかったと考えていいのではあるまいか。

もう一つ、気づかれるのは、プラトンの「対話篇」世界での「ソクラテスの仲間」と、クセノポンにおけるそれとでは、半ば重なり合った二つの円のように大きなズレを持っていて、登場する顔ぶれにもかなりの相違が見られることである。両方に共通して登場し、比較的目立った人物としては、クリトン、クリティア

（1）本書中でプラトンに言及している唯一の箇所での「ソクラテスは、[老]グラウコンの息子のカルミデスやプラトンを介してこの人物[プラトンの兄のグラウコン]に好感を持っていた」（第三巻第六章一）というやや奇異な記述（一五五頁註（4）参照）は、クセノポンが恣意的に彼への言及を排除してはいないこと、しかしプラトンよりもグラウコンのほうがはるかに年長の兄であったことをも知らないほどに、彼らとの関係が希薄だったことを示唆しているのではないか。

ス、アルキビアデス、そしてカルミデス、グラウコンくらいであろうか。クセノポンではとりわけ大きな役割を演じているクリトブウロス、エウテュデモスのほかにも、作品中で発言の機会を与えられているアリストデモス、ランプロクレス、エピゲネスらは、プラトンの「対話篇」では、単にその名が言及されているだけの存在であるし、アンティステネスやアリスティッポスとソクラテスとの対話も、この『言行録』だけのものである。周辺人物についても、ペリクレス父子、ソフィストのアンティポン、画家や職人、遊女、その他多数の無名アテナイ市民などの登場によって、クセノポンによるソクラテスの対話世界はプラトンとは異なる大きな広がりを見せている。こうした相違もプラトンを意識した結果というよりも、両者それぞれのソクラテスに対する関心のあり方と人的交流範囲の相違を反映しているものにほかなるまい。彼ら二人が何らかの仕方で接点を持った「ソクラテスの仲間」たちも、かなりメンバーを異にしていたものと推測される。クセノポンがその代表として列挙しているのは、クリトン、カイレポン、カイレクラテス、ヘルモゲネスという五人のアテナイ人とシミアス、ケベス、パイドンダスという三人の外国人であるが（第一巻第二章四八）、この人選はプラトンやディオゲネス・ラエルティオスに照らしてみれば、明らかに大きく偏ったもの、何らかの範囲に限定されたものと言わなければならないだろう。その意味では、プラトン的ソクラテスとクセノポン的ソクラテスが大きく異なる相貌を見せていることも、何ら不可解とするには当たらないのである。

＊

明らかにクセノポンはプラトン以上に限られた情報にもとづいてソクラテスを記録している。二〇代の前半にアテナイを離れる以前にも若干の事柄は知りえただろうが、実際に執筆に取りかかったと思われる時期（早くとも前三九〇年代末以降）に、改めてソクラテスの「思い出」を取り纏めるに当たっては、種々の「間接情報」に頼らなければならなかったはずである。その執筆を促す契機となったと思われる、批判軸としてのポリュクラテスによる仮想的ソクラテス告発のパンフレット、あるいはすでに先行的に書かれていたアンティステネス、プラトンらによるソクラテス的「対話篇」などを参照しただろうし、また「ソクラテスの仲間」のうちでとりわけクセノポンと親しかったヘルモゲネスからは、ソクラテス裁判の模様だけでなく、多くの話を聞き出したにちがいない(1)。

むろん、『酒宴』や『家政管理論』のような虚構的「対話篇」はもとより、『言行録』におけるほとんどすべてのシーンにおいて、彼がその場に居合わせていたかのように語っていることは信ずるに足りない。この点で、プラトンが「対話篇」において自らを完全に隠蔽し、『パイドン』においてのように、ときにはアリバイ工作さえ施していることとは好対照をなしている。

たとえば、この著作で彼自身がソクラテスと対話を交わす唯一の場面を見るとしよう（第一巻第三章八以下）。それは、あまり彼にはそぐわない「口づけ」の魔力を話柄にした、むしろ些末な対話である。とはいえ、これは『言行録』における最初の「ソクラテス的対話」（クリティアスたちとの論争は別にして）であって、

（1）本書第四巻第八章四以下、クセノポン『ソクラテスの弁明』参照。

まずそこに著者自身を配していることには、クセノポンの恣意性が強く働いているものと思われる。その設定はほとんど明白なフィクションであり、「史実」と見なすための辻褄合わせは無意味ですらあるが、そこに著者自身が居合わせたことを表明しておくことは、「証言者」としての資格を著作全体に波及させるために一定の効果を持つであろう（古代の『年代誌』が総じて彼をプラトンなどより古い生まれの人としているのは、随所に見られる、こうしたヴァーチャルな証言者としての記述によるところが大きいにちがいない）。

この場面の登場人物はソクラテスとクセノポン、そして目下「アルキビアデスの息子」への恋に夢中になっているクリトブウロスで、彼は二人の対話をそばで無言のまま聞かされている。この若者はソクラテスの無二の親友たるクリトンの息子で、前述のように、前四二一年のことと想定された「酒宴」に集う人物の一人（当時二〇歳前後か）とされ、そこでは「クレイニアス」（アルキビアデスの弟および従兄弟にこの名の人物がいた）に対する恋に思い悩んでいる青年として登場している。これら二つのエピソードは連動したものであるように思われるし、少なくとも両場面に想定年代的に大きな開きはないはずである。また、「アルキビアデスの息子」とクレイニアスとは同一人物が念頭に置かれている公算は大きい。しかし、もしそうだとしたら、クセノポンはいまだ一〇歳に満たない少年ながら「酒宴」に連なり、あるいはソクラテスからきわどい恋愛話を聞かされたことになる。そして、クリトブウロスが思いを寄せているとされる「アルキビアデスの息子」は、知られているかぎり前四一六年に生まれた父と同名のアルキビアデスのみであり、まったく年代が符合しない。他方、『酒宴』における「クレイニアス」として考えられる二人の人物はいずれもクリトブウロスより年長であると見なくてはならず、やはりこの場合にそぐわない。とすれば、ここには二重のフィクションが組み込まれていると考えるべきであろう。まず第一に、クセノポンはその「酒宴」に居合わせなかったことはもとより、『言行録』の対話も文字どおりの「事実」ではありえなかっただろう。さらには、「アルキビアデスの息子（＝クレイニアス）」は、ことによると、まことしやかな存在としてクセノポンによって創作された架空の人物ではないのか。[1] ペリクレス‐アルキビアデスの一族は、前五世紀後半のアテナイにおける最有力の家系として、クセノポン自身にとって重要視されるべきものであり、『言行録』において、ソクラテスとの関係をほとんど離れても、いわば彩りとして、目立った役割を演じている。目下の場面における「アルキビアデスの息子」への言及も、その一環として仕組まれたフィクションと考える余地は十分にありえよう。また、ここにクリトブウロスが配されていること、そして彼はクセノポンの著作の最も目立った登場人物の一人とされていることにも、著者の「計算」が働いているのではないか。クセノポンは、ある意味では当然ながら、クリトンを「ソクラテスの仲間」の中核に置いていた。とすれば、クセノポンがこの箇所にこの場面を組み入れ、そこに著者自身をも登場させていることは、彼が比較的早い時期からソクラテス的世界の最も肝要な局面に近接した立場にあったことを錯誤させ、それによって、Socratica としての本書に史実性を醸成しようとする効果を意図した文学的技法と見ることができよう。

　もっとも、クセノポンが、まさに彼なりの視点で、できうるかぎりありのままのソクラテスを記録にとどめようとしたことは確かであろう。彼の目には、ポリュクラテスのソクラテス批判がまったく不当なものに

（1）Gigon, O., *Kommentar zum ersten Buch von Xenophons Memorabilien* (Basel 1953), S. 106.

見えたのと同様に、プラトンやアンティステネスらによる「哲学者」ソクラテスの姿もまた、少なくとも彼の全容を伝えるものではなかった。クセノポンが書き記していることの日時や場所や対話相手などの逐一が必ずしも「事実」そのままではないとしても、またそれぞれの発言の進行が実際のやりとりを忠実に再現したものではないとしても、おそらくは何らかのかたちで実際のソクラテスの言行（として伝えられているもの）から極力遊離することなく、彼の（そして彼への情報提供者たちの）「思い出」にあるソクラテスを、できうるかぎり正確に保存し、定着させることに努めたものと言ってよかろう。その意味では、それぞれの対話の場に居合わせる著者というフィクションは、本書の意図するところと正確に見合っており、おそらくは自分こそ等身大のソクラテスを描き出しているのだという「自負」がそこにしのび込まされているのである。むろんクセノポンの視界も情報源も限られており、しかも「著者」という避けようのないフィルターが介在している以上、彼のソクラテス像にも、意識すると否とにかかわらず、一定の選択的再構成と「理想化」が働いていることは確かであるが。

クセノポンのソクラテスにプラトン「対話篇」の「哲学」を求めることはできない。それは「原」ソクラテスのうちにあった一つの可能性がプラトン自身の思索を通じて引き出されたものであるとすれば、むしろ当然のことである。しかし『言行録』にもそこにつながる、いわば萌芽状態としての「哲学」は随所に見いだされる。とりわけ第三巻第八章のアリスティッポスとの対話、第九章前半の倫理的断章、第四巻の大部分を占めるエウテュデモスとの教育的対話（そのあいだに挿入されたヒッピアスとの対話も含めて）などには、プラトンとも共通する「哲学者ソクラテス」の顔が垣間見られる。それらの議論は必ずしも哲学的含意を十分にすくい上げてはいないかもしれないが、明らかにプラトンとは相対的に独立の素材と見地から（両者のあいだには、ときには、一見相容れないように思われるテシスも少なくない）、またいくらかはアンティステネス的色合いを過剰に帯びつつ、ソクラテス哲学の根の部分に光を投じていることはまぎれもあるまい。

＊

プラトン（およびアリストテレス）に語られている「哲学者ソクラテス」とクセノポンから浮かび上がってくる「理想の市民ソクラテス」との隔たりの中で、さらにはアリストパネス喜劇に登場する過激なソフィストまがいのソクラテスをも重ねてみるとき、はたして彼の実像はどのようなものとして取り押さえるべきかについては、たえず論争が繰り返されてきた。この、いわゆる「ソクラテス問題」は、とりわけ二十世紀半ばに盛んな議論が交わされたが、それが依然決着を見ないままに終わった後は、「決め手なし」とする方向で沈静化している、と言ってよかろう。その後やや注目されたものとして、G・ヴラストスによるソクラテス哲学（プラトンの「初期対話篇」におけるソクラテス）の捉え直しに促されつつ、事柄を「ソクラテス問題」的な領域に引き戻して彼への反論を展開したD・モリソンの議論[1]があり、その問題提起をきっかけとするようにして、最近ではクセノポン再評価の趨勢が一部に見られる。

（1）Morrison, D., "On Professor Vlastos' Xenophon", *Ancient Philosophy* 7 (1987), 9-22.

また、それとは別に、比較的最近の動向の一つとして、クセノポン的ソクラテスにはプラトンへの発展とは内実を大きく異にする独自の政治哲学、実践哲学が存在すると考え、それを積極的に評価するレオ・シュトラウスらの主張がある。(1) その議論には批判的検討も必要とされようが、クセノポン「哲学」評価として注目されてよかろう。

ここでこれらの問題に深く立ち入る余地はないが、以下のようなW・K・C・ガスリーの指摘は最終的に最も適切な点を要約しているように思われる。「ソクラテスは重層的な特性の持ち主で、彼自身のあらゆる側面をすべての知人たちに等しく顕わにすることがなかったし、またできもしなかった。相手の当人たちの知力や性向次第で、彼らの誰しもがソクラテスの諸側面を見て取ったり、正しく理解できたりしたわけではないからである。したがって仮に、たとえばプラトンとクセノポンの見解が異なったタイプの人物を表わしているように見えるとしても、そのいずれもが誤っているというよりも不完全だという公算が高いし、正しい特徴のうちのあるものを過大に見積もり、別の正しい特徴を過小に見積もるということもありがちだし、全体的な人物像を把握するためには、さまざまな見解を相補的なものと見なさなければならない、ということも応々にしてありうるのである(2)」。

*

本書の成立時期や過程は明らかではない。前三九〇年代後半からの「ソクラテス文学」の盛行やポリュクラテスのソクラテス批判文書を受けて、三八〇年代のはじめに彼がスパルタで、そしてエリスの小邑スキルウスの地で落ち着いた生活に入ると間もなく着手されたことは確かであるが、その後比較的長期にわたって書き継がれていったものと推測される。基本的には著者自身によって纏められたものであろうが、現行の四巻本に整備されたのはアレクサンドリア時代のことと考えられている。その構成はかなり錯綜していて、必ずしも一貫性を持った著作とは見なしがたいほどである。

著作全体の核にあるのは、ソクラテスが不当な罪状によって処刑されたことに対する抗議と彼への擁護である。直接それに対応するのは第一巻冒頭の（第二章八まで）章だけであるが、それにつづいて、ポリュクラテスの文書を逐一批判している箇所（第二章六一まで）を経て、ソクラテス裁判の全面的不当性を再主張している第二章末尾までは、明確な一体性が認められよう。

しかし、第三章に入ると、新たに手短な「序」に類する文言が配されてのち、裁判での係争点との直接的対応を離れて、やや唐突にソクラテス的対話の世界に場面が移される。ただし、少なくとも第一巻の範囲での対話は、ソクラテスがいかに敬虔な人であったか、いかに高い倫理性を備え、また周囲の人たちを道徳的に教化しようと務めた人であったかを明らかにする主題で一貫され、それによってこれまでに展開された告

（1）Strauss, L., *Xenopon's Socrates* (Ithaca, N.Y., 1972), Id., *Xenophon's Socratic Discourse: An Interpretation of the Xenophon's Oeconomicus* (Ithaca, N.Y., 1970) など。

（2）Guthrie, W. K. C., *A History of Greek Philosophy* III (Cambridge, 1969), 329.

発者たちへの否定的反論を積極的観点から強化するものともなっている（こうした弁論構成は実際の法廷でもしばしばなされている）。その意味では、なおソクラテス擁護論の側面を持っているが、それと同時に、トーンはむしろ本題の「言行録」そのものへと移されている、と言ってよかろう。

第二、三巻では、さらに自由に、それぞれのシチュエーションでソクラテスが交わした対話が並列されている。[1] 第二巻は家庭内での問題や友人関係などの「私事」について、第三巻（の前半）は軍事や政治に関わる「公事」についての心得が共通の主題となっていると見ることができようが、構成はタイトなものではない。特に第三巻の後半は「倫理的断章」とごく短い断片的対話の寄せ集めからなっている。他方、第四巻はソクラテスの教育論としてそれ自体独自の一貫性と完結性を持っているものと見ることもでき、Marchant[2] はこれを本来は別個の著作だったと考えている。主題的、内容的にも第三巻までとの重複部分も多く、また末尾のソクラテス賛美の辞が本巻のみについての締めくくりとなっていることからも、やや特殊な巻であることは確かである。

また本書を全体として見た場合にも、スタイル上の不統一や議論間の不一致なども多々存在する。そうした状態のために、近代の研究者のあいだで一時は多くの疑義を呼び、本書は著者のより膨大な Socratica（その中には『家政管理論』や『酒宴』をも一体的に含んだもの）からの要約本ではないかとされたり、後代において多数の編纂者や写本作成者による大幅な追補や改編が重ねられているのではないかと考えられたりもした。しかしふたたび今日では、基本的にソクラテスについての著者自身の記憶や聞き書きを、やや無秩序ながら余さず収めたものとする見方に落ち着いている。

*

〔付　記〕この邦訳はほとんど『西洋古典叢書』の発足時から企画されながら、さまざまな理由により今日ようやく刊行の運びとなった。訳者の怠慢によるところについては、深くお詫びするのみである。編集作業に当たっていただいた京都大学学術出版会の國方栄二、和田利博両氏からは有益な示唆を得ること大であった。記して感謝申し上げます。

*

参照文献（邦訳の底本については「凡例」を見られたい。）

Benjamin, A. S., *Xenophon Recollections of Socrates and Socrates' Defense Before the Jury*（Indianapolis, 1965）［序文、英訳、

（1）第二巻冒頭（第一章全体）に置かれた「アリスティッポスとの対話」（プロディコス『ヘラクレスについて』を含む）は、内容的にはむしろ第一巻に入るべきものであろう。これが第二巻にずれ込んでいるのは、単に巻子本の素材（パピュロス）上の制約によるものと思われる。

（2）Marchant, E. C. & Todd, O. J., *Xenophon IV: Memorabilia, Oeconomicus, Symposium and Apology*（Cambridge / Mass., 1923, repr. 1979), introd., xvii-xviii.

抄註]

Bonnette, A. L., *Xenophon Memorabilia*（Ithaca, N.Y., 1994）［序文（Bruell, Ch. による）、英訳、巻末抄註］

Gigon, O., *Kommentar zum ersten Buch von Xenophons Memorabilien*（Basel 1953）［「ソクラテス問題」を意識した詳細な註解］

Idem, *Kommentar zum zweiten Buch von Xenophons Memorabilien*（Basel 1956）［同前］

Marchant, E. C. & Todd, O. J., *Xenophon IV: Memorabilia, Oeconomicus, Symposium and Apology*（Cambridge / Mass., 1923, repr. 1979）［序文、希英対訳］

Smith, J. R., *Xenophon Memorabilia*（Boston, 1903）［序文、Breitenbach - Mücke Edition にもとづくテクスト、脚註］

Tredennick, H. & Waterfield, R., *Conversations of Socrates: Socrates' Defence, Memoirs of Socrates, The Dinner-Party, The Estate-Manager*（Harmonsworth, 1990）［総序、各篇序文、英訳、抄註］

佐々木理訳『ソークラテースの思い出』（岩波文庫、一九五三年、［改版］一九七四年）

Breitenbach, H. R., "Xenophon von Athen" in: *Paulys Realencyclopädie der classischen Altertumswissenschaft* Bd. IX A2（Sonderdruck: Stuttgart 1966）

Gloth, C. M. & Kellogg, M. F., *Index in Xenophontis Memorabilia / Cornell Studies in Classical Philology* 11（Ithaca, N.Y., 1900）

Morrison, D. R., *Bibliography of Editions, Translations, and Commentary on Xenophon's Socratic Writings 1600-Present*

(Pitsburg, 1988)
Sturz, F. G., *Lexicon Xenophonteum*, 4 voll. (Leipzig 1801-04, repr., Hildesheim 1964)

マイオティア（Maiōtis）
　一人（Maiōtai）　*II. i. 10*
マケドニア（Makedoniā）　*III. v. 11*
ミノス（Mīnōs）　*IV. ii. 33*
ミュシア（Mȳsiā）
　一人（Mȳsoi）　*III. v. 26*
メガラ（Megara）
　一人（Megareis）　*II. vii. 6*
メノン（Menōn）　*II. vii. 6*
メラニッピデス（Melanippidēs）　*I. iv. 3*
メレトス（Melētos）　*IV. iv. 4, viii. 4*
ラケダイモン（Lakedaimōn）　*I. ii. 61*
　→スパルタ
　一人（Lakedaimonioi）　*I. ii. 61; III. v. 4, 15, ix. 2; IV. iv. 15*
ランプロクレス（Lamproklēs）　*II. ii. 1*
リカス（Lichas）　*I. ii. 61*
リビュア（Libyē）　*II. i. 10*
　一人（Libyes）　*II. i. 10*
リュクウルゴス（Lykourgos）　*IV. iv. 15*
リュディア（Lȳdiā）
　一人（Lȳdoi）　*II. i. 10*
レバデイア（Lebadeia）　*III. v. 4*

31, 33, 36－39
クリトブウロス（Kritoboulos） I. iii. 8, 13; II. vi. 1, 15, 17－18, 21, 28, 30－33, 36－37, 39
クリトン（Kritōn） I. ii. 48, iii. 8; II. ix. 1－2, 4－8
クレイトン（Kleitōn） III. x. 6－7
ケクロプス（Kekrops） III. v. 10
ケベス（Kebēs） I. ii. 48; III. xi. 17
ケラモン（Keramōn） II. vii. 3－4
コリュトス（Kollytos）
—区の（Kollyteus） II. vii. 6
シニス（Sinis） II. i. 14
シミアス（Simmiās） I. ii. 48; III. xi. 17
シリア（Syriā）
—人（Syroi） II. i. 10
スキュティア（Skythiā）
—人（Skythai） II. i. 10; III. ix. 2
スキュラ（Skylla） II. vi. 31
スケイロン（Skeirōn） II. i. 14
スパルタ（Spartē） IV. iv. 15 →ラケダイモン
セイレンたち（Seirēnes） II. vi. 11, 31
ゼウクシス（Zeuxis） I. iv. 3
ソクラテス（Sōkratēs） passim
ソポクレス（Sophoklēs） I. iv. 3
ダイダロス（Daidalos） IV. ii. 33
ディオドロス（Diodōros） II. x. 1, 5－6
ディオニュソドロス（Dionȳsodōros） III. i. 1
テオドテ（Theodotē） III. xi. 1－5, 11, 15－16
テオドロス（Theodōros） IV. ii. 10
テセウス（Thēseus） III. v. 10
テッサリア（Thettaliā） I. ii. 24
テバイ（Thēbai） III. xi. 17
—人（Thēbaioi） III. v. 2, 4
テミストクレス（Themistoklēs） II. vi. 13; III. vi. 2; IV. ii. 2
デメアス（Dēmeās） II. vii. 6
デリア祭（Dēlia） IV. viii. 2
デリオン（Dēlion） III. v. 4
デルポイ（Delphoi） IV. ii. 24, iii. 16
デロス島（Dēlos） III. iii. 12; IV. viii. 2
トラキア（Thraikē）
—人（Thraix） III. ix. 2
トラシュロス（Thrasyllos） I. i. 18
トルミデス（Tolmidēs） III. v. 4
ナウシキュデス（Nausikȳdēs） II. vii. 6
ニキアス（Nīkiās） II. v. 2
ニケラトス（Nīkēratos） II. v. 2
ニコマキデス（Nīkomachidēs） III. iv. 1－4, 7, 12
パイドンダス（Phaidōndās） I. ii. 48
パラシオス（Parrhasios） III. x. 1
パラメデス（Palamēdēs） IV. ii. 33
ピシディア（Pisidiā）
—人（Pisidai） III. v. 26
ピスティアス（Pistiās） III. x. 9－10
ヒッピアス（Hippiās） IV. iv. 5－6, 10, 14, 18－19, 25
ヒッポクラテス（Hippokratēs） III. v. 4
ヒッポニコス（Hipponīkos） III. viii. 4
ピュティア（Pȳthiā） I. iii. 1
プラトン（Platōn） III. vi. 1
プリュギア（Phrygiā）
—人（Phryges） II. i. 10
プロクルウステス（Prokroustēs） II. i. 14
プロディコス（Prodikos） II. i. 21, 29, 34
ペイライエウス（Peiraieus） II. vii. 2
ヘシオドス（Hēsiodos） I. ii. 56; II. i. 20
ヘラクレス（Hēraklēs） II. i. 21, 23, 26－27, 29, 33－34
—の裔《すえ》の者ら（Hērakleidai） III. v. 10
ペリクレス（大）（Periklēs） I. ii. 41－42, 44－46; II. vi. 13; III. v. 1
ペリクレス（大ペリクレスの息子）（Periklēs） III. v. 1, 7, 13, 18, 20, 24－25, 27
ペルシア（Persis）
—大王（Basileus） III. v. 26; IV. ii. 33
—人（Persai） II. i. 10
ヘルメス（Hermēs） I. iii. 7
ヘルモゲネス（Hermogenēs） I. ii. 48; II. x. 3, 5－6; IV. viii. 4－5, 11
ペロポネソス（Peloponnēsos） III. v. 10
—人（Peloponnēsioi） III. v. 4, 11
ボイオティア（Boiōtiā） III. v. 4, 25
—人（Boiōtoi） III. v. 2, 4
ホメロス（Homēros） I. ii. 58, iv. 3; II. vi. 11; III. i. 4, ii. 1; IV. ii. 10, vi. 15
ポリュクレイトス（Polykleitos） I. iv. 3

固有名詞索引

ローマ数字の大文字、小文字は言及される巻および章を、アラビア数字は節を表わす。また、passim は本書の全体にわたってしばしば言及されていることを示す。

アカイア人（Achaioi） *II. vi. 11*

アガメムノン（Agamemnōn） *III. i. 4, ii. 1−2*

アクウメノス（Akoumenos） *III. xiii. 2*

アジア（Asiā） *II. i. 10; III. v. 11*

アスクレピオス（Asklēpios） *III. xiii. 3*

アスパシア（Aspasiā） *II. vi. 36*

アッティカ（Attikē） *II. viii. 1; III. v. 4*

アテナイ（Athēnai） *II. iii. 13, ix. 1; III. v. 2−3, xiii. 5; IV. iv. 5, viii. 5*

—人（Athēnaioi） *I. i. 1, 20, ii. 14, iv. 15; III. iii. 13, iv. 1, v. 2−4, 13, 15, 18, 21, 27, vi. 15, xii. 1, xiv. 7; IV. ii. 4−5*

アナクサゴラス（Anaxagorās） *IV. vii. 6*

アポロドロス（Apollodōros） *III. xi. 17*

アリスタルコス（Aristarchos） *II. vii. 1−2, 11*

アリスティッポス（Aristippos） *II. i. 1, 8, 11, 18, 34; III. viii. 1, 4*

アリストデモス（Aristodēmos） *I. iv. 2, 10*

アリストン（Aristōn） *III. vi. 1*

アルキビアデス（Alkibiadēs） *I. ii. 12, 24, 39−42, 46, iii. 8, 10*

アルケデモス（Archedēmos） *II. ix. 4−6, 8*

アレイオス・パゴス（Areios pagos） *III. v. 20*

アンティステネス（1）（Antisthenēs） *II. v. 1−3; III. xi. 17*

アンティステネス（2）（Antisthenēs） *III. iv. 1, 3−4*

アンティポン（Antiphōn） *I. vi. 1, 4, 10−11, 13−15*

アンピアラオス（Amphiarāos） *III. xiii. 3*

エウテュデモス（Euthydēmos） *I. ii. 29−30; IV. ii. 1−3, 6, 8−12, 14, 16, 24, 30, 34, 38−40, iii. 2−3, 9, 15−16, v. 2, 7−9, 11, vi. 2, 8, 10*

エウテロス（Euthēros） *II. viii. 1, 5*

エウロペ（ヨーロッパ）（Eurōpē） *II. i. 10; III. v. 11*

エジプト（Aigyptos） *I. iv. 17*

エピカルモス（Epicharmos） *II. i. 20*

エピゲネス（Epigenēs） *III. xii. 1*

エラシニデス（Erasinidēs） *I. i. 18*

エリス（Ēlis）

—の（Ēleios） *IV. iv. 5*

エレクテウス（Erechtheus） *III. v. 10*

エロースたち（Erōtes） *I. iii. 13*

オデュッセウス（Odysseus） *I. ii. 58, iii. 7; II. vi. 11; IV. ii. 33, vi. 15*

オリュンピア（Olympiā） *III. xii. 1, xiii. 5*

カイレクラテス（Chairekratēs） *I. ii. 48; II. iii. 1, 5−6, 8−10, 15, 17*

カイレポン（Chairephōn） *I. ii. 48; II. iii. 1, 6, 10, 14*

カリクレス（Chariklēs） *I. ii. 31, 33, 35−37*

カルケドン（カルタゴ）（Karchēdōn）

—人（Karchēdonioi） *II. i. 10*

カルミデス（Charmidēs） *III. vi. 1, vii. 1, 3*

ギュムノパイディアイ祭（Gymnopaidiai） *I. ii. 61*

キュレボス（Kyrēbos） *II. vii. 6*

キルケ（Kirkē） *I. iii. 7*

クセノポン（Xenophōn） *I. iii. 9−10, 12−13*

グラウコン（アリストンの息子）（Glaukōn） *III. vi. 1−5, 7, 11−13, 15−16*

グラウコン（カルミデスの父）（Glaukōn） *III. vii. 1*

クリティアス（Kritiās） *I. ii. 12, 24, 29−*

訳者略歴

内山勝利（うちやま　かつとし）

京都大学名誉教授
一九四二年　兵庫県生まれ
一九七五年　京都大学大学院文学研究科博士課程単位取得退学
関西大学教授、京都大学教授を経て二〇〇五年退職

主な著訳書

『ソクラテス以前哲学者断片集』（編訳、岩波書店）
『神と実在へのまなざし』新・哲学講義（編著、岩波書店）
『哲学の初源へ――ギリシア思想論集』（世界思想社）
『対話という思想――プラトンの方法叙説』双書・現代の哲学（岩波書店）
『ここにも神々はいます』哲学塾（岩波書店）

ソクラテス言行録《げんこうろく》　1　西洋古典叢書　第Ⅳ期第21回配本

二〇一一年三月十五日　初版第一刷発行

訳者　内《うち》山《やま》勝《かつ》利《とし》
発行者　檜山爲次郎
発行所　京都大学学術出版会
606-8315 京都市左京区吉田近衛町六九 京都大学吉田南構内
電話　〇七五-七六一-六一八二
FAX　〇七五-七六一-六一九〇
http://www.kyoto-up.or.jp/
印刷／製本・亜細亜印刷株式会社

© Katsutoshi Uchiyama 2011, Printed in Japan.
ISBN978-4-87698-187-8

定価はカバーに表示してあります

西洋古典叢書［第Ⅰ・Ⅱ・Ⅲ期］既刊全63冊

【ギリシア古典篇】

アテナイオス　食卓の賢人たち　1　柳沼重剛訳　3990円
アテナイオス　食卓の賢人たち　2　柳沼重剛訳　3990円
アテナイオス　食卓の賢人たち　3　柳沼重剛訳　4200円
アテナイオス　食卓の賢人たち　4　柳沼重剛訳　3990円
アテナイオス　食卓の賢人たち　5　柳沼重剛訳　4200円
アリストテレス　天について　池田康男訳　3150円
アリストテレス　魂について　中畑正志訳　3360円
アリストテレス　動物部分論他　坂下浩司訳　4725円
アリストテレス　ニコマコス倫理学　朴　一功訳　4935円
アリストテレス　政治学　牛田徳子訳　4410円
アルクマン他　ギリシア合唱抒情詩集　丹下和彦訳　4725円
アンティポン／アンドキデス　弁論集　高畠純夫訳　3885円

イソクラテス　弁論集１　小池澄夫訳　３３６０円
イソクラテス　弁論集２　小池澄夫訳　３７８０円
エウセビオス　コンスタンティヌスの生涯　秦　剛平訳　３８８５円
ガレノス　ヒッポクラテスとプラトンの学説１　内山勝利・木原志乃訳　３３６０円
ガレノス　自然の機能について　種山恭子訳　３１５０円
クセノポン　ギリシア史１　根本英世訳　２９４０円
クセノポン　ギリシア史２　根本英世訳　３１５０円
クセノポン　小品集　松本仁助訳　３３６０円
クセノポン　キュロスの教育　松本仁助訳　３７８０円
セクストス・エンペイリコス　ピュロン主義哲学の概要　金山弥平・金山万里子訳　３９９０円
セクストス・エンペイリコス　学者たちへの論駁１　金山弥平・金山万里子訳　３７８０円
セクストス・エンペイリコス　学者たちへの論駁２　金山弥平・金山万里子訳　４６２０円
ゼノン他　初期ストア派断片集１　中川純男訳　３７８０円
クリュシッポス　初期ストア派断片集２　水落健治・山口義久訳　５０４０円
クリュシッポス　初期ストア派断片集３　山口義久訳　４４１０円

クリュシッポス　初期ストア派断片集４　中川純男・山口義久訳　３６７５円
クリュシッポス他　初期ストア派断片集５　中川純男・山口義久訳　３６７５円
テオクリトス　牧歌　古澤ゆう子訳　３１５０円
ディオニュシオス／デメトリオス　修辞学論集　木曽明子・戸高和弘・渡辺浩司訳　４８３０円
デモステネス　弁論集１　加来彰俊・北嶋美雪・杉山晃太郎・田中美知太郎・北野雅弘訳　５２５０円
デモステネス　弁論集３　北嶋美雪・木曽明子・杉山晃太郎訳　３７８０円
デモステネス　弁論集４　木曽明子・杉山晃太郎訳　３７８０円
トゥキュディデス　歴史１　藤縄謙三訳　４４１０円
トゥキュディデス　歴史２　城江良和訳　４６２０円
ピロストラトス／エウナピオス　哲学者・ソフィスト列伝　戸塚七郎・金子佳司訳　３８８５円
ピンダロス　祝勝歌集／断片選　内田次信訳　４６２０円
フィロン　フラックスへの反論／ガイウスへの使節　秦　剛平訳　３３６０円
プラトン　ピレボス　山田道夫訳　３３６０円
プルタルコス　モラリア２　瀬口昌久訳　３４６５円
プルタルコス　モラリア６　戸塚七郎訳　３５７０円

プルタルコス　モラリア 11　三浦　要訳　2940円
プルタルコス　モラリア 13　戸塚七郎訳　3570円
プルタルコス　モラリア 14　戸塚七郎訳　3150円
ポリュビオス　歴史 1　城江良和訳　3885円
マルクス・アウレリウス　自省録　水地宗明訳　3360円
リュシアス　弁論集　細井敦子・桜井万里子・安部素子訳　4410円

【ローマ古典篇】

ウェルギリウス　アエネーイス　岡　道男・高橋宏幸訳　5145円
ウェルギリウス　牧歌／農耕詩　小川正廣訳　2940円
オウィディウス　悲しみの歌／黒海からの手紙　木村健治訳　3990円
クインティリアヌス　弁論家の教育 1　森谷宇一・戸高和弘・渡辺浩司・伊達立晶訳　2940円
クルティウス・ルフス　アレクサンドロス大王伝　谷栄一郎・上村健二訳　4410円
スパルティアヌス他　ローマ皇帝群像 1　南川高志訳　3150円
スパルティアヌス他　ローマ皇帝群像 2　桑山由文・井上文則・南川高志訳　3570円
セネカ　悲劇集 1　小川正廣・高橋宏幸・大西英文・小林　標訳　3990円

セネカ　悲劇集２　岩崎　務・大西英文・宮城徳也・竹中康雄・木村健治訳　４２００円

トログス／ユスティヌス抄録　地中海世界史　合阪　學訳　４２００円

プラウトゥス　ローマ喜劇集１　木村健治・宮城徳也・五之治昌比呂・小川正廣・竹中康雄訳　４７２５円

プラウトゥス　ローマ喜劇集２　山下太郎・岩谷　智・小川正廣・五之治昌比呂・岩崎　務訳　４４１０円

プラウトゥス　ローマ喜劇集３　木村健治・岩谷　智・竹中康雄・山澤孝至訳　４９３５円

プラウトゥス　ローマ喜劇集４　高橋宏幸・小林　標・上村健二・宮城徳也・藤谷道夫訳　４９３５円

テレンティウス　ローマ喜劇集５　木村健治・城江良和・谷栄一郎・高橋宏幸・上村健二・山下大郎訳　５１４５円